D0409705

ROMANTISME ET MODERNITÉS
Collection dirigée par Alain Montandon
3

DE LOIN
TENDREMENT

Dans la même collection:

1. VINCENT-MUNNIA, Nathalie. *Les premiers poèmes en prose: généalogie d'un genre dans la première moitié du dix-neuvième siècle français.*

2. BERNARD-GRIFFITHS, Simone. *Le Mythe romantique de Merlin dans l'œuvre d'Edgar Quinet.* (A paraître.)

3. GASARIAN, Gérard. *De loin tendrement. Etude sur Baudelaire.*

Gérard GASARIAN

DE LOIN TENDREMENT

Etude sur Baudelaire

PARIS
HONORÉ CHAMPION ÉDITEUR
7, QUAI MALAQUAIS (VIe)
1996

Diffusion hors France: Editions Slatkine, Genève

ISBN 2-85203-497-2

A C.A.T.

Lis-moi, pour apprendre à m'aimer

Baudelaire

INTRODUCTION

A l'exemple de Baudelaire, imaginons un «travail de critique» qui «aurait [...] quelques chances d'amuser les esprits amoureux de la rhétorique profonde»[1]. Sitôt formulé, ce projet est abandonné au profit d'une «nuit continue» dont seule pourrait triompher cette «rhétorique», «profonde» comme le sommeil qui s'avère plus fort qu'elle[2]. Mais l'idée en est jetée, nous incitant à sortir de nous-même pour accomplir *à sa place* ce dont le poète a rêvé. Dans l'optique de ce «travail» qui nous est confié, la critique s'avère être une province, avec l'art et l'amour, de cette Prostitution considérée dans *Fusées* comme un don de soi[3]. Donner à lire, faire don de sa lecture à celui dont on attend une reconnaissance, sinon un acquiescement, ce geste est parallèle à celui par lequel le poète, par son œuvre, espère être aimé du lecteur: «Lis-moi, pour apprendre à m'aimer»[4].

---

[1] Quatrième «Projet de préface pour *Les Fleurs du mal*», O.C. I, 185. Les citations de Baudelaire renvoient toutes à l'édition des *Oeuvres complètes*, Gallimard, «Bibliothèque de la Pléiade». Cette édition en deux volumes, établie, présentée et annotée par Claude Pichois en 1975 et 1976, sera signalée par le sigle O.C. suivi du numéro de tome et de page. Les deux volumes de la *Correspondance* de Baudelaire, publiés dans la Pléiade en 1973, toujours par les soins de Claude Pichois (assisté de Jean Ziegler) seront notés à l'aide du sigle Cor. suivi du numéro de tome et de page.

[2] «D'ailleurs telle n'est pas, aujourd'hui, mon humeur. Je n'ai désir ni de démontrer, ni d'étonner, ni d'amuser, ni de persuader. J'ai mes nerfs, mes vapeurs. J'aspire à un repos absolu et à une nuit continue. [...] Ne rien savoir, ne rien enseigner, ne rien vouloir, ne rien sentir, dormir et encore dormir, tel est aujourd'hui mon unique voeu.» (id., O.C. I, 185-86).

[3] Cf. *Fusées* I, O.C. I, 649-650.

[4] «Epigraphe pour un livre condamné», *Les Fleurs du mal*, Poèmes apportés par la troisième édition, 1868, O.C. I, 137.

Apprendre à aimer, apprendre à lire: les deux efforts sont liés. Mais encore faut-il apprendre à le voir, à l'aide d'une lecture critique qui fasse le lien entre la langue et les affects, la grammatologie et la psychologie. La demande du poète, simple en apparence seulement, mérite une réflexion prolongée. Le lire attentivement, en effet, c'est le voir prendre des formes toujours nouvelles et donc ne plus savoir exactement qui aimer. Devons-nous l'aimer en tant que personne, tel qu'il est dans sa vie, ou en tant que «poète», tel qu'il est dans ses écrits, mais alors toujours en train de sortir de lui-même pour se dédoubler en des personnages qu'il nous faut aimer avec leur auteur («aimons-les!», nous dit-il par exemple à propos des «petites vieilles»), selon une seconde demande venant compliquer la première?

Cette question sera abordée de plusieurs façons, le long de quatre fils parallèles qui, tissés dans une même trame, se recouperont autour de certains nœuds communs. Premièrement, un certain démon[5] semble posséder le poète, démon étranger mais bienveillant qui, à travers certaines figures allégoriques ou paronymiques, lui fait voir l'autre dans le même, s'opposant ainsi à l'œuvre d'un autre démon plus familier mais malveillant, celui de l'analogie. Par une fixation culturelle à l'idée des «correspondances», fixation dont l'œuvre de Baudelaire ne témoigne qu'en partie, très brièvement et pour ainsi dire par défaut, on s'est intéressé surtout aux nombreuses comparaisons où peut se lire l'«universelle analogie» censée structurer le monde, du moins dans la perspective romantico-utopique qui est celle du dix-neuvième siècle[6]. Dans son *Word-Index*, William T. Bandy souligne par exemple la fréquence des mots de comparaison («comme», «tel», «ainsi que», etc.) dont il relève 349 emplois. Ce qu'on a moins remarqué, par contre, c'est le

---

[5] Le mot est entendu ici dans un sens positif qui s'oppose au sens négatif que lui a donné la tradition chrétienne, pour qui le Démon est l'autre nom du Diable.

[6] Perspective idéaliste et panthéiste que Baudelaire, qui a été sympathisant fouriériste avant 1848, abandonne dans les années 1850, comme en témoigne assez la lettre à Alphonse Toussenel datée du 21 janvier 1856 (cf. Cor. I, 335-37). Selon Pichois, Baudelaire aurait conservé du système fouriériste «l'idée de l'analogie universelle» (cf. note 4, Cor I, 891). La lettre à Toussenel lui donne raison, du moins jusqu'en 1856. Après cela, rien n'est moins sûr.

nombre encore plus élevé des prosopopées et autres figures allégoriques. Dans son «Index des allégories et personnifications»[7], Claude Pichois en répertorie 659, sans compter toutes celles, implicites, qui se passent de majuscules. Cette abondance mérite réflexion, une réflexion engagée par le poète lui-même[8] et poursuivie aujourd'hui, à la suite de Walter Benjamin, dans un sens qui donne malheureusement force à une idée ou image reçue: celle d'un Baudelaire mélancolique.

Avec les allégories qu'il affectionne outre mesure, le poète révèle un attachement non à l'idée d'une profonde unité (entre l'abstrait et le concret, la matière et l'esprit, etc.), mais à des idées abstraites qu'il transforme en des personnages qui lui tiennent compagnie. Vue sous ce deuxième angle, la poésie de Baudelaire est un théâtre, fait de plusieurs «tableaux» que viennent inaugurer ou consacrer, dans la section la plus moderne[9] des *Fleurs du mal*, plusieurs poèmes appelés «tableaux parisiens». Omniprésent chez Baudelaire, le goût du spectacle n'est pas sans rapport au culte de l'allégorie, qui permet au poète de se voir non pas *tel qu'il est*, dans des miroirs narcissiques où il caresse son reflet, mais *tel qu'il devient*, sur une scène où il s'apparaît toujours autre. A travers les personnages (auto-allégoriques) où il est à la fois lui-même et un autre, le poète fait l'expérience d'une hystérie salutaire qui le détache des miroirs où sa complaisance le tient parfois penché. Sur la scène de l'écriture, Baudelaire voit s'affronter ses deux démons. Aux figures analogiques (métaphores, symboles) qui lui donnent l'idée d'une unité profonde (dont la perte le plonge dans l'auto-absorption), il voit s'opposer des figures allégoriques qui l'invitent à sortir de soi pour s'ouvrir aux autres.

Sur le plan esthétique envisagé par une troisième idée directrice, le «drame» du poète tient au conflit de deux écritures qui donnent à

---

[7] O.C. II, pp. 1673-76.

[8] Dans «Le Poème du haschisch» (première partie des *Paradis artificiels*), Baudelaire réfléchit par exemple à «l'intelligence de l'allégorie», ce «genre si *spirituel*» qui lui apparaît comme «l'une des formes primitives et les plus naturelles de la poésie». Mais cette figure qu'il cherche à réhabiliter ne se distingue pas encore radicalement, selon lui, du symbole (cf. O.C. I, 430).

[9] Dans la mesure où elle n'apparaît qu'en 1861, avec la deuxième édition du recueil.

son style un tour «bizarre». A l'aide d'une encre mélancolique[10], Baudelaire cherche à noyer son chagrin en se noyant dans son image, image transie par l'unité idéale (celle d'une «vie antérieure» ou de «correspondances») où elle se laisse prendre, telle une araignée à sa propre toile. Comme antidote à cette encre somnifère qui le perd dans la nuit universelle, le poète dispose, dans l'arsenal de sa «rhétorique profonde», d'une encre bariolée et féconde, fertile en allégories où son image prend des reflets changeants qui le font renaître à la vie. Dans le cours des *Fleurs du mal*, le rapport entre l'esthétique et le psychisme tend à se modifier, contribuant ainsi à une modernité qui s'élabore aussi en marge de cette œuvre maîtresse. Loin de rester subjugué par une Beauté idéale extérieure et inaccessible dont le seul effet, négatif, consiste à lui donner le spleen, Baudelaire s'intéresse de plus en plus à une «beauté particulière» et même bizarre, «inhérente», selon lui, «à des passions nouvelles»[11]. Son être s'enracinant à son écriture, le poète comprend que la beauté qu'il produit n'est pas sans produire en retour des chocs, qui affectent ses façons d'être, de sentir et même de penser.

Simultanément, dans une quatrième perspective, Baudelaire comprend que sa rhétorique, loin d'exclure l'originalité, façonne son être de poète. Dans le *Salon de 1859*, «les rhétoriques et les prosodies» lui apparaissent comme «une collection de règles réclamées par l'organisation même de l'être spirituel». Et il ajoute que «jamais les prosodies et les rhétoriques n'ont empêché l'originalité de se produire distinctement. Le contraire, à savoir qu'elles ont aidé l'éclosion de l'originalité, serait infiniment plus vrai»[12]. Le mot «éclosion» suggère bien qu'il s'agit pour le poète d'assister (à) sa propre naissance, celle d'un être original (non originel) qu'il découvre tout le premier. Celui qui écrit, *chez* Baudelaire, est un être original qui soudain l'habite et le possède, comme un démon, lui

---

[10] Sur laquelle nous ne reviendrons pas, sinon d'une façon réactive.

[11] Dès le *Salon de 1846*, «la question principale et essentielle» lui semble être «de savoir si nous possédons une beauté particulière, inhérente à des passions nouvelles» (O.C. II, 134-35).

[12] *Salon de 1859*, O.C. II, 626-27.

faisant faire des actions aussi étranges qu'étrangères. C'est la leçon qu'on retire par exemple du «Mauvais vitrier», où le narrateur, sous le coup d'une «inspiration fortuite», se surprend à faire des gestes *inconsidérés*:

> «J'ai été plus d'une fois victime de ces crises et de ces élans, qui nous autorisent à croire que des Démons malicieux se glissent en nous et nous font accomplir, à notre insu, leurs plus absurdes volontés. [...]
>
> (Observez, je vous prie, que l'esprit de mystification qui, chez quelques personnes, n'est pas le résultat d'un travail ou d'une combinaison, mais d'une inspiration fortuite, participe beaucoup, ne fût-ce que par l'ardeur du désir, de cette humeur, hystérique selon les médecins, satanique selon ceux qui pensent un peu mieux que les médecins, qui nous pousse sans résistance vers une foule d'actions dangereuses ou inconvenantes.) [...]
>
> Ces plaisanteries nerveuses ne sont pas sans péril, et on peut souvent les payer cher. Mais qu'importe l'éternité de la damnation à qui a trouvé dans une seconde l'infini de la jouissance?»[13]

Tout comme ce narrateur étranger à lui-même (et, à plus forte raison, à son auteur), le poète est en proie à une «humeur» changeante qui le rend «hystérique», le changeant sans cesse, on va le voir, en des femmes, des artistes et même des morts[14]. Comme ces «plaisanteries nerveuses» où la vie est mise en jeu mais aussi en jouissance, les poèmes de Baudelaire le font sortir de soi, le livrant à des démons plus malicieux que malins, démons inspirés par une «rhétorique profonde» dont la ruse consiste à le faire rire, aux dépens non d'autrui mais de lui-même.

---

[13] «Le Mauvais vitrier», *Le Spleen de Paris*, O.C. I, 286-87.

[14] Les première, troisième et quatrième parties de cet essai seront respectivement intitulées «Les Femmes Baudelaire», «Les Artistes Baudelaire», «Les Morts Baudelaire». En faisant l'économie de la préposition «de», l'ancien génitif cherche à souligner l'intimité qui existe chez Baudelaire entre le poète et ses figures. Se fondant à ses figures, où il se découvre une identité neuve, le poète en vient à se distinguer de Baudelaire. Chaque fois qu'il sera question du «poète», du «Je» ou du «sujet lyrique», ce sera par opposition à «Baudelaire» et à son «Moi biographique».

Première partie

LES FEMMES BAUDELAIRE

I

LE POÈTE ANDROGYNE

Résumant le rapport entre «la vie et les œuvres» d'Edgar Poe, à la fin de la préface qu'il donne en 1856 à sa traduction des *Histoires extraordinaires*[1], Baudelaire avance l'idée insolite que les personnages de Poe se résorbent tous — sans exception ni distinction de sexe — dans la personne de leur auteur:

> «Les personnages de Poe, ou plutôt le personnage de Poe, l'homme aux facultés suraiguës, l'homme aux nerfs relâchés, l'homme dont la volonté ardente et patiente jette un défi aux difficultés, celui dont le regard est tendu avec la roideur d'une épée sur des objets qui grandissent à mesure qu'il les regarde, — c'est Poe lui-même. — Et ses femmes, toutes lumineuses et malades, mourant de maux bizarres, et parlant avec une voix qui ressemble à une musique, c'est encore lui; ou du moins, par leurs aspirations étranges, par leur savoir, par leur mélancolie inguérissable, elles participent fortement de la nature de leur créateur.»[2]

Aux yeux de Baudelaire, les personnages de Poe se réduisent tous à un même personnage qui n'est autre que «Poe lui-même». Or, cette réduction subjectiviste s'opère au moment paradoxal où Poe n'est plus lui-même, puisqu'il est décrit comme étant à la fois même et autre: homme et femme. Alors que ses créatures semblent ne faire qu'un avec lui, le créateur apparaît double, scindé en deux personnes radicalement distinctes l'une de l'autre.

L'altérité radicale dont le sujet lyrique fait l'épreuve dans l'écriture prend ici (et ailleurs) la forme particulière de l'autre sexe.

---

[1] Cf. «Edgar Poe, sa vie et ses oeuvres», O.C. II, 296-318.

[2] O.C. II, 318.

L'autre du poète, par métaphore, c'est son autre sexe. Le personnage de Poe[3] est un homme qui se double d'une femme, un homme qui travaille virilement à perdre sa virilité: ses facultés suraiguës le font mourir de maux bizarres[4]; ses nerfs se tendent pour être relâchés; sa volonté ardente brûle de languir dans des aspirations étranges; son regard tendu comme une épée se fiche sur des objets du monde, non pour les conquérir mais pour en retirer un amer savoir, une mélancolie inguérissable qui le détourne du monde. Dans le défi qu'il jette ainsi à la nature, à des difficultés d'ordre biologique ou physiologique, le personnage de Poe s'avère être un homme-thyrse[5], si l'on peut dire, un être androgyne qui cherche à cicatriser une coupure, à lier en lui deux êtres distincts.

Chez Poe, Baudelaire découvre un personnage dont l'androgynéité renvoie à la double nature de son créateur, et de son créateur seulement. Seul «le poète»[6] est double. En tant qu'homme, Poe est un être unidimensionnel, ce dont Baudelaire lui-même s'attriste auprès de madame Maria Clemm, la belle-mère de Poe, dans la lettre par laquelle il lui dédie sa traduction des *Histoires extraordinaires*:

> «[...] quand aujourd'hui je compare l'idée fausse que je m'étais faite de sa vie avec ce qu'elle fut réellement, — l'Edgar Poe que mon imagination avait créé, — riche, heureux, — un jeune gentleman de génie vaquant quelquefois à la littérature au milieu des mille occupations d'une vie élégante, — avec le vrai Edgar, — le pauvre Eddie, celui que vous avez aimé et secouru, celui que je ferai connaître à la France, — cette ironique antithèse me remplit d'un insurmontable attendrissement.»[7]

---

[3] Aux deux sens du mot, le personnage créé par Poe étant allégorique de celui que Poe devient sur la scène de l'écriture.

[4] Lorsque le commentaire reprendra, comme ici, les termes d'un passage fraîchement cité, les guillements seront éliminés pour alléger le texte et faciliter la lecture.

[5] On y reviendra plus loin (cf. deuxième partie, chapitre I).

[6] C'est ainsi que Baudelaire appelle souvent Poe, en particulier dans la *Dédicace des Histoires extraordinaires* (cf. O.C. II, 291).

[7] O.C. II, 291.

L'homme et le poète, ça fait deux, car seul le poète est double. Autrement dit, l'androgynéité du poète est surtout le fait de son art, même si une certaine éducation *de harem*, «en [...] pétrissant [...] la pâte masculine», peut inculquer à certains hommes «le goût précoce du *monde* féminin» et favoriser ainsi l'éclosion de leur génie:

> «En effet, les hommes qui ont été élevés par les femmes et parmi les femmes ne ressemblent pas tout à fait aux autres hommes [...] Le bercement des nourrices, les câlineries maternelles, les chatteries des sœurs, surtout des sœurs aînées, espèce de mères diminutives, transforment, pour ainsi dire, en la pétrissant, la pâte masculine. L'homme qui, dès le commencement, a été longtemps baigné dans la molle atmosphère de la femme [...] y a contracté une délicatesse d'épiderme et une distinction d'accent, une espèce d'androgynéité, sans lesquelles le génie le plus âpre et le plus viril reste, relativement à la perfection dans l'art, un être incomplet. Enfin, je veux dire que le goût précoce du *monde* féminin, *mundi muliebris*, de tout cet appareil ondoyant, scintillant et parfumé, fait les génies supérieurs;»[8]

Commentant ce passage des *Paradis artificiels*, dans sa propre *Histoire extraordinaire*, Butor remarque très bien que «féminité, supervirilité, bien loin de s'exclure, se lient»[9]. Mais le lien intime qui rattache l'homme à la femme est pour Butor ce qui retient le poète de s'exprimer. Car s'exprimer, selon Butor, c'est affirmer et accomplir, par son verbe, sa volonté de reconquérir sur sa féminité la virilité qui seule permet d'être poète:

> «La virilité sera donc d'autant plus éclatante qu'elle sera plus voulue, qu'elle sera conquise, ou plus exactement reconquise. Il faut qu'elle ait été mise à l'épreuve, qu'elle soit constamment mise à l'épreuve, qu'elle surgisse au milieu d'une féminité qui menace de l'engloutir. [...] Le mundus muliebris est ainsi le théâtre nécessaire de l'apparition du génie. Plus les vêtements féminins seront épais, plus décisive la victoire du poète qui les déchire.»[10]

---

[8] *Paradis artificiels*, O.C. I, p. 499.

[9] Michel Butor, *Histoire extraordinaire, essai sur un rêve de Baudelaire*, Paris, Gallimard, 1961, Folio/Essais, p. 79.

[10] Id., p. 79-80.

A l'aide d'un sexe viril et tranchant («tendu avec la roideur d'une épée»), le génie s'affirmerait supérieur en se frayant un chemin hors de vêtements féminins qui l'offusquent et l'entravent. Cette conception de la féminité comme étouffoir ou repoussoir du génie exclut que le poète puisse jamais s'accomplir (atteindre la perfection de son art) en tant qu' être androgyne. Pour Butor, l'androgynéité est une condition nécessaire (qu'il faut dépasser) pour être poète, non la condition du poète. Or Baudelaire, on l'a vu, affirme tout le contraire. Sans androgynéité, «le génie le plus âpre et le plus viril reste, relativement à la perfection dans l'art, un être incomplet»[11]. Pour atteindre la perfection artistique, l'homme de génie doit s'enrober — non se dérober — d'une féminité qui est un complément — non un obstacle — nécessaire. Si le monde des femmes lui est un «théâtre nécessaire», ce n'est pas comme travestissement à dépasser dans une apothéose virile, mais comme dédoublement à mettre en forme dans un dialogue intérieur.

Loin d'écrire lorsqu'il se sent femme (pour surmonter la gêne de se sentir femme), Baudelaire se sent femme lorsqu'il écrit, parce qu'il écrit. Faire œuvre de poète, pour lui, c'est plier son sexe à rejoindre l'autre, c'est enfanter des figures étrangères à son sexe. Ainsi s'explique qu'une voix féminine vienne parfois parasiter celle du poète, s'introduire dans son discours et lui *souffler* la parole. Dans *Les Paradis artificiels*, par exemple, «pour mieux faire comprendre» au lecteur «l'enfantement poétique» favorisé par le hachisch, Baudelaire lui raconte une de ses expériences *par femme interposée*, en laissant parler à sa place, pendant trois pages, «une femme un peu mûre, curieuse, d'un esprit excitable, et qui, ayant cédé à l'envie de faire connaissance avec le poison, décrit ainsi, pour une autre dame, la principale de ses visions»[12]. Dans un «enfantement poétique» propre au discours (non au hachisch), une voix féminine intérieure surgit ici sur une scène dont le spectateur est une autre femme. Par l'écriture — mieux que par le hachisch, trop tyrannique — , Baudelaire devient une femme qui parle à une autre femme. Il

[11] Déja cité, O.C. I, 499.

[12] Cf. O.C. I, 421.

entre dans un personnage féminin qui lui ouvre un monde de femmes, «théâtre nécessaire» pour qui recherche le dialogue.

Ce dialogue intérieur au sujet, au-delà et en-deça du rapport interpersonnel qu'il instaure, l'engage peut-être aussi à retrouver et rejouer en lui, sur un mode symbolique, ce qui a présidé à ses jours. Si l'androgynéité du poète lui permet de dialoguer avec la femme, elle lui permet aussi de faire dialoguer en lui son père et sa mère. Lorsqu'il annonce la prochaine publication des *Lesbiennes*, sur la couverture de la plaquette du *Salon de 1846*, Baudelaire leur donne pour auteur un être androgyne né de l'alliance de ses deux parents: «Baudelaire Dufays»[13]. Pour se faire un nom[14] et devenir auteur à part entière, Baudelaire veut engendrer des «lesbiennes», créatures elles-mêmes androgynes qui présideront — en tant qu'embryons des *Fleurs du mal* — à son œuvre à venir. Or il n'en assume pas pleinement la paternité, préférant signer du double nom de ses parents. Au moment où il s'affirme, l'auteur s'efface de son œuvre pour en rendre responsable les auteurs de sa vie. Au lieu de revendiquer sur ses «lesbiennes» l'autorité paternelle à laquelle il a droit, il les abandonne à la tutelle de ses parents — comme s'il préférait avoir des sœurs que des filles.

Hormis «L'Invitation au voyage» en vers, où la sœur et l'enfant sont confondues, les sœurs du poète ne sont pas ses filles (aux deux sens du mot). Loin de se prostituer aux volontés (paternelles ou autres) du poète, elles sont avec lui de plain pied, dans un rapport d'égalité fraternelle. Lorsqu'elle ne lui apparaît pas comme une «mère diminutive»[15], la sœur est une femme qui est aussi un frère, une femme-frère. En elle le poète trouve non seulement *à qui parler*, mais aussi *par qui écrire*. Dans la section du *Peintre de la vie moderne* consacrée à la femme, «cet être terrible et incommunicable» reste «incompréhensible» (pour l'homme) dans la mesure précise où «il n'a rien à communiquer»[16]. Or il suffit que la femme

---

[13] Pour plus de détails, cf. le commentaire de Claude Pichois, O.C. II, 1293.

[14] Selon Pichois, en effet, «Baudelaire, malgré le Salon de 1845, et quelques articles, n'avait pas alors de nom.» (O.C. II, 1294).

[15] Cf. *Paradis artificiels*, O.C. I, 499 (déjà cité).

[16] O.C. II, 713.

parle pour se montrer capable d'un transport spirituel qui la rapproche du poète: «La femme est sans doute une lumière, un regard, une invitation au bonheur, une parole quelquefois»[17]. Lorsqu'elle est «une parole quelquefois», la femme se montre l'égale du poète. Bien plus qu'une simple inspiratrice qui ne ferait qu'inviter au bonheur, elle participe à des œuvres qui lui reviennent non seulement comme destinatrice mais aussi comme co-poète, en tant qu'«être [...] pour qui, mais surtout *par qui* les artistes et les poètes composent leurs plus délicats bijoux»[18]. En affirmant que la femme est l'être *par qui* la poésie s'écrit, Baudelaire suggère qu'il devient femme dès qu'il compose ses poèmes les plus délicats. Pour produire ses bijoux, il a besoin de se mettre à la place de celle qui les portera, il doit quelquefois lui laisser la parole.

Conformément à ce qu'il déclare dans son premier projet de préface aux *Fleurs du mal*, sur le mode d'une «violente bouffonnerie» qui n'en est pas moins «sérieuse»[19], «ce n'est pas pour (ses) femmes, (ses) filles ou (ses) sœurs que ce livre a été écrit»[20]. Le livre n'a donc pas été écrit *pour* elles, mais *par* elles. On le voit par exemple très bien dans «Confession». Dans ce poème de *Spleen et Idéal*, une femme appuie son «bras poli» au bras du poète, comme pour participer à l'écriture du poème. L'exclusivité de ce geste (cela ne s'est passé qu'«une fois, une seule») souligne moins sa rareté que son exemplarité. Cette femme exemplaire — «aimable et douce» — sert de modèle à l'écriture poétique. Ce que le poète nous rapporte à travers elle se rapporte aussi au poète:

---

17 Id., p. 714.

18 Id., p. 713.

19 «Trois essais de préface» sont annoncés à Poulet-Malassis dans une lettre datée du 14 juillet 1860. A sa mère, quelques mois plus tard, alors que la deuxième édition des *Fleurs* est sous presse, Baudelaire confesse que ces préfaces sont une «violente bouffonnerie». Mais à Michel Lévy, en août 1862, il confie son désir d'écrire pour la troisième édition «une grande préface» qui soit une «sérieuse bouffonnerie». Cf. les éclaircissements indispensables fournis par Pichois dans sa notice aux «projets de préface», O.C. I, 1167-68.

20 O.C. I, 181.

«Une fois, une seule, aimable et douce femme,
A mon bras votre bras poli
S'appuya (sur le fond ténébreux de mon âme
Ce souvenir n'est point pâli);

Il était tard; ainsi qu'une médaille neuve
La pleine lune s'étalait,
Et la solennité de la nuit, comme un fleuve,
Sur Paris dormant ruisselait. [...]

Tout à coup, au milieu de l'intimité libre
Eclose à la pâle clarté,
De vous, riche et sonore instrument où ne vibre
Que la radieuse gaieté,

De vous, claire et joyeuse ainsi qu'une fanfare
Dans le matin étincelant,
Une note plaintive, une note bizarre
S'échappa, tout en chancelant

Comme une enfant chétive, horrible, sombre, immonde,
Dont sa famille rougirait,
Et qu'elle aurait longtemps, pour la cacher au monde,
Dans un caveau mise au secret.»[21]

La note criarde qui s'échappe de cette femme échappe du même coup au poète, puisqu'elle vient couper court à sa parole, se substituer à sa voix. Au beau milieu du poème, elle apparaît tout à coup comme un corps étranger à la poésie, comme une enfant chétive dont le poème avorte par la voix de cette femme. La surprise dramatique, au vers 13, vient d'un renversement de situation, d'un coup de théâtre. De l'instrument riche et sonore dont le poète attendait une fanfare claire et joyeuse, ne sort qu'une note plaintive et bizarre. Le choc provient moins de la discordance elle-même que du désaccord entre le chant attendu et le cri entendu («elle chantait, votre note criarde», v. 25). La voix surprend par sa duplicité, une duplicité articulée par l'oxymore d'un *chant criard* et préparée par l'éclairage d'une pleine lune (v. 6) qui n'est pas non plus sans envers

---

[21] *Les Fleurs du mal*, «Spleen et Idéal», XLV, O.C. I, 45, v. 1-24.

(comme la médaille à laquelle elle est comparée au vers 5), puisqu'elle brille d'une pâle clarté. Tout comme la gaieté de la femme, la clarté de la lune est un masque que vient dénoncer l'oxymore «pâle clarté». Mentionnée à trois reprises (v. 6, 14, 37), la «lune enchantée» apparaît non seulement comme une part vitale du décor mais aussi comme un protagoniste important du drame. L'enchantement qu'elle verse sur la scène (parisienne) fait déchanter le poète en faisant chanter faux sa compagne. Par sa clarté ambiguë, la lune influence le drame (la «confidence horrible», v. 39) qui se joue dans cette «confession».

Non sans paradoxe, la confidence est d'autant plus horrible qu'elle est longuement différée, perçue d'abord non dans son contenu mais par son impact. Nous lisons l'horreur de cette confession, non dans les mots qui la portent mais dans les yeux de qui la rapporte. A vrai dire, le contenu de la confession nous impressionne moins que l'impression qu'elle a faite au poète. Lorsqu'enfin la confidence nous est donnée à lire et entendre, elle nous surprend d'abord par sa banalité, ou plutôt par la disproportion qui existe entre son apparente banalité et l'horreur qu'elle inspire au poète. Quelques vérités premières à première vue insignifiantes, énoncées lors d'une scène que sa valeur d'exemple rend *primitive*[22], sont restées gravées pour toujours à la mémoire du poète («sur le fond ténébreux de (son) âme / Ce souvenir n'est point pâli»):

«Pauvre ange, elle chantait, votre note criarde:
«Que rien ici-bas n'est certain,
Et que toujours, avec quelque soin qu'il se farde,
Se trahit l'égoïsme humain;

«Que c'est un dur métier que d'être belle femme,
Et que c'est le travail banal
De la danseuse folle et froide qui se pâme
Dans un sourire machinal;

---

22 C'est-à-dire *fondatrice*, *inauguratrice*--comme on va le voir--d'une nouvelle esthétique.

«Que bâtir sur les cœurs est une chose sotte;
Que tout craque, amour et beauté,
Jusqu'à ce que l'Oubli les jette dans sa hotte
Pour les rendre à l'Eternité!»»[23]

De cette confession ressortent deux types de vérités. Les premières, psychologiques, portent sur l'égoïsme et donc l'inconstance du cœur humain. Les secondes, esthétiques, ont trait à la tyrannie de la beauté, qui exige de ses adeptes un travail à la fois dur et banal. De la contemplation de ces deux vérités, une troisième en découle, en forme de morale, qui concerne la vanité de toute entreprise amoureuse ou esthétique devant «l'Oubli» et la mort («que tout craque, amour et beauté»). Par sa dénonciaton de la beauté, la femme se rapporte au poète, elle lui touche quelques mots qui le concernent lui aussi. La beauté qu'elle cultive, comme celle que produit le poète, lui apparaît comme le fruit d'un travail contre nature, dur métier d'actrice qui la contraint à une duplicité que l'alliance des deux adjectifs «folle et froide» fait très bien ressortir. Pour être belle et désirable, il faut savoir jouer un rôle, feindre la passion, imiter froidement la folie amoureuse. En confessant que la beauté n'est qu'un mensonge, la femme parle pour le poète, pour lui rappeler une vérité qu'il préfère ne pas entendre: comme la beauté de la femme, la poésie se pare de bijoux à l'éclat trompeur, écrits à la pâle clarté d'une «lune enchantée» dont ils imitent et reflètent, dans la nuit, la «solennité» illusoire. Par sa confession, la femme fait entendre au poète la note criarde et bizarre qu'il refoule pour produire des notes riches et sonores. Sur la scène même du poème, elle lui prend la parole pour lui rappeler que *«le beau est toujours bizarre»*[24], vérité qu'il a tendance à oublier. Ce que la poésie refoule

---

23 «Confession», O.C. I, 46, v. 25-36.

24 Cette idée «délicate et difficile» à exprimer, au dire du poète lui-même, apparaît dans *L'Exposition universelle* de 1855 (O.C. II, 578), l'année même où paraît «Confession» dans *La Revue des Deux Mondes*. Dans cette affirmation que «le beau est toujours bizarre», on s'aperçoit que le beau a bizarrement perdu l'auréole de sa majuscule. Cette idée d'un «beau» soumis à une bizarrerie «nécessaire, incompressible, variée à l'infini, dépendante des milieux, des climats, des moeurs, de la race, de la religion et du tempérament de l'artiste» (O.C. II, 579) est en rupture

pour être belle, ce qu'elle force le poète à contenir dans un «caveau» intérieur, voilà que ça remonte ici à la surface, que ça reflue en force vers son cœur. Sortant du caveau où elle était enterrée vive, «mise au secret» pour ne pas faire «rougir sa famille», une voix étouffée vient soudain faire entendre un cri du cœur.

Cette voix du cœur est aussi bien une voix de sœur. Sortant du silence où on la reléguait comme dans un caveau, elle vient dire à son frère — qui l'admire et la maudit — ses quatre vérités, vérités qui leur sont communes, vérités de famille. Dans ce drame qui se joue au cœur du poète («au confessionnal du cœur», v. 40), l'autre féminin est un «semblable», au point qu'on ne sait plus où s'origine la confession. Pour faire sa confidence, en effet, la femme prend au poète une parole qu'il lui donne. Elle ne parle dans le poème qu'entre guillemets, encadrée et contenue par le discours de son autre/auteur. Si son bras s'appuie à celui du poète, c'est pour lui prendre la plume, et ce faisant le reléguer au rang de lecteur, pour qu'il s'entende dire à son tour, à travers sa doublure, qu'il n'est lui aussi qu'un «hypocrite lecteur», et donc «son frère»: frère hypocrite d'une voix qui est sienne mais qu'il n'autorise à parler que déguisée (en femme, comme ici) ou décentrée (en marge du recueil, en préface, comme dans «Au lecteur»). Dans «Confession», une femme se confesse mais c'est Baudelaire qui écrit *sa* confession (aux deux sens du possessif) et qui par conséquent s'appuie sur ce discours étrangement familier pour mieux se lire et s'entendre. A la différence du poème liminaire des *Fleurs du mal*, le poète se confesse ici moins «au lecteur» qu'à lui-même devenu son propre lecteur. Il se fait exclure de sa parole propre pour mieux l'entendre et mieux se rappeler à l'ordre de cette vérité que «le beau est toujours bizarre», vérité qu'il refoule pour dire la beauté idéale qui le requiert encore tyranniquement dans la première section de son livre. A travers son double féminin, Baudelaire se fait tendre un

---

radicale avec celle du Beau immuable, éternel et universel dont Baudelaire fait encore l'éloge, en 1859, à propos de Gautier (cf. *Théophile Gautier*, O.C. II, 103-128). Dans *Le Peintre de la vie moderne* de 1863, on le verra, ces deux conceptions tendent à se fondre dans une idée de la beauté qui impliquerait, si l'on peut dire, à la fois le beau et le Beau.

miroir où lui apparaît son autre face, celle de l'autre «immonde» et «horrible» qui lui fait tourner la tête dans l'autre sens, vers l'Idéal réconfortant et mensonger d'une beauté sans bizarrerie. La femme que le poète joue sur la scène de l'écriture est une sœur, un *alter ego* qui l'aide à découvrir et supporter la modernité de son chant criard, l'harmonie discordante qui caractérise malgré lui sa voix propre.

Dans ce poème qu'il adresse à Mme Sabatier, pour lui rappeler peut-être des propos tenus lors d'une promenade aux Tuileries[25], une femme rappelle au poète qu'elle n'est comme lui qu'une comédienne capable de jouer la beauté mais capable aussi, comme ici, de la déjouer dans une note criarde qui lui fait perdre son auréole. Ce cri sorti d'un caveau se trouve dans un poème qui sort d'une maison close, lieu public d'où le poète, qui y perd son nom et son renom, l'expédie sans façon — autre qu'anonyme — à sa noble destinatrice. En décriant toute beauté, en faisant de tout art un artifice de «danseuse» qui veut plaire, la comédienne révèle qu'elle touche d'un côté à la courtisane, de l'autre au poète — comme Baudelaire le précise lui-même dans un passage du *Peintre de la vie moderne*:

> «Les considérations relatives à la courtisane peuvent, jusqu'à un certain point, s'appliquer à la comédienne; car, elle aussi, elle est une créature d'apparat, un objet de plaisir public. Mais ici la conquête, la proie, est d'une nature plus noble, plus spirituelle. Il s'agit d'obtenir la faveur générale, non pas seulement par la pure beauté physique, mais aussi par des talents de l'ordre le plus rare. Si par un côté la comédienne touche à la courtisane, par l'autre elle confine au poète.»[26]

Dans la lettre anonyme qu'il adresse à Mme Sabatier le 9 mai 1853, lettre à laquelle il joint le manuscrit sans titre de «Confession», Baudelaire s'excuse de cette «rimaillerie anonyme» par laquelle il craint, non sans paradoxe, de trop s'exposer. Pour la rassurer et

---

[25] Selon l'opinion d'Edmond Richard (dernier ami de Mme Sabatier), telle que la rapporte A. Billy dans *La Présidente et ses amis*, p. 123. Pour plus de détails, cf. Pichois, O.C. I, 916-17.

[26] *Le Peintre de la vie moderne*, O.C. II, 720.

l'assurer de son «ardente amitié», il lui jure: «C'est bien la dernière fois que je m'expose»[27]. Aux yeux de «la Présidente», son poème l'expose moins que la lettre où il lui expose son cœur («Il y a un cœur dont vous ne pourriez vous moquer sans cruauté, et où votre image vit toujours»[28]). Pour le lecteur, par contre, le poète s'expose surtout dans son poème où, devenant lecteur à son tour, lui apparaît une vérité inédite et interdite concernant la poésie. Par la confession d'une femme qui «confine au poète» comme une sœur, Baudelaire se rappelle qu'il tient le milieu entre la comédienne et la courtisane. La rare beauté spirituelle à laquelle il prétend, avec sa destinatrice, repose sur une banale beauté physique que vient ici trahir une bizarre voix de femme: une voix de femme dont la bizarrerie consiste à être métaphorique d'une *autre* voix propre au poète.

Dans son *Baudelaire*, Jean Prévost juge d'une «extrême banalité»[29] les propos tenus par cette femme, dont il dit par ailleurs qu'elle est traitée par le poète comme un «être pensant», chose rare et même unique, selon lui, dans l'œuvre de Baudelaire: «C'est à peu près la seule fois, dans toute l'œuvre de Baudelaire, que la femme aimée est traitée en être pensant»[30]. Si la confidence est horrible, semble suggérer Prévost, c'est qu'elle émane d'un «être pensant» dont le poète attendait une autre performance, un autre chant, «sur un thème» qui lui tient à cœur et qu'il n'aurait pas manqué, lui, de mieux traiter. Selon Prévost, comme pour Butor, la femme servirait de repoussoir au poète, qui ne verrait dans sa «note criarde» que la mesure négative du chant poétique. Or on a vu qu'il n'en est rien et que la confession de cette femme, pour «une fois» (qui n'en est pas moins exemplaire), ne fait qu'un avec celle du poète. En confessant en lui une parole autre, Baudelaire s'éveille à un *art poétique* encore à venir, en travail, qu'il fera pleinement et ouvertement sien dans les *Tableaux parisiens* mais qu'il refoule encore dans *Spleen et Idéal* — sauf dans quelques poèmes dont celui-ci. En avance sur son auteur, «Confession» annonce l'esthétique future des *Tableaux parisiens*.

---

[27] O.C. I, 916 et Cor. I, 225.

[28] O.C. I, 916.

[29] Jean Prévost, *Baudelaire*, Paris, Mercure de France, 1953, p. 225.

[30] Id., p. 248.

Selon Claude Pichois, ses deuxième et troisième strophes «constituent déjà un «tableau parisien»»[31]. La description d'un Paris nocturne envoûté, hypnotisé par l'enchantement que lui verse la lune préfigure très bien, en effet, un poème comme «Paysage», où le poète, depuis sa mansarde, regarde «la lune verser son pâle enchantement» sur la ville[32]. Par son ambiguité, qui plus est, la lune fait peser sur la ville une atmosphère douteuse. Sa double influence, à la fois bonne et mauvaise, y fait circuler des «ombres» (les «chats» de la troisième strophe) «chères» ou étrangères, domestiques ou sauvages, confiantes ou méfiantes. Dans «Confession», le soupçon pèse déjà sur la vraie nature des choses et des êtres. Ou plutôt, le poète soupçonne que la vérité des choses et des êtres est toujours double.

Dans une belle étude intitulée «Sacrifice et musique»[33], Jérôme Thélot ne s'arrête pas à la banalité (apparente, on l'a vu) des propos tenus par la femme dans «Confession». Il voit très bien lui aussi que «le cœur est double, qui a suscité le poème et que celui-ci interroge»[34]. Dans ce poème qui sert de modèle à l'élaboration de l'œuvre entière, Baudelaire s'interrogerait sur une «double postulation», qui est la sienne, «entre l'éthique et l'esthétique»[35]. Selon Thélot, le parti pris esthétique du poète, dicté par l'égoïsme d'un «moi» soucieux «d'évacuer l'autre» pour le remplacer par le beau idéal, se heurte à une parole qui fait valoir au contraire le parti éthique de la personne, présence vraie qui refuse de se laisser prendre à des représentations mensongères qui lui font violence. Par la «note plaintive» et «bizarre» qu'il laisse entendre dans son poème, Baudelaire se fait rappeler à autrui par autrui et se découvre alors «éthicien», s'apercevant qu'«il y aurait au fond des mots, dans le

---

[31] Cf. O.C. I, 917.

[32] *Tableaux parisiens*, O.C. I, 82, v. 12.

[33] Jérôme Thélot, «Sacrifice et musique», *Europe*, août-septembre 1992, pp. 79-91.

[34] Id., p. 81.

[35] Id., p. 81. Cette thèse fait également l'objet du dernier livre de Jérôme Thélot: *Baudelaire, Violence et poésie*, «Bibliothèque des idées», Paris, NRF, Gallimard, 1993.

caveau des mots, quelqu'un que les mots persécuteraient et ne sauraient nommer»[36]. Sans être faux, le conflit qu'analyse Thélot nous apparaît avant tout comme un conflit joué, un drame qui se joue — c'est là son drame — sur la scène (esthétique) d'un discours. Ce drame n'échappe d'ailleurs pas au critique, puisqu'il écrit très bien lui-même, pour finir: «La postulation éthique apercevant la violence de l'esthétique, n'en est pas moins elle-même encore esthétique. la révélation d'une victime innocente sacrifiée par les mots, est encore un fait des mots»[37]. Le conflit baudelairien, qu'on le veuille ou non, reste tributaire des mots qui l'expriment. Les drames qui agitent le poète, quels qu'ils soient, se déroulent dans le discours, scène même de la représentation. Cela ne veut pas dire que son discours ne puisse être régi ou infléchi par des considérations éthiques. Si le drame éthique se joue sur une scène esthétique, le choix de cette scène (c'est-à-dire tel ou tel discours) relève de considérations éthiques. Par sa «confession», la femme engage le poète à faire un choix moral entre deux types de beauté, ou plutôt entre deux façons de (se) représenter la beauté. Elle l'engage à choisir un discours où la beauté, pour rester vraie (c'est-à-dire conforme à l'expérience humaine, toujours double et contradictoire), s'attache à toujours se décrier dans une note criarde, «faux accord dans la divine symphonie»:

> «Ne suis-je pas un faux accord
> Dans la divine symphonie,
> Grâce à la vorace Ironie
> Qui me secoue et qui me mord?
>
> Elle est dans ma voix, la criarde!
> C'est tout mon sang, ce poison noir!
> Je suis le sinistre miroir
> Où la mégère se regarde.»[38]

---

[36] Id., p. 89.

[37] Id., p. 90.

[38] «L'Héautontimorouménos», O.C. I, 78, v. 13-20.

Dans «L'Héautontimorouménos», comme dans «Confession», le poète est travaillé, tourmenté par une voix là encore criarde qu'il laisse le hanter («elle est dans ma voix, la criarde»). La «vorace Ironie», ici personnifiée, incarne une voix intérieure qui secoue le poète pour l'empêcher de se laisser bercer et berner par l'espoir d'atteindre à une harmonie céleste. Grâce à cette voix qui le mord, le poète s'inspire le remords de céder à un «désir gonflé d'espérance» (v. 7): désir outrecuidant de produire une œuvre «divine» où il n'y ait plus rien d'humain. Non sans paradoxe, paradoxe de l'Ironie qui produit le faux accord, ce qui sonne faux sonne le rappel d'une vérité oubliée. Comme dans «Confession», la fausse note rappelle ici que toute beauté est elle-même fausse, vérité que refoule et étouffe la note harmonieuse. En laissant la «mégère» parler par sa voix et se voir dans son visage (v. 19-20), le poète devenu «bourreau de soi» se laisse torturer par une voix qui est celle de sa conscience. Désaccordant à plaisir la divine symphonie où tend son poème, cette voix inhumaine lui rappelle sans merci une vérité humaine que son amour du beau idéal lui fait sans cesse oublier et sacrifier.

A la lumière de «L'Héautontimorouménos», il apparaît que le sadisme de Baudelaire est toujours, d'une certaine façon, dirigé contre lui-même, ou plutôt contre son propre discours. Du sein même de sa voix, une autre s'élève, criarde, qui vient détruire l'harmonie de la première. Dans «A celle qui est trop gaie», le poète tourne son désir sadique vers une femme où l'on peut voir le porte-parole d'une voix, en lui, qui est trop gaie. A travers cette femme qu'il voudrait violenter, Baudelaire cherche à arracher des cris plus humains à sa propre voix poétique, qu'il juge trop belle pour être vraie:

> «Ainsi je voudrais, une nuit,
> Quand l'heure des voluptés sonne,
> Vers les trésors de ta personne,
> Comme un lâche, ramper sans bruit,
>
> Pour châtier ta chair joyeuse,
> Pour meurtrir ton sein pardonné,
> Et faire à ton flanc étonné
> Une blessure large et creuse,

Et, vertigineuse douceur!
A travers ces lèvres nouvelles,
Plus éclatantes et plus belles,
T'infuser mon venin, ma sœur!»[39]

Ces trois dernières strophes du poème ont déjà fait couler beaucoup d'encre. Revenant sur le sadisme de Baudelaire, après Sartre[40] et Blin[41], Bersani propose d'y voir un désir de tuer non la femme mais le désir qu'elle provoque. Venant mettre un terme à «la 'violente' mobilité de la gaieté»[42] féminine, la violence sadique permet ainsi (et surtout) au poète d'arrêter en lui la violente mobilité de son désir. S'il est essentiel que le sexe féminin soit une blessure mortelle imprégnée d'un sperme empoisonné («venin»), c'est afin que le désir (en général, au-delà du cas particulier de Baudelaire) meure avec son objet, dans «un *ultime* acte sexuel»[43]:

> «L'éjaculation de venin dans la plaie faite au flanc de la femme, à la fin d'«A celle qui est trop gaie», tue aussi l'imagination désirante. Le désir n'aura plus l'occasion de «voyager», et l'être du poète pas davantage. Le sadisme du poète est une manifestation spectaculaire d'attachement mental à un seul objet.»[44]

Et Bersani conclut son analyse du poème en remarquant très bien que le mot de la fin, le mot «sœur», au-delà d'«une conclusion ironique du fantasme de violence», «exprime aussi la finalité de l'identité féminine qui est de se définir comme compagne spirituelle du poète: comme lui, elle est maintenant envahie par la mort»[45].

S'il est permis de prendre à la lettre le mot de la fin, comme nous invite à le faire Bersani, pourquoi ne pas prendre aussi au sérieux la

---

[39] O.C. I, 157.

[40] Jean-Paul Sartre, *Baudelaire*, Paris, Gallimard, 1947.

[41] Georges Blin, *Le Sadisme de Baudelaire*, Paris, Corti, 1948.

[42] Leo Bersani, *Baudelaire et Freud*, traduit de l'anglais par Dominique Jean, «Collection Poétique», Paris, Editions du Seuil, 1981, p. 78.

[43] Id., p. 78.

[44] Id., p. 79.

[45] Id., p. 79.

«note de l'éditeur» qui l'accompagne? Selon cette note, il n'y aurait aucune plaisanterie obscène dans les deux dernières strophes, «*venin* signifiant (simplement) spleen ou mélancolie»:

> «Les juges ont cru découvrir un sens à la fois sanguinaire et obscène dans les deux dernières stances. La gravité du Recueil excluait de pareilles *plaisanteries*. Mais *venin* signifiant spleen ou mélancolie, était une idée trop simple pour des criminalistes. Que leur interprétation syphilitique leur reste sur la conscience.»[46]

Au-delà de l'interprétation syphilitique qui nous fait voir du sperme dans le venin, on pourrait y voir aussi le «poison noir» qui, dans «L'Héautontimoroumenos», coule déjà dans les veines du poète[47], «bile noire» produite par son «spleen» (sa rate), encre noire de sa mélancolie. Pour Deguy, par exemple, le venin communiqué à la femme, dans l'apoloque érotique final, serait une humeur avant tout poétique, raison ou même réson d'une «atonie» (v. 18) qui est manque et donc «désir de la poésie»:

> «L'apologue — ici érotique, «fantasme sadique», comme ne s'y sont pas trompés les juges de Baudelaire — est aussi bien parabole de la poésie. Le dit du poème est métaphore du désir poétique: il s'agit de *pratiquer* une neuve *ouverture* (oreille) chez l'autre pour qu'il accueille la poésie; qu'il entende, comme poésie, le désir de la poésie se perpétuant. Le désir a le langage du désir sexuel, mais celui-ci n'est pas le «dernier mot». Il y a circularité métaphorique.»[48]

Deguy voit une relance du désir là où Bersani voit son arrêt. Mais c'est qu'ils ne parlent pas du même désir. Deguy a beau concéder d'abord que l'apologue est érotique, il n'en prend pas moins ensuite ses distances vis-à-vis d'une telle interprétation, pour ne plus voir à la fin dans l'apologue qu'une leçon concernant le désir de la poésie (son «dur désir de durer», comme dit Eluard). Le sadisme du poète, en dernière analyse, serait d'ordre non pas érotique mais poétique: il

---

[46] O.C. I, 157.

[47] Cf. O.C. I, 78, v. 18: «C'est tout mon sang, ce poison noir!»

[48] Michel Deguy, «Le Corps de Jeanne», *Poétique* 3, 1970, p. 347.

aurait à voir avec le désir du poète de forcer la femme — mais aussi bien «l'autre», comme dit Deguy, c'est-à-dire tout lecteur — à entendre la poésie. Baudelaire voudrait en somme que la femme, comme le lecteur, soit *tout ouïe* et même *toute ouïes*, que tous ses orifices soient autant d'oreilles par où lui «infuser» ce qu'elle ne saurait entendre d'elle-même, étant donné sa nature.

Cette lecture nous engage à voir dans la femme une métaphore de «l'autre» fraternel que représente pour Baudelaire «le lecteur», «semblable» qui n'en est pas moins sourd, lui aussi, à la poésie. Elle nous engage aussi à reconsidérer et reprendre au sérieux ce qu'avance la «note de l'éditeur», à savoir que «venin» signifie spleen. En ouvrant chez la femme une blessure largement symbolique, Baudelaire cherche à correspondre avec un «autre» qui ne répond pas à son désir. Par cette ouverture, il tente de transfuser à autrui l'encre noire qui coule dans ses veines et dans ses poèmes, spleen par lequel il espère corriger l'exubérance de la nature humaine, son trop plein de gaieté. Dans son écoute attentive de la métaphoricité du poème, de ce qu'il faut entendre au-delà de la lettre, Deguy en vient à perdre de vue cette lettre même et finit par faire violence au texte. Dans son ardeur à faire entendre son point de vue, il voit partout des oreilles, là où n'apparaissent pourtant que des «lèvres» (v. 34). Parce qu'elles sont au flanc de la femme, ces lèvres ont à voir avec celles d'un «nouvel orifice sexuel» que Bersani situe non loin de l'ancien, «assez proche du sexe «naturel»»[49]. Mais parce qu'elles s'ouvrent au «sein» de la femme (v. 30), plus haut et plus profondément, ces lèvres touchent aussi à son cœur. Telle qu'elle est décrite, la blessure n'est pas sans rappeler la plaie du Christ, plaie creusée à son flanc par la lance qui lui perce le cœur. Non sans ironie, le supplice est ici l'occasion non d'une mort mais d'une transfiguration, ou plutôt d'une transsubstantiation. En blessant la femme au cœur, Baudelaire cherche à lui transfuser son sang spleenétique, à lui transplanter son cœur meurtri à la place d'un sein joyeux qui, du coup, se trouve «pardonné» (v. 30) par cette meurtrissure qui en mortifie la «chair joyeuse» (v. 29).

---

[49] *Baudelaire et Freud*, op. cit., p. 77.

Si Baudelaire communique à la femme son venin, c'est afin de communiquer avec elle par la poésie, pour qu'elle soit une sœur:

> «T'infuser mon venin, [pour que tu deviennes] ma sœur!»

Ainsi pourrait-on lire le vers final, en voyant dans le venin du poète l'encre d'un spleen (ou «chagrin», v. 5) qu'il cherche à communiquer à sa compagne, pour noircir en elle une excessive gaieté qui interdit tout dialogue.

A la différence de «Confession», où une voix amie prend la parole pour dénoncer la beauté, la femme ne s'en prend pas ici à la gaieté. Elle ne dit mot et provoque ainsi chez le poète le désir sadique de la faire parler, mais poétiquement, à travers des «lèvres nouvelles» d'où puissent sortir des mots fraternels. Comme dans «Confession», pourtant, un dialogue intérieur, quoique tacite, se joue dans ce poème. Si la femme n'y parle pas, elle n'en provoque pas moins un débat, au sein du poète, entre deux voix qui se disputent sa parole. Ces deux voix sont celles d'un spleen que l'on a coutume d'identifier à la parole propre (ou venin caractéristique) de Baudelaire, et celle d'une gaieté qui par son bruit, sa légèreté et sa folie, serait l'antithèse même de l'idéal baudelairien. Et pourtant, si Baudelaire parvient finalement, dans les trois dernières strophes, à tempérer par son spleen la folle exubérance de la gaieté, c'est en devenant fou à son tour: fou sadique qui se laisse affolé par cette folle gaieté (v. 15). La femme a beau rester muette, elle n'en communique pas moins sa folie au poète, le forçant *bon gré mal gré* à exprimer *sa* gaieté, tout au long des quatre premières strophes:

> «Ta tête, ton geste, ton air
> Sont beaux comme un beau paysage;
> Le rire joue en ton visage
> Comme un vent frais dans un ciel clair.
>
> Le passant chagrin que tu frôles
> Est ébloui par la santé
> Qui jaillit comme une clarté
> De tes bras et de tes épaules.

Les retentissantes couleurs
Dont tu parsèmes tes toilettes
Jettent dans l'esprit des poètes
L'image d'un ballet de fleurs.

Ces robes folles sont l'emblème
De ton esprit bariolé;
Folle dont je suis affolé,
Je te hais autant que je t'aime!»[50]

Par ses robes folles, la femme apparaît comme l'emblème d'un esprit bariolé qui ne laisse pas le poète indifférent. Bien au contraire, cet esprit bariolé l'affolle, provoquant chez lui des sentiments ambivalents d'amour et de haine (v. 16). Selon Littré, le mot «bariolé» s'applique à la peinture comme au style et désigne un assemblage de couleurs «qui ne s'accordent pas», étant «bizarrement assorties». D'après cette définition, le bariolage de l'esprit féminin semble tenir à la bizarrerie d'un faux accord qui, tel une «note criarde», n'est pas sans *retentir* dans l'esprit des poètes. Par sa gaieté, la femme offre l'exemple («l'image») d'une bizarre beauté qui *parle* au poète, ou plutôt qui lui crie ce que son chagrin ne saurait entendre. D'une façon muette et pourtant éloquente, les retentissantes couleurs dont elle parsème sa beauté jettent dans l'esprit du poète l'image d'un ballet de fleurs, c'est-à-dire l'exemple d'une autre façon, disparate et bizarre, de chorégraphier ses propres *Fleurs*. Loin de s'opposer à sa propre beauté, la gaieté de cette femme y contribue (v. 1-2), lui ajoutant de surcroît une «santé» (v. 6) étrangère à la beauté idéale mais stérile après quoi le poète soupire, plongé dans un chagrin malsain. «Crispé» dans la pose extravagante d'un «passant chagrin» (pose qu'on retrouve dans «A une passante»[51]), le poète est visité, «frôlé» par un *esprit* de l'air qui vient du ciel le rafraîchir «comme un vent frais». Au passage de cet «esprit bariolé» qui le sollicite furtivement, le poète est «frôlé» par une idée folle. Il s'affolle de nouveau à l'idée que le beau, comme cette femme, puisse être toujours bizarre.

---

[50] O.C. I, 157-58.

[51] in *Tableaux parisiens*, O.C. I, 92-93.

Chez «celle qui est trop gaie», la bizarrerie dont sa beauté offre l'exemple tient à un mélange de couleurs qui sont toutes vives et claires. Chez Baudelaire, par contre, le charme bizarre de son poème vient d'un mélange de tons clairs et obscurs, joyeux et chagrins, noirs et roses. L'humeur radieuse dont rayonne cette femme complice du «soleil», du «printemps» et de la «verdure» (v. 20-21) est contrebalancée par l'humeur maussade du «passant chagrin» qui traîne partout comme un boulet une «atonie» dont il est l'esclave. Au milieu du poème, «le soleil» apparaît soudain responsable de la gaieté excessive qui agresse le poète:

> «Quelquefois dans un beau jardin
> Où je traînais mon atonie,
> J'ai senti, comme une ironie,
> Le soleil déchirer mon sein;
>
> Et le printemps et la verdure
> Ont tant humilié mon cœur,
> Que j'ai puni sur une fleur
> L'insolence de la Nature.»[52]

A la lumière de ces deux strophes, «celle qui est trop gaie» apparaît rétrospectivement comme un avatar de «la Nature», ici personnifiée, et comme l'instrument du «soleil». A travers elle, le soleil déchire le sein du poète pour l'empoisonner d'un feu dont celui-ci se défend d'abord en violant une fleur, avant de déchirer à son tour, en fantasme, le sein de son ennemie. Cette lutte épique qui oppose Baudelaire à la Nature est métaphorique d'une rivalité entre deux voix qui se partagent son cœur. Non sans «ironie», la voix qui est trop gaie blesse et pénètre le poète au moment même où celui-ci cherche à en tempérer l'exubérance par une autre voix, en lui, qui est trop triste. Dans le poème, ces deux voix s'équilibrent, dans une symétrie presque parfaite, autour des deux strophes qui en occupent le centre (v. 17-24). La beauté résulte ici d'un équilibrage harmonieux des humeurs noires (v. 25-36) et claires (v. 1-16). Mais ce bel équilibrage ne va pas sans choc esthétique, sans un bariolage

---

52 O.C. I, 157.

des extrêmes qui est proprement extravagant, c'est-à-dire bizarre. Bon gré mal gré, la beauté que Baudelaire préfère — et qu'il élabore parfois sans le vouloir, comme ici — apparaît sertie dans des «bijoux roses et noirs».

L'expression apparaît dans «Lola de Valence»[53], stance unique destinée à servir d'épigraphe au «portrait de mademoiselle Lola, ballérine espagnole, par M. Edouard Manet», comme nous l'indique la «note de l'éditeur». De toutes les beautés entre lesquelles «le désir balance» (v. 2), la préférence du poète va à cette Lola en qui scintille «Le charme inattendu d'un bijou rose et noir» (v. 4)[54]. Pour se disculper à nouveau de toute intention obscène, Baudelaire fait préciser à son éditeur, dans une «note» qu'on peut là encore prendre à la lettre: «Nous croyons, nous, que le poète a voulu simplement dire qu'une beauté, d'un caractère à la fois ténébreux et folâtre, faisait rêver à l'association du *rose* et du *noir*»[55]. Si on la prend au sérieux, cette note est tout un programme. Elle prend parti pour une beauté non pas pure, mais bariolée d'éléments contrastés, à la fois «ténébreux et folâtres»[56]. Un poème comme «A celle qui est trop gaie» correspond très bien, on l'a vu, à cet idéal esthétique hétérogène que Baudelaire fait sien et qu'il découvre, de façon «inattendue», chez un peintre[57].

L'image d'un «ballet de fleurs» semble inspirée par le portrait de cette ballerine espagnole, qui jette dans l'esprit du poète l'idée d'un mouvement (de danse) accompagné de musique et parsemé de couleurs, idée que le poème nous communique lui aussi, à sa façon. A travers l'audition colorée que provoque les «retentissantes couleurs» de la troisième strophe, nous croyons voir et entendre un «ballet de fleurs». Dès lors qu'elles sont «retentissantes» de sonorités

---

[53] *Les Epaves*, O.C. I, 168.

[54] O.C. I, 168.

[55] O.C. I, 168.

[56] L'association idéale du rose et du noir est aussi présente dans «Tout entière», poème de *Spleen et Idéal* où la femme peut se lire comme une allégorie de la poésie que Baudelaire veut «tout entière», contre les voeux du «Démon», qui l'invite plutôt à choisir «Parmi les objets noirs ou roses/Qui composent son corps charmants» (cf. O.C. I, 42).

[57] On y reviendra dans la troisième partie, consacrée aux «artistes Baudelaire».

musicales, les «couleurs» semblent danser un ballet, comme le feraient des «fleurs». La possibilité d'entendre (et voir danser) les couleurs passe ici par l'alliance d'un substantif de couleur avec un adjectif renvoyant à l'audition. Dans le troisième projet de préface aux *Fleurs du mal*, Baudelaire souligne lui-même très bien l'expressivité d'un tel «accouplement». Il précise en effet que «la poésie se rattache aux arts de la peinture, de la cuisine et du cosmétique par la possibilité d'exprimer toute sensation de suavité ou d'amertume, de béatitude ou d'horreur par l'accouplement de tel substantif avec tel adjectif, analogue ou contraire»[58]. Des cuisines de la poésie sortent parfois des plats doux-amers, fruits de certaines alliances inattendues et discordantes entre les mots. Les «correspondances», chez Baudelaire, sont loin d'être toujours suaves et harmonieuses. Certaines proviennent d'accouplements horribles et contre nature qui ne sont pourtant pas sans charme, «charme inattendu» qui sert de base à une nouvelle esthétique. Cette esthétique hétérogène est celle du poète androgyne. Noircir d'encre le «bijou rose» de Lola, rendre ténébreux son sexe folâtre, tel est en principe le projet baudelairien. Mais le spleen poétique, au lieu d'avoir raison de la gaieté naturelle, se laisse plutôt «charmer» par elle. Alors même qu'il cherche à pénétrer (de ses ténèbres) l'objet qui affolle son désir, le poète se pénètre au contraire de cet objet, son encre se colore de rose, sa poésie ténébreuse devient folâtre, sa masculinité se féminise.

Pour servir la thèse qu'il avance dans son *Histoire extraordinaire*, thèse selon laquelle le génie mâle s'affirmerait par un dépassement de sa féminité, Butor considère le «venin» comme du sperme qui aurait été sublimé en encre:

> «Puisqu'il n'a pu lui donner ce venin qu'elle désirait, il compensera ce manque, amplement, en lui offrant cela même dont le «venin» n'est qu'une figure, n'est qu'une annonce, un venin incomparablement plus noir, plus purement noir [...], à savoir l'encre. A défaut de ce qui est finalement l'un des attributs du poète, elle aura cet autre attribut, l'emblème classique de l'écrivain, qu'est l'encrier.»[59]

---

[58] *Projets de préfaces*, III, O.C. I, 183.

[59] *Histoire extraordinaire*, op. cit., p. 62.

Butor fait ici allusion à l'encrier envoyé par Baudelaire à Mme Sabatier le 24 septembre 1857, envoi anonyme dont témoigne la lettre datée du lendemain. Dans cette lettre du 25 septembre 1857, Baudelaire s'excuse d'avoir envoyé à sa destinatrice un encrier anonyme qu'il décrit à l'aide de sous-entendus obscènes:

> «Sachant que vous aimez les vieilleries et les bibelots, j'avais avisé depuis longtemps un encrier qui pouvait vous plaire. Mais je n'osais pas vous l'envoyer. Un de mes amis a montré l'intention de s'en emparer, et cela m'a décidé. Mais jugez de mon désappointement quand j'ai trouvé un objet usé, écorné, éraillé, qui avait l'air si joli, derrière la vitre.»[60]

L'interprétation de Butor repose sur une lecture qui sert sa thèse, mais sans respecter complètement les faits. Selon Butor, Baudelaire aurait envoyé son encrier anonyme à Mme Sabatier pour compenser auprès d'elle ce qu'«il n'a pas pu lui donner», à savoir «ce venin qu'elle désirait». Or à la date du 24 septembre 1857, jour où il expédie son encrier, Baudelaire a déjà donné son venin à la Présidente, comme en témoigne la lettre du 31 août 1857, où il écrit: «il y a quelques jours, tu étais une divinité, [...] Te voilà femme maintenant»[61]. Dans cette même lettre, pourtant, Baudelaire exige que cette passion d'un soir reste sans lendemain, ce qui conserve toute sa validité à la lecture de Butor. Pour se protéger contre une passion qui l'affolle, Baudelaire cherche dans l'encre une vertu substitutive qui lui fait produire et expédier d'une façon anonyme, bien avant l'encrier du 24 septembre 1857, un poème non signé accompagnant la lettre du 9 décembre 1852, poème intitulé: «A une femme trop gaie»[62].

Butor remarque très bien l'anonymat qui fait le lien entre ce poème et l'encrier. Mais il n'élabore pas et termine là son chapitre[63]. Poursuivons donc. Si l'encrier est anonyme, c'est d'abord qu'il

---

[60] Cor. I, 429.

[61] Cor. I, 425. Sur ce point, Pichois affirme sans ambages que «Mme Sabatier se donna à lui aux derniers jours d'août.» (O.C. I, 907).

[62] Cor. I, 205-206.

[63] Cf. *Histoire extraordinaire*, op. cit., p. 63.

dessert une loi générale du désir, celle-là même que dégage très bien Bersani. Dans la perspective ouverte par son rapprochement entre Baudelaire et Freud[64], on peut dire que l'encre-venin est ce qui empoisonne le désir. L'encre supplée le sperme, non par défaut mais pour mettre fin au *défaut* qui appelle et excite le sperme. Elle comble un *manque* naturel pour que le désir vienne à manquer, pour neutraliser une séduction qui inquiète. Dans la lettre où il se refuse après s'être donné à elle, Baudelaire se justifie auprès de Mme Sabatier en faisant valoir son horreur de la passion *en général*: «J'ai horreur de la passion, — parce que je la connais, avec toutes ses ignominies; — et voilà que l'image bien-aimée qui dominait toutes les aventures de la vie devient trop séduisante»[65]. La passion, ici personnifiée, apparaît «trop séduisante», c'est-à-dire «trop gaie». Dès qu'elle est trop gaie, la «bien aimée» jette à l'esprit des poètes «l'image» d'un ballet rose que l'encre s'acharne à dénigrer.

Or cette image, on l'a vu, reste imprimée dans le poème par l'encre même qui cherche à l'effacer. Le poème adressé à une femme trop gaie est plus qu'un simple bouche-trou. Tout comme l'autre envoi anonyme, c'est à la fois le trou et le bouche-trou, ainsi qu'il apparaît très bien à travers les doubles sens obscènes qui émaillent la lettre du 25 septembre 1857[66]. «J'avais avisé depuis longtemps un encrier qui pouvait vous plaire» fait allusion au seul désir du poète, qui depuis longtemps espérait que son encrier ne serait pas repoussé, renvoyé par la Présidente. Dans la phrase qui suit, «Un de mes amis a montré l'intention de s'en emparer, et cela m'a décidé», «en» représente désormais son sexe à elle, que le poète risque de perdre au profit d'un rival qui excite sa jalousie et donc sa passion. Par contre, «l'objet usé, écorné, éraillé» que le poète mentionne ensuite, pour dire à quel point il a déçu son attente, peut renvoyer à l'un comme à l'autre sexe. L'encrier est donc androgyne. Il n'a pas de sexe propre, pas plus qu'il n'a de nom propre, étant anonyme. Substitut du phallus que Baudelaire refuse à sa bien-

---

[64] C'est, on s'en souvient, le titre de son livre.

[65] 31 août 1857, Cor. I, 426.

[66] Déjà cité, cf. Cor. I, 429.

aimée, l'encrier s'offre aussi comme substitut du vagin qu'il ne veut plus voir. L'encrier noir (phallus) vient se substituer à l'encrier rose (vagin) pour ne plus former avec lui qu'un seul objet androgyne, un «bijou rose et noir».

L'encrier, comme le rappelle Butor, est «l'emblème classique de l'écrivain»[67]. Nul doute en effet que Baudelaire ne se voie dans cet objet qui le représente *auprès de* la femme. Mais il veut *aussi* voir cet objet *au sein de* la femme, en lieu et place de vagin. En se voyant ainsi dans un objet qu'il veut voir à la place de l'autre sexe, le poète en vient à se voir double, androgyne comme son encrier. En prenant la forme d'un encrier androgyne, à la fois prothèse du sexe féminin et métonyme phallique du poète, l'écrivain tend à se couler dans sa lectrice, avec laquelle il se fond et qu'il transforme ainsi en une créature elle aussi androgyne. En faisant don à sa compagne d'une encre anonyme, Baudelaire cherche à lui transfuser son venin, pour qu'elle devienne comme lui un être androgyne, une femme-frère, une sœur. S'il ne signe pas le poème qu'il joint à sa lettre, c'est qu'il voudrait que sa destinatrice se l'approprie et s'en imprègne. Dans un fantasme *poétique*, il jouit d'imaginer son encre pénétrer des lèvres qui puissent partager le plaisir qu'il prend à les leur infuser. Sentant monter son plaisir (celui qu'il prend à écrire) aux lèvres de sa lectrice, il jouit ainsi avec elle (devenu lui) de la «vertigineuse douceur» qui les unit.

---

[67] Cf. *Histoire extraordinaire*, op. cit., p. 62.

II

ANDROGYNÉITÉ ET HYSTÉRIE

A travers les femmes en qui il se dédouble parfois, Baudelaire prend une double conscience de soi. Il entretient avec lui-même un dialogue intérieur dont la forme littérale, celle d'une dispute amoureuse, s'avère métaphorique d'une autre dispute, celle-là rhétorique, dont l'enjeu est la poésie même. Dans plusieurs poèmes, on voit s'accomplir chez Baudelaire ce que celui-ci avait observé chez Poe: l'émergence, du sein de l'écriture, d'un être androgyne symbolique de la double conscience qui échoit au poète lorsqu'il écrit. L'androgynéité du poète, en tant que condition mixte, renvoie à son hystérie, conscience double qu'il découvre chez Poe, dans ces «exceptions» à l'ordre naturel ou moral que constituent ses personnages:

> «Aucun homme, je le répète, n'a raconté avec plus de magie les *exceptions* de la vie humaine et de la nature; — les ardeurs de curiosité de la convalescence; — les fins de saisons chargées de splendeurs énervantes, les temps chauds, humides et brumeux, où le vent du sud amollit et détend les nerfs comme les cordes d'un instrument, où les yeux se remplissent de larmes qui ne viennent pas du cœur; — l'hallucination, laissant d'abord place au doute, bientôt convaincue et raisonneuse comme un livre; — l'absurde s'installant dans l'intelligence et la gouvernant avec une épouvantable logique; — l'hystérie usurpant la place de la volonté, la contradiction établie entre les nerfs et l'esprit, et l'homme désaccordé au point d'exprimer la douleur par le rire.»[1]

---

[1] *Edgar Poe, sa vie et ses œuvres*, O.C. II, 317.

Le personnage de Poe apparaît à Baudelaire comme «l'homme désaccordé», c'est-à-dire l'homme rendu femme par un court-circuit entre les nerfs et l'esprit, l'absurde et l'intelligence, l'hystérie et la volonté, l'hallucination et la raison. L'hystérie, qui contribue à désaccorder l'homme en détendant sa volonté, se présente ici (aux yeux de Baudelaire, mais conformément à une typologie qui est celle de son temps) comme un trait caractériel propre à la femme — tout comme l'absurde, l'hallucination et les nerfs. Marque propre au sexe féminin, l'hystérie n'en est pas moins aussi la marque d'une confusion entre les deux sexes. Dans l'essai sur Flaubert, par exemple, elle constitue un dérèglement psycho-sexuel dont est victime un autre personnage au sexe métissé, non plus *homme femme* comme chez Poe, mais *femme homme*, héroïne à laquelle s'identifie son créateur: Emma Bovary.

Dans son essai de 1857 sur *Madame Bovary,* Baudelaire se montre jaloux de Flaubert, il lui jalouse le droit de s'approprier Emma. En substance, son raisonnement est le suivant: «Madame Bovary, ce n'est pas vous, Flaubert, car Madame Bovary, c'est moi!». En insistant, comme il le fait tout au long de l'essai, sur les qualités viriles[2] de Madame Bovary, Baudelaire accrédite la célèbre formule de Flaubert, mais pour aussitôt la discréditer, puisqu'il la prend à son propre compte, affirmant, à propos de la jeune fille: «voilà le poète hystérique»:

> «Cependant la jeune fille s'enivrait délicieusement de la couleur des vitraux, des teintes orientales que les longues fenêtres ouvragées jetaient sur son paroissien de pensionnaire; elle se gorgeait de la musique solennelle des vêpres, et, par un paradoxe dont tout l'honneur appartient aux nerfs, elle substituait dans son âme au Dieu véritable le Dieu de sa fantaisie, le Dieu de l'avenir et du hasard, un Dieu de vignette, avec éperons et moustaches; — voilà le poète hystérique.»[3]

---

[2] Baudelaire va jusqu'à qualifier Emma de «bizarre androgyne», dans la mesure où Flaubert, selon lui, «n'a pas pu ne pas infuser un sang viril dans les veines de sa créature» (O.C.II., 81).

[3] *Madame Bovary par Gustave Flaubert*, O.C. II, 83.

Chez Emma, Baudelaire découvre non pas *un* poète hystérique, mais «*le* poète hystérique», image archétype à travers laquelle les poètes lui apparaissent tous plus ou moins hystériques comme la jeune fille. Non sans paradoxe, l'hystérie d'Emma lui apparaît sienne à travers celle de tous les poètes. Son propre trouble se découvre au miroir doublement fracturé d'une fiction romanesque (Emma) qui renvoie à une image archétype (le poète). La réalité de son hystérie lui apparaît alors même et à mesure qu'elle se diffracte, déréalisée par une fiction symbolique d'une abstraction.

Autrement dit, l'hystérie est un phénomène physiologique bien réel qui n'en relève pas moins de la fiction. Baudelaire en fait l'expérience en lisant un roman, dans un accident de lecture qui lui fait prendre l'héroïne pour «le poète hystérique» où il se voit. Si l'androgynéité survient au poète par l'écriture, comme on l'a vu, l'hystérie, elle, lui advient ici par la lecture, au moment où il se méprend, dans une double méprise qui trouble le sens de son identité. C'est bien aussi ce qui arrive — en abyme — à l'héroïne du roman de Flaubert. Elle-même se méprend «délicieusement» sur sa propre identité. Elle ne cesse de se prendre pour les héroïnes des romans qu'elle lit et fait ainsi figure du lecteur hystérique qui se prend pour elle. En tant que maladie de lecture, l'hystérie est un mystère plus littéraire que médical. Mystère qui concerne, au-delà du seul roman de Flaubert, la littérature en général:

> «L'hystérie! Pourquoi ce mystère physiologique ne ferait-il pas le fond et le tuf d'une œuvre littéraire, ce mystère que l'Académie de médecine n'a pas encore résolu, et qui, s'exprimant dans les femmes par la sensation d'une boule ascendante et asphyxiante (je ne parle que du symptôme principal), se traduit chez les hommes nerveux par toutes les impuissances et aussi par l'aptitude à tous les excès?»[4]

Ainsi qu'il apparaît dans ce passage, l'hystérie est une maladie qui touche indifféremment les hommes et les femmes, même si les symptômes diffèrent selon le sexe. Chez les homme nerveux comme le poète, elle se manifeste comme une conjonction d'anti-

[4] Id., p. 83.

nomies extrêmes, toutes les impuissances se mêlant à tous les excès. Mais ce «double caractère», loin d'être ressenti comme pathologique, constitue au contraire un état idéal — la marque de «l'être parfait» dont Emma s'approche de «si près»:

> «En somme, cette femme est vraiment grande, elle est surtout pitoyable, et malgré la dureté systématique de l'auteur [...], toutes les femmes *intellectuelles* lui sauront gré d'avoir élevé la femelle à une si haute puissance, si loin de l'animal pur et si près de l'homme idéal, et de l'avoir fait participé à ce double caractère de calcul et de rêverie qui constitue l'être parfait.»[5]

A sa plus haute puissance, à son point sublime (c'est-à-dire dans la littérature, là où elle apparaît par excellence), l'hystérie se manifeste chez un être parfait où s'accomplit la jointure des deux sexes, où l'animal pur qu'est la femelle rejoint l'homme idéal. Cet «être parfait» est donc parfaitement androgyne. Il est doué d'un caractère mixte qui répond à un double signalement: à la fois calculateur et rêveur, puissant et impuissant, intellectuel et instinctuel, etc.

Avec Emma, Baudelaire découvre sa propre hystérie à travers une figure androgyne. Dans «Lesbos», de même, il nous dit avoir été «choisi» «Pour chanter le secret [...] De la mâle Sapho, l'amante et le poète»[6]. Dans la personne de la «mâle Sapho», amante qui excède son sexe, Baudelaire retrouve une figure allégorique du «poète hystérique». A travers cette figure, il se découvre à nouveau en excès, plus et autre qu'il n'est. A la fois *plus*, puisqu'il devient «le poète» en général; et *autre*, doublement autre même, puisque ce poète qu'il devient est aussi l'amante mâle qui déborde son sexe, femme elle-même autre. En se voyant poète à travers une lesbienne, Baudelaire découvre à nouveau, implicitement, que l'hystérie du poète est liée à son androgynéité.

L'androgynéité, en tant que débordement d'un sexe par l'autre, introjection d'un corps (au sexe) étranger, est constitutive de l'hystérie telle que Baudelaire la définit dans son essai sur *Madame*

---

[5] Id., p. 83-84.

[6] «Lesbos», *Pièces condamnées*, O.C. I, 151.

Bovary. Chez les femmes, le symptôme principal relevé par Baudelaire («la sensation d'une boule ascendante et asphyxiante»[7]) est la marque d'un être dont le sexe, mal dans sa peau, lui remonte dans la gorge, conformément à une étymologie qui fait dériver l'hystérie de l'utérus, matrice de l'être qui nous prend à la gorge et nous suffoque[8]. Chez les «hommes nerveux», de même, le symptôme est un alliage d'«impuissances» et d'«excès» qui caractérise aussi l'être androgyne. De ce dernier, on pourrait dire qu'il est hystérique par définition, car il est impuissant à ne pas excéder son sexe. Que l'androgyne soit au départ un homme ou une femme, cela importe peu en définitive. Dans les deux cas, un utérus imaginaire vient étouffer celui ou celle qu'il cherche à pénétrer ou à quitter. Dans le cas d'Emma, par exemple, la boule qui l'opprime est certes son utérus, qu'elle cherche à rejeter, mais c'est aussi l'énergie intellectuelle et spirituelle qui lui fait défaut en tant qu'«animal pur», et à laquelle elle aspire pour se rapprocher de «l'homme idéal». Dans l'église où Baudelaire se la représente en train de prier, la jeune fille «se (gorge) de la musique solennelle des vêpres», elle se pénètre d'une spiritualité qui la prend à la gorge, non pour l'opprimer comme fait son sexe naturel, mais pour l'enivrer et l'exalter. «Par un paradoxe dont tout l'honneur appartient aux nerfs», elle est capable d'une énergie virile qui lui permet de se faire violence en substituant à son être véritable un être spirituel, tout comme «elle substitue dans son âme au Dieu véritable le Dieu de sa fantaisie»[9]. C'est ainsi, on s'en souvient, qu'elle devient «le poète hystérique».

Dans sa propre expérience musicale, Baudelaire ressent les mêmes symptômes qu'Emma. Lui aussi est transporté hors de lui par une musique (celle de Wagner, mais aussi celle de Liszt, Weber ou Beethoven) dont il se gorge comme si c'était une boule, ou plutôt une houle qui le faisait «rouler sur la mer». A l'écoute de Tannhäuser et Lohengrin, écrit-il à Wagner, «on se sent tout de suite

---

[7] O.C. II, 83 (déjà cité).

[8] En des termes qui rappellent la définition de Baudelaire, Littré définit l'hystérie comme «la sensation d'une boule qui remonte de la matrice dans la gorge».

[9] O.C. II, 83 (déjà cité).

enlevé et subjugué», comme dans une «extase religieuse»[10]. Et il confie au musicien «autre chose encore», de plus personnel: «J'ai éprouvé souvent un sentiment d'une nature assez bizarre, c'est l'orgueil et la jouissance de comprendre, de me laisser pénétrer, envahir, volupté vraiment sensuelle, et qui ressemble à celle de monter dans l'air ou de rouler sur la mer»[11]. Ce qu'il y a de «nouveau» dans le «frisson» ici ressenti par Baudelaire[12], c'est une bizarre confusion de deux états psychiques ordinairement bien distincts, confusion qu'exprime très bien l'oxymore «jouissance de comprendre». Loin de s'exclure mutuellement, les deux actes de jouir et de comprendre ne font plus qu'un, l'intellection étant impliquée dans la sensation, qui est inhérente à l'intellection. La volupté musicale goûtée par Baudelaire est à la fois sensuelle et intellectuelle. Elle répond à un désir de connaissance qu'elle appelle. Elle suscite une curiosité qui la stimule en retour.

Dans l'essai qu'il consacre à Wagner, Baudelaire est intrigué par l'existence de «leitmotivs» dont le retour régulier le berce et l'endort comme une houle, mais qui l'éveille aussi à une signification obscure qui semble vouloir s'y manifester. Sans qu'il y comprenne rien, sa curiosité est piquée par la fréquence voluptueuse de phrases mélodiques où il devine «des intentions mystérieuses et une méthode»[13]. Au point qu'il décide «de (s')informer du pourquoi, et de transformer (sa) volupté en connaissance»[14]. Dès le premier concert, Baudelaire se dit «possédé», irrité même, par une volupté qui pique sa curiosité, une curiosité qui n'est pas elle-même sans «délice»:

---

[10] Lettre à Wagner du 17 février 1860, Cor. I, 673 et O.C. II, 1452.

[11] Id., Cor. I, 673 et O.C. II, 1452.

[12] «Frisson nouveau» que Baudelaire, au dire de Victor Hugo, ne fait pas que ressentir. Il le crée également pour ses lecteurs (cf. lettre à Baudelaire, Hauteville-House, 6 octobre 1859, in *Lettres à Baudelaire*, publiées par Claude Pichois avec la collaboration de Vincenette Pichois, Etudes baudelairiennes IV-V, Neuchâtel, La Baconnière, 1973, p. 188).

[13] *Richard Wagner et Tannhäuser à Paris*, O.C. II, 786.

[14] Id., p. 786.

> «A partir de ce moment, c'est-à-dire du premier concert, je fus possédé du désir d'entrer plus avant dans l'intelligence de ces œuvres singulières. [...] Ma volupté avait été si forte et si terrible, que je ne pouvais m'empêcher d'y vouloir retourner sans cesse. Dans ce que j'avais éprouvé, il entrait [...] quelque chose de nouveau que j'étais impuissant à définir, et cette impuissance me causait une colère et une curiosité mêlées d'un bizarre délice.»[15]

L'impuissance à comprendre provoque un «bizarre délice» qui (s')ajoute à la volupté initiale. Celle-ci est ainsi renforcée par la «curiosité» qu'elle irrite (suscite et frustre à la fois) dans une «colère» délicieuse. Volonté et volupté, colère et impuissance se mêlent ici comme dans l'hystérie d'Emma qui, on l'a vu, sert d'exemple au poète. Par sa capacité à jouir de l'effort même qu'il fait pour comprendre pourquoi il jouit, le poète se découvre à nouveau androgyne. Il est femme par la «jouissance» qu'il éprouve à «(se) laisser pénétrer» par une volupté qu'au même moment son «orgueil» mâle le force plutôt à pénétrer et «comprendre». La compréhension dont il jouit est à la fois accueil sensuel et saisie intellectuelle: elle fait jouir avant tout celui qui veut d'abord comprendre.

La jouissance que la musique de Wagner procure à Baudelaire est une jouissance non seulement de comprendre mais aussi d'être compris. Il se sent contenu et soutenu par des mélodies qui ont un air de famille, transporté vers lui-même par des rythmes qui lui semblent êtres les siens. C'est ce qu'il précise au musicien dans sa lettre du 17 février 1860:

> «D'abord il m'a semblé que je connaissais cette musique, et plus tard en y réfléchissant, j'ai compris d'où venait ce mirage; il me semblait que cette musique était *la mienne*, et je la reconnaissais comme tout homme reconnaît les choses qu'il est destiné à aimer.»[16]

En guise de profonde *reconnaissance*, à la conclusion de sa lettre, Baudelaire résume ainsi son sentiment: «Vous m'avez rappelé à moi-

---

[15] Id., p. 785.
[16] Cor. I, 672-73.

même»[17]. Non sans paradoxe, Baudelaire prend conscience de soi à travers un autre. Il a besoin de la médiation d'une figure (ici musicale) pour être «rappelé à lui-même». Sur le plan épistémologique, cette expérience n'est pas sans importance. Elle implique l'impossibilité pour la conscience de soi d'être pure présence à soi. A vouloir se réfléchir directement en soi, d'une façon purement narcissique, on est vite plongé dans une hypnose qui mène à l'amnésie, donc à l'oubli de soi. Loin d'apparaître telle quelle, toute conscience de soi prend forme en tant que «mirage», représentation, conscience d'un autre allégorique de soi. Dans le mirage musical au miroir duquel il se voit, Baudelaire s'apparaît dans une altération radicale. Non pas tel qu'il est en lui-même, mais en puissance, à l'horizon d'un temps encore futur. Dans la musique qui lui semble «la sienne», le poète reconnaît non pas «les choses» qu'il aime mais celles «qu'il est destiné à aimer»; non pas l'œuvre déjà écrite, accomplie, mais une œuvre pressentie, qui reste à écrire. La musique de Wagner suscite chez Baudelaire une étrange mémoire: mémoire du futur qui lui fait reconnaître ce qui n'est pas encore et qui, dans la musique d'un autre, lui laisse entendre son œuvre à venir.

En exprimant à autrui sa reconnaissance, Baudelaire signifie que son être tient à cette reconnaissance de soi dans un autre. Tout l'être du poète, y compris son être à venir, tient à la musique de Wagner — comme à la prose de Poe. Chez Poe, on s'en souvient, Baudelaire découvre un personnage dont l'androgynéité renvoie à la double nature de son créateur. Or Baudelaire se découvre lui-même dans la personne de Poe. Il en fait la confidence à Théophile Thoré, dans une lettre où il met au compte du hasard des ressemblances qui, selon lui, ne doivent rien au pastiche:

> «Eh bien! on m'accuse, moi, d'imiter Edgar Poe! Savez-vous pourquoi j'ai si patiemment traduit Poe? Parce qu'il me ressemblait. La première fois que j'ai ouvert un livre de lui, j'ai vu, avec épouvante et ravissement, non seulement des sujets rêvés par moi, mais des PHRASES pensées par moi, et écrites par lui vingt ans auparavant.»[18]

---

[17] Id., p. 674.

[18] Lettre à Théophile Thoré, environ 20 juin 1864, Cor. II, 386.

Traduire, dans la logique de cette lettre, c'est répondre et obéir à de «mystérieuses coïncidences»[19], assumer une ressemblance, endosser un sosie qu'il faut *reproduire* pour s'accomplir. Traduisant Poe, Baudelaire accouche de lui-même, il donne vie au masque allégorique de lui-même qu'il découvre chez son *alter ego.* Cet enfantement de soi à travers un autre ne va pas sans difficultés, comme en témoigne la lettre à sa mère datée du 26 mars 1853[20]. Dans cette longue lettre émouvante, la crise généralisée que traverse alors le poète cristallise autour de sa traduction des *Histoires extraordinaires.* Obligé par contrat à livrer le livre le 10 janvier 1853 au plus tard, Baudelaire envoie à son imprimeur, Lecou, «un manuscrit tellement informe»[21] que la première impression *avorte.* «Le malheureux, je lui ai fait manquer la vente de l'hiver»[22], se plaint un Baudelaire qu'on a peine à reconnaître, tant la «honte» que lui inspire son acte «manqué» le rend piteux. Le remords qu'il exprime tout au long de sa lettre, c'est d'avoir fait échouer, par sa faute, la sortie d'un livre dont son être (autant que son bien-être moral et matériel) dépendait: «J'en perd la tête. Ce livre était le point de départ d'une vie nouvelle»[23]. L'identité du poète tient à un livre qui lui permettrait de se délivrer de sa dépendance vis-à-vis d'une mère à qui il demande sans cesse de l'argent — faute de gagner sa vie par ses livres. S'il accouchait d'un livre qui lui permette de subvenir à ses propres besoins, cela permettrait à sa mère d'accoucher enfin d'un fils indépendant et autonome. Or ce livre dont il attend une délivrance est une traduction, c'est-à-dire un livre qui lui assure une vie nouvelle en consacrant la vie d'un autre.

Le trouble dont Baudelaire se plaint à plusieurs reprises tient en partie à sa (mauvaise) conscience d'être un «voleur», jugement qu'il prête à son imprimeur mais qu'il partage et fait secrètement sien: «Cet homme qui me croyait *fou,* qui ne peut rien comprendre à mes retards, et dont la bonne volonté pour moi était le commencement

---

[19] Id., p. 386.

[20] Cf. Lettre à Madame Aupick, Samedi 26 mars 1853, Cor. I, 210-217.

[21] Id., p. 211.

[22] Id., p. 212.

[23] Id., p. 212.

de ma réputation littéraire, — doit maintenant me prendre pour *un voleur*»[24]. Le retour obsédant du mot «folie»[25], dans toute cette lettre, renvoie certes à une conscience morale troublée par le sentiment d'une culpabilité d'autant plus obsédante qu'elle demeure incompréhensible et inexplicable, y compris pour le poète[26]. Mais au-delà du trouble moral qu'il tend à dramatiser, le mot «folie» renvoie aussi et surtout à un trouble mental inhérent à l'entreprise même de traduction. L'identité du traducteur ne peut qu'être ébranlée par l'effort même qu'il fait pour se glisser (translater son être) dans les mots d'un autre. Possédé, hanté par Poe, Baudelaire doit en accoucher par un livre à lui. La difficulté est telle que la grossesse est souvent interrompue: «Le livre est toujours sur ma table, *interrompu*»[27]. Et plus loin, il parle à nouveau de «ce pauvre livre interrompu»[28] dont il joint à sa lettre quelques échantillons, comme s'il voulait faire partager à sa mère cette fausse couche et la rendre responsable de son impuissance. Selon Levallois, Baudelaire ne manquait jamais de dire, au moment où il travaillait à sa traduction: «je vais faire travailler ma mère», comme s'il voulait qu'elle en soit «le véritable traducteur»[29]. Baudelaire veut sans doute rejeter inconsciemment sur sa mère la faute qui l'accable. Mais s'il l'associe à son travail de traduction, c'est que ce travail le rapproche d'elle, en lui donnant à lui aussi «des maux de nerfs insupportables, — exactement comme les femmes»[30]. Le poète est rendu hystérique

---

24 Id., p. 212.

25 Le mot «folie», ou l'un de ses familiers, revient cinq fois dans cette seule lettre: «j'espère que tu ne me croiras pas tout à fait fou» (p. 211); «l'éditeur me croyait fou» (p. 212); «j'en perds la tête» (p. 212); «Cet homme qui me croyait *fou*» (p. 212); «Je tâcherai d'avancer tout doucement mon livre, [...] comme un homme [...] qui a la tête perdue» (p. 215).

26 Il avoue en effet ne pas comprendre une faute que pourtant il reconnaît: «Je suis coupable envers moi-même;--cette disproportion entre la volonté et la faculté est pour moi quelque chose d'inintelligible.» (Cor. I, 214).

27 Lettre à Madame Aupick, Samedi 26 mars 1853, Cor. I, 212.

28 Id., p. 216.

29 Levallois, *Mémoires d'un critique*, cité par Jacques Crépet dans son édition des *Histoires extraordinaires* traduites par Baudelaire, Conard, Paris, 1932 (cf. «Notes et éclaircissements», p. 354).

30 Lettre à Madame Aupick, Samedi 26 mars 1853, Cor. I, 214.

par une œuvre qui le fait *travailler* comme une femme, mais qu'il ne peut pourtant mener à terme, car elle a déjà vu le jour, ayant déjà un auteur. Ayant «la tête perdue»[31] dans l'œuvre d'un autre, Baudelaire est ébranlé par «les diaboliques secousses»[32] que lui inflige la double conscience d'être à la fois soi et un autre. Pour «conjurer» les spasmes d'une folie induite par son travail, il décide «d'avancer tout doucement son livre»[33], dans une lucidité tranquille qui n'avance à rien, sinon à envenimer et accélérer son mal par la conscience qu'il en prend: «J'espère que tu ne me croiras pas tout à fait fou, puisque je connais ma folie»[34].

Connaître sa folie, c'est la faire naître, naître avec elle (co-naître), la produire en comparaissant dans la langue d'un autre, en *se traduisant* dans une langue non maternelle. Ce procès de la traduction est allégorique de l'écriture poétique elle-même, en tant que le sujet s'y aliène de soi dans des figures où sa mère ne le reconnaît plus. S'il s'éloigne de sa mère, le poète se rapproche pourtant de «la femme», du moins telle qu'elle apparaît dans la «Dédicace» des *Paradis artificiels*. Tout comme Emma, cette femme sans nom, réduite à ses majuscules, se signale par une propension à sortir d'elle-même pour s'accomplir en autrui, dans les «rêves» ou «imaginations» des poètes avec qui elle forme une espèce d'«être parfait»:

> «Toutefois il est évident que comme le monde naturel pénètre dans le spirituel, lui sert de pâture, et concourt ainsi à opérer cet amalgame indéfinissable que nous nommons notre individualité, la femme est l'être qui projette la plus grande ombre ou la plus grande lumière dans nos rêves. La femme est fatalement suggestive; elle vit d'une autre vie que la sienne propre; elle vit spirituellement dans les imaginations qu'elle hante et qu'elle féconde.»[35]

---

[31] Id., p. 215.
[32] Id., p. 215.
[33] Id., p. 215.
[34] Id., pp. 210-211.
[35] *Paradis artificiels*, O.C. I, 399.

Si la femme est elle aussi capable de vivre d'une autre vie que la sienne propre, ce n'est pas par sa puissance créatrice mais par sa nature suggestive. A la différence du poète, la femme est «fatalement suggestive». Elle *s'insinue*[36] dans les esprits par la force d'une fatalité naturelle, non par la puissance d'un exercice spirituel. Elle est l'être par qui le monde naturel pénètre dans le spirituel, c'est-à-dire l'envers ou l'inverse du poète. Là où celui-ci est «comme ces âmes errantes qui cherchent un corps»[37], elle apparaît plutôt *comme ces corps errants qui cherchent une âme*. Symétriquement complémentaires, ils sont faits pour se rejoindre, dans un amalgame indéfinissable qui fait *leur* individualité commune. Comme Emma, la femme générique[38] de l'énigmatique dédicace se présente comme un répondant, ou plutôt comme un *pendant* allégorique. Son aptitude naturelle à «vivre d'une autre vie que la sienne» fait pendant à la puissance spirituelle que le verbe confère au poète.

Mutuellement dépendants, la femme et le poète ne sauraient s'accomplir pleinement l'un sans l'autre. Leur «amalgame» seul peut parfaire leur individualité. Pour s'approcher elle aussi de «l'être parfait», Emma se livre à des contorsions[39] qui sont *assistées* par la puissance manipulatrice d'un auteur dont la «dureté systématique», digne d'un «montreur de marionnettes», est l'effet d'un froid calcul:

> «En somme, cette femme est vraiment grande, elle est surtout pitoyable, et malgré la dureté systématique de l'auteur, qui a fait tous ses efforts pour être absent de son œuvre et pour jouer la fonction d'un montreur de marionnettes, toutes les femmes *intellectuelles* lui sauront gré d'avoir élevé la femelle à une si haute

---

[36] C'est le sens que donne Littré pour *suggérer*: «faire naître dans l'esprit par insinuation, par inspiration».

[37] Cf. «Les Foules», *Le Spleen de Paris*, O.C. I, 291.

[38] C'est peut-être pour cela qu'elle demeure sans nom, femme à majuscules seulement, prototype de toutes les femmes: J.G.F. (Pour plus de détails concernant cette femme énigmatique, cf. Pichois, O.C. I, 986).

[39] Ces contorsions, qui la rendent à la fois «grande» et «pitoyable», signalent une hystérie qu'on retrouve chez «le cygne», dans des «gestes fous» qui le rendent lui aussi «ridicule» et «sublime» (cf. O.C. I, 86, v. 34-35). On y reviendra dans le deuxième chapitre de la deuxième partie.

> puissance, si loin de l'animal pur et si près de l'homme idéal, et de l'avoir fait participé à ce double caractère de calcul et de rêverie qui constitue l'être parfait.»[40]

Pour mieux se pénétrer de son personnage, Flaubert se retire de son œuvre. Pour mieux en (faire) partager les transes, il reste de marbre. En représentant froidement la rêverie calculatrice de son héroïne, «l'auteur» se fait à la fois «montreur», il passe de la sympathie au détachement et participe ainsi lui aussi à ce double caractère de calcul et de rêverie à quoi se reconnaît l'hystérie constitutive de l'être parfait. La sympathie avec sa «marionnette» est vécue par l'auteur dans un effort de représentation qui provoque son hystérie à lui, trouble second qui n'est pas du même ordre que le premier. L'hystérie d'Emma ne reflète pas mimétiquement celle de Flaubert: elle la provoque. Là où Emma, pour rêver, se penche sur des romans, Flaubert se penche sur son personnage penché, qui lui révèle sa «fonction» de romancier. Flaubert est rendu hystérique, non par simple identification avec son personnage, mais par l'effort qu'il fait, en tant qu'auteur, pour s'en distinguer. Le geste par lequel il se met *en abyme, à la place mais à distance de* son héroïne, est constitutif (performatif) de sa propre hystérie.

Baudelaire est lui-même froidement sensible au guignol qu'il découvre dans *Madame Bovary*. Il en tire une leçon concernant la fonction du poète. Tout comme le romancier reste détaché des marionnettes où il se projette, le poète manipule de loin des figures où il se voit. Le poète androgyne, on s'en souvient, c'était à la fois Poe et son personnage. «Le poète hystérique», de même, c'est à la fois Flaubert et Emma, le montreur et sa marionnette. L'hystérie tient au guignol, ce spectacle où Baudelaire voit une allégorie du rapport qu'il entretient avec ses propres figures[41]. Vis-à-vis de ses «petites vieilles», par exemple, le poète se sent comme un père, auteur qui les

---

[40] *Madame Bovary par Gustave Flaubert*, O.C. II, 83-84.

[41] Comme on le verra à propos d'un autre personnage littéraire (Andromaque) qui apparaît dans «Le Cygne», Baudelaire s'identifie à l'hystérie des figures mélancoliques qu'il met en scène dans son poème, mais c'est à travers des images qui l'oppriment et le rendent hystérique *par allégorie*--et non par mélancolie (cf. deuxième partie, chapitre II).

surveille «tendrement», avec inquiétude et affection, mais «de loin», avec détachement et calcul, comme un voyeur:

> «Mais moi, moi qui de loin tendrement vous surveille,
> L'œil inquiet, fixé sur vos pas incertains,
> Tout comme si j'étais votre père, ô merveille!
> Je goûte à votre insu des plaisirs clandestins:»[42]

La surveillance paternelle s'accompagne ici d'un voyeurisme qui permet à l'auteur de voir ses créatures sans être vu, «à leur insu». En se détachant de ses petites vieilles, selon un paradoxe qui rappelle celui du comédien, le poète parvient à mieux s'en rapprocher, à mieux «vivre» avec elles des «jours perdus» (v. 78) dont il est l'auteur. Mais cette distance critique lui permet aussi, en tant que montreur, de mieux nous les donner en spectacle, afin que nous aussi, «de loin tendrement», nous puissions en jouir. Au vers 7, nous nous découvrons soudain, avec l'impératif «aimons-les!», en train de *voir* nous aussi celles que le poète est d'abord seul à «guetter»:

> «Dans les plis sinueux des vieilles capitales,
> Où tout, même l'horreur, tourne aux enchantements,
> Je guette, obéissant à mes humeurs fatales,
> Des êtres singuliers, décrépits et charmants.
>
> Ces monstres disloqués furent jadis des femmes,
> Eponine ou Laïs! Monstres brisés, bossus
> Ou tordus, aimons-les! ce sont encor des âmes.»[43]

Le paradoxe du poète, tel qu'il apparaît dans son rapport aux «petites vieilles», est le suivant: pour mieux les voir et les montrer comme ses filles, il doit les voir et les montrer comme des «marionnettes». «Tout pareils à des marionnettes» (v. 13), ces «monstres disloqués» n'ont plus rien d'humain. Si elles «furent jadis des femmes», elles ne sont plus aujourd'hui que des «fantôme(s) débile(s)» (v. 25) comme ces autres «spectres» qui apparaissent dans

---

[42] «Les Petites vieilles», O.C. I, 91, v. 73-76.
[43] Id., O.C. I, 89, v. 1-7.

«Les Sept vieillards»[44]. Et pourtant, «ces êtres singuliers» sont «décrépits et charmants», comme si leur décrépitude faisait leur charme, comme si leur ruine leur conférait un statut familier et même familial qui les rapproche du poète: «Ruines! ma famille! ô cerveaux congénères!» (v. 81). Chez ces êtres dégradés par la vie, la ruine physique est compensée par un supplément d'âme qui les élève. Disloqués, désincarnés, «ce sont encor *mieux* des âmes»[45], semble nous dire Baudelaire, qui se prend d'affection pour les pantins qu'il anime et qui, comme au guignol, nous manipule aussi en nous disant quelle réception leur faire: «aimons-les!» (v. 7).

Pour être sans vie, ces figures ne sont pas sans âme. Elles sont animées au contraire par un esprit qui n'est autre que la parole même que le poète leur souffle, leur inspirant ainsi des affects qui les rendent touchantes. Lire «Les Petites vieilles», c'est assister à un spectacle que le poète se donne et nous donne sur une scène poétique traversée par des personnages désincarnés en qui il s'incarne, en vivant leurs «jours perdus». Ce spectacle est ainsi le théâtre d'une scission intime, chez celui qui écrit, entre un montreur qui reste impassible et un acteur qui *sent* son rôle. Reprenant les idées exprimées par Diderot dans son *Paradoxe sur le comédien*, Proust voit très bien que la sensibilité, chez Baudelaire, est subordonnée à la vérité de l'expression:

> «Dans les plus sublimes expressions qu'il a données de certains sentiments, il semble qu'il ait fait une peinture extérieure de leur forme, sans sympathiser avec eux. [...] Il semble qu'il éternise par la force extraordinaire, inouïe du verbe (cent fois plus fort, malgré tout ce qu'on dit, que celui d'Hugo), un sentiment qu'il s'efforce de ne pas ressentir au moment où il le nomme, où il le peint plutôt qu'il ne l'exprime.»[46]

---

[44] Rappelons que ces deux poèmes, dans leurs versions originelles, s'intitulaient : «Fantômes parisiens».

[45] C'est moi qui ajoute et souligne.

[46] *Contre Sainte-Beuve*, édition Pierre Clarac et Yves Sandre, «Bibliothèque de la Pléiade», Paris, Gallimard, pp. 250-52 (cité par Pichois in O.C. I, 1017-18).

En tant que dramaturge, pour mieux *produire* ses figures, le poète est certes insensible. Mais en tant qu'acteur qui joue le rôle de ces figures, par contre, il ne l'est pas. Le poète dramatique qu'est Baudelaire, du moins dans certains *Tableaux parisiens*, est rendu hystérique par son aptitude à faire le chaud et le froid: à garder son sang froid pour animer des personnages qui lui chauffe le sang.

Dans son *Paradoxe*, Diderot parle indifféremment du comédien et du poète dramatique, comme si les deux ne faisaient qu'un[47], ou plutôt comme si le poète était un comédien. A propos du jeu de la Clairon, il écrit admirablement qu'une fois «élevée à la hauteur de son fantôme», c'est-à-dire de son personnage, elle devient «l'âme d'un grand mannequin qui l'enveloppe»[48]. On pourrait en dire autant de celui qui, insensiblement, aspire à endosser des marionnettes qui le font vibrer. Lui aussi, comme l'acteur, doit «s'oublier et se distraire de lui-même»; lui aussi doit savoir «se créer», «à l'aide d'une imagination forte», «des fantômes qui lui servent de modèles»[49]. Dans son effort pour imiter ces «fantômes», le poète «est un homme froid qui ne sent rien, mais qui figure supérieurement la sensibilité»[50]. Cette figuration de la sensibilité prend forme, selon Diderot, avec ces grands personnages tragiques (Agrippa, Cléopâtre, Cinna, etc.) qui sont «les fantômes imaginaires de la poésie» ou mieux, «des spectres de la façon particulière de tel ou tel poète»[51]. Si l'on rapporte ce discours à l'exemple de Baudelaire, on s'aperçoit que les «petites vieilles» sont des spectres *de sa façon*, façon particulière qu'il a d'endosser une sensibilité étrangère à la sienne en jouant des rôles qu'il invente. En forgeant froidement ses figures, le poète les marque non de sa sensibilité (celle qu'il a dans la vie, en tant qu'homme), mais d'une sensibilité qu'il éprouve pour la première fois à travers elle, de façon inédite et inattendue[52].

---

47 «Et pourquoi l'acteur différerait-il du poète, du peintre, de l'orateur, du musicien?», in *Oeuvres esthétiques* de Diderot, «Classiques Garnier», p. 309

48 Diderot, *Paradoxe sur le comédien*, in *Oeuvres esthétiques*, «Classiques Garnier», p. 308.

49 Id., p. 362.

50 Id., p. 336.

51 Id., p. 315.

52 Il faudrait donc distinguer entre *Baudelaire* et *le poète* qu'il devient sur la scène de son écriture. Diderot remarque très bien que «le comédien dans la rue ou sur la scène

Au-delà des «petites vieilles», les «fantômes» dont parle lui aussi Baudelaire[53] renvoient aux allégories qui traversent, on va le voir, bon nombre de *Tableaux parisiens*. Au début des «Sept vieillards», la «cité» apparaît à nouveau «fourmillante», «pleine de rêves» et de «spectres» qui la peuplent comme ferait une foule réelle:

> «Fourmillante cité, cité pleine de rêves,
> Où le spectre en plein jour raccroche le passant!
> Les mystères partout coulent comme des sèves
> Dans les canaux étroits du colosse puissant.»[54]

La fourmilière humaine, au sein de la capitale, est une métaphore des «rêves» qui irriguent le poème, transformant la réalité parisienne en tableau allégorique. Le poème s'ouvre, non pas pour introduire et décrire la cité, mais pour nous avertir et nous rappeler que nous sommes devant un «tableau», c'est-à-dire une représentation poétique où des spectres allégoriques (comme ici ce «colosse puissant», mis pour Paris) raccrochent un «passant» lui-même allégorique du lecteur.

Dès le troisième vers, nous savons que la ville sera le cadre, non de scènes vécues mais de «mystères», c'est-à-dire, au sens théâtral, de petites scènes dont la signification spirituelle ou morale est cachée[55]. En tant que «mystère» poétique lui aussi inventé, rêvé, le drame des «sept vieillards» prend place sur une scène surtout mentale, dans un «décor semblable à l'âme de l'acteur» (v. 8). La ville est

---

sont deux personnages si différents, qu'on a peine à les reconnaître» (p. 317). Et plus loin, poursuivant cette réflexion dans le sens de l'écriture, il écrit: «On dit qu'on pleure, mais on ne pleure pas lorsqu'on poursuit une épithète énergique qui se refuse; on dit qu'on pleure, mais on ne pleure pas lorsqu'on s'occupe à rendre son vers harmonieux: ou si les larmes coulent, la plume tombe des mains, on se livre à son sentiment et l'on cesse de composer.» (pp. 333-34).

[53] On est frappé par certains mots-clés qui se recoupent d'un discours à l'autre: par exemple «âme», «fantômes», «mannequins», «spectres», etc.

[54] «Les Sept vieillards», O.C. I, 87, v. 1-4.

[55] Dans ces «mystères» modernes que sont «Les Petites vieilles», «Les Sept vieillards» ou «Les Aveugles», la matière profonde n'est plus religieuse comme au Moyen-Age, mais poétique. Les miracles qui s'y jouent ont trait à une «sorcellerie évocatoire» par laquelle «tout, même l'horreur, tourne aux enchantements».

un paysage[56] choisi pour l'état d'âme qu'elle révèle chez «l'acteur», c'est-à-dire chez le personnage que Baudelaire joue sur la scène propre à ce poème. Dans ce «tableau» particulier, le drame manifeste, celui d'une démultiplication infernale de la réalité extérieure, vient interrompre et dissiper une relation secrète qui en est le drame caché. Au moment où lui apparaît l'horrible vieillard qui va se dédoubler en sept sosies, le poète est lui-même double: il est en train de discuter avec un personnage qui n'est autre que son âme:

> «Un brouillard sale et jaune inondait tout l'espace,
> Je suivais, roidissant mes nerfs comme un héros
> Et discutant avec mon âme déjà lasse,
> Le faubourg secoué par les lourds tombereaux.
> Tout à coup, un vieillard [...]»[57]

En bon acteur, le poète s'est dédoublé pour dialoguer avec lui-même, ou plutôt avec la part féminine de lui-même. Même si l'absence de majuscule lui dénie, techniquement, le statut d'allégorie, l'«âme» n'en est pas moins personnifiée ici comme une femme dont la fatigue morale contraste avec l'énergie volontaire du poète. En s'abandonnant à sa lassitude, l'âme du poète retient celui-ci de poursuivre énergiquement, à la fois leur discussion et sa marche héroïque le long du faubourg. On peut en conjecturer que l'objet de leur discussion est celui-là même de leur marche. Ne voulant pas (ou plus) aller là où le poète se dirige si résolument, l'âme lui exprime une fatigue qu'elle manifeste à la fois en marquant le pas. Ce désaccord est la projection, sous forme dramatique, d'une double conscience qui est celle, on l'a vu, du «poète hystérique». Par sa lassitude *féminine*, Anima s'oppose à la progression d'Animus, elle l'empêche de «(raidir ses) nerfs comme un héros», fait fléchir sa détermination et transforme son pas assuré en démarche hésitante.

Ce conflit intérieur se répercute jusque dans le «décor» urbain qui lui sert de cadre. Pichois remarque à ce propos que «les fau-

---

[56] On verra dans la troisième partie que «Paysage», le premier des *Tableaux parisiens*, est un «art poétique» savamment déguisé.

[57] «Les Sept vieillards», O.C. I, 87, v. 9-13.

bourgs par leur aspect lépreux et désolé s'accordent au côté spleenétique de l'âme de Baudelaire»[58]. Si «le faubourg», par sa désolation, offre des ressemblances avec «l'âme de l'acteur», les «tombereaux», par la rime, ressemblent à l'acteur en tant que «héros». De même que «le faubourg (est) secoué par les lourds tombereaux», l'âme est secouée de sa torpeur par les efforts redoublés d'un poète qui se veut «acteur», c'est-à-dire qui préfère agir, aller de l'avant, poursuivre son chemin. Accusant réception de ce poème qui, avec «Les Petites Vieilles», lui est dédié, Victor Hugo écrit à Baudelaire, le 6 octobre 1859: «Que faites-vous quand vous écrivez ces vers saisissants: [...] Vous marchez. Vous allez de l'avant. [...] Vous créez un frisson nouveau»[59]. Et Baudelaire lui-même, envoyant en juin 1859 l'un de ses manuscrits à Jean Morel, directeur de *La Revue française*, cherche à lui préciser le sens de cette «marche», dont il est lui aussi conscient, avant même la remarque de Hugo: «C'est le premier numéro d'une nouvelle série que je veux tenter, et je crains bien d'avoir simplement réussi à dépasser les limites assignées à la Poésie»[60]. Le «frisson nouveau» est aussi bien un frisson de crainte, éprouvée sans nulle doute par cette âme rétive qui n'ose se hasarder au-delà du «faubourg», préférant se complaire dans sa désolation. Cette désolation de l'âme, liée à celle du «faubourg», provient peut-être ici d'un attachement mélancolique aux «vieux faubourgs» qui, au moment où le poème s'écrit, sont en train de disparaître[61]. A la différence de son âme mélancolique, pourtant, le poète est stimulé par les changements dont il est témoin. Loin de se laisser démoraliser par la disparition du «vieux Paris», il se raidit et se montre impatient de faire lui aussi des éclats, en produisant des ouvrages qui transforment la Poésie comme ceux d'Haussmann transforment Paris. Inspiré par les «lourds tombereaux» qui

---

[58] O.C. I, 1012.

[59] *Lettres à Baudelaire*, publiées par Claude Pichois avec la collaboration de Vincenette Pichois, Etudes baudelairiennes IV-V, Neuchâtel, La Baconnière, 1973, p. 188.

[60] Cor. I, 583.

[61] On y reviendra en détail dans le chapitre consacré au «Cygne» (cf. deuxième partie, chapitre 2).

travaillent eux aussi à «dépasser» certaines «limites», celles «assignées» aux vieux faubourgs de la ville, Baudelaire cherche à produire des chocs[62] qui fassent éclater la Poésie de son temps.

L'âme, part féminine et romantique de Baudelaire, est lasse de voir le poète lui préférer d'horribles objets comme ces «tombereaux» qui, en secouant un faubourg à son image, la choquent elle aussi. Fasciné et stimulé par ces viles objets (ou spectacles) qui lui inspirent une autre esthétique, le poète se détourne de son âme pour se tourner vers la cité, qui regorge de tels objets. Ce drame secret, joué en sous-main, apparaît encore mieux dans «Les Aveugles». Dans cet autre «tableau parisien», l'«âme» et la «cité» sont deux figures rivales qui se disputent et se partagent à la fois le poète et son poème. Dès le premier vers, et jusqu'au vers 10, le poète s'adresse à nouveau à son âme, non pour discuter avec elle, mais pour l'inviter à contempler des «aveugles» qui sont aussi «affreux» que leurs frères les «vieillards»:

> «Contemple-les, mon âme; ils sont vraiment affreux!
> Pareils aux mannequins; vaguement ridicules;
> Terribles, singuliers comme les somnambules;
> Dardant on ne sait où leurs globes ténébreux.
>
> Leurs yeux, d'où la divine étincelle est partie,
> Comme s'ils regardaient au loin, restent levés
> Au ciel; on ne les voit jamais vers les pavés
> Pencher rêveusement leur tête appesantie.
>
> Ils traversent ainsi le noir illimité,
> Ce frère du silence éternel. [...]»[63]

Parce qu'ils sont «pareils aux mannequins», ils se rapprochent de ces êtres eux aussi singuliers, «tout pareils à des marionnettes», que sont les petites vieilles. Et parce qu'ils défilent eux aussi comme les sept

---

[62] L'un de ces chocs consiste ici à faire rimer «héros», mot noble, avec «tombereaux», mot vulgaire. Sur le plan euphonique, de plus, l'irrégularité de cette rime est évidemment faite pour choquer.

[63] «Les Aveugles», O.C. I, 92, v. 1-10.

vieillards, dans une même parabole cauchemardesque, ces aveugles viennent grossir le flot des rêves dont est pleine une cité que le poète, à partir du vers 10 et jusqu'à la fin, se met à apostropher:

> « [...] O cité!
> Pendant qu'autour de nous tu chantes, ris et beugles,
> Eprise du plaisir jusqu'à l'atrocité,
> Vois! je me traîne aussi! mais, plus qu'eux hébété,
> Je dis: Que cherchent-ils au Ciel, tous ces aveugles?»[64]

Connaissant la délicatesse de son «âme», le poète lui demande de ne faire que «contempler» ces aveugles qu'elle ne saurait voir, car il sont «vraiment affreux». En précisant qu'ils sont «*vraiment* affreux»[65], le poète rappelle à son âme, non sans reproche, qu'elle ne veut pas voir la *vérité* en face. Elle ne veut pas voir en face ceux qui ne peuvent pas voir devant eux et qui, par conséquent, regardent au loin vers le Ciel, dans l'espoir d'y retrouver la «divine étincelle» qu'ils ont perdue. En somme, plutôt que de contempler le ciel, ils préfèreraient voir leur laideur, voir vraiment ce que l'âme préfère «contempler» de loin, à travers les mots du poète. L'âme représente ainsi, chez le poète, une tendance à transposer en tableaux idylliques les «terribles» spectacles de la cité. Dans le même temps, pourtant, ces mêmes atrocités (dont ne se distinguent pas les excès du «plaisir», allant «jusqu'à l'atrocité») le fascinent au point de lui faire perdre le contrôle de sa marche («je me traîne aussi») et de son esprit («plus qu'eux hébété»). Les horreurs de la cité font vaciller l'esprit de celui qui, pour retrouver le sens, doit s'en détourner et se «pencher rêveusement» «vers des pavés» où ces mêmes horreurs, *comme sur la page*, se recomposent et se fixent en un paisible tableau.

Pour échapper à la fascination d'une cité qui rime avec atrocité, le poète recourt au procédé même dont il est victime, il cherche à méduser celle qui le méduse, en attirant sur lui ses regards à elle: «Vois! je me traîne aussi!». Mieux que les aveugles, car «plus qu'eux

---

64 Id., O.C. I, 92, v. 10-14.

65 C'est moi qui souligne.

hébété», le poète est lui aussi une horreur ambulante, mais à sa façon, qui n'est pas sans rapport à son écriture. S'il demande à son âme de contempler des aveugles qui se traînent dans l'obscurité, il demande ensuite à la cité de le voir qui se traîne lui aussi, mais dans son poème, où il cherche un refuge. Ce n'est pas au ciel que ses yeux sont tournés, mais vers des «pavés» qui, à la lumière du «Soleil», autre «tableau parisien», sont métaphoriques des mots qui le font trébucher sur la page. Quand «le soleil cruel» fait paraître au grand jour les horreurs d'une «ville» elle-même sans pitié, le poète *passe dans des tableaux* où il va «(s') exercer à (sa) fantasque escrime, / Flairant dans tous les coins les hasards de la rime, / Trébuchant sur les mots comme sur les pavés, / Heurtant parfois des vers depuis longtemps rêvés.»[66]. On voit là s'accomplir un désir qui s'exprime très bien dans «L'Invitation au voyage» en prose: «Vivrons-nous jamais, passerons-nous jamais dans ce tableau qu'a peint mon esprit, ce tableau qui te ressemble?»[67]. Dans la version versifiée, de même, la destinatrice est une âme-«sœur» que le refrain invite à voyager «là» où «tout n'est qu'ordre et beauté, luxe, calme et volupté»[68], c'est-à-dire dans les strophes mêmes dont ce refrain fait la réclame. En secret, la destinatrice est son âme, que le poète invite au sein de sa parole, pour lui faire don de «sa douce langue natale». En vers comme en prose, le désir exprimé est celui de passer dans le poème, «là» où «Tout [...] parlerait / A l'âme en secret / Sa douce langue natale»[69].

Ce désir de se pénétrer de ce qu'on écrit, au point d'y pénétrer, on le retrouve dans «Recueillement», poème qui ne fait pas partie des *Tableaux parisiens* mais qui en est très proche, en particulier par l'air de famille qu'il présente avec «Le Crépuscule du soir». Dans une apostrophe dont il est coutumier, le poète s'adresse d'emblée à sa «Douleur», franche allégorie par où son âme douloureuse lui apparaît en personne[70]. Loin d'être «lasse», pourtant, cette *âme de la*

---

[66] «Le Soleil», *Tableaux parisiens*, O.C. I, 83, v. 3-8.

[67] *Le Spleen de Paris*, O.C. I, 303.

[68] *Les Fleurs du mal*, O.C. I, 53.

[69] Id., O.C. I, 53.

[70] Dans «Le Crépuscule du soir», c'est à son âme que le poète demande de se

douleur est agitée ici d'un désir anxieux que le Soir tombe, pour être tranquillisée par la Nuit:

> «Sois sage, ô ma Douleur, et tiens-toi plus tranquille.
> Tu réclamais le Soir; il descend; le voici:
> Une atmosphère obscure enveloppe la ville,
> Aux uns portant la paix, aux autres le souci.»[71]

Sans attendre la nuit, «la douce Nuit qui marche» à la fin du poème, le poète s'efforce dès le début, par son verbe impératif, de calmer lui-même sa Douleur: «Sois-sage [...] et tiens-toi plus tranquille». Ces deux impératifs sont aussitôt suivis de deux performatifs («il descend», «le voici») qui viennent exaucer les vœux de la Douleur: Le Soir qu'elle réclamait descend ici avec le poème, qui tombe comme un rideau sur la page, qui fait elle-même écran à la ville. «Le Soir», nous dit le poème, «le voici»: vois-le ici qui descend sur la page à mesure que les mots y tombent, au moyen d'une encre qui confère son obscurité à la page, mais aussi à la ville que cette page oblitère.

La ville se montre pourtant dans le deuxième quatrain, mais telle que le poème est en train de l'offusquer de son «atmosphère obscure». Comme dans «Les Aveugles», le spectacle de la ville est rendu atroce par le Plaisir qui, le soir venu, mène et malmène une foule dont le poète, au même moment, cherche à éloigner sa Douleur:

> «Pendant que des mortels la multitude vile,
> Sous le fouet du Plaisir, ce bourreau sans merci,
> Va cueillir des remords dans la fête servile,
> Ma Douleur, donne-moi la main; viens par ici,
> Loin d'eux.»[72]

---

recueillir, rendant ainsi explicite l'identité profonde qui rattache l'âme à la Douleur:

> «Recueille-toi, mon âme, en ce grave moment,
> Et ferme ton oreille à ce rugissement.» (O.C. I, 95, v. 29-30).

[71] *Les Fleurs du mal*, Poèmes apportés par l'édition de 1868, O.C. I, 140.

[72] Id., O.C. I, 141.

Parce qu'elle est «servile», livrant l'homme au Plaisir, la fête est dégradante. Elle apparaît sous un jour moral qui en dissimule les traits physiques. Le poème ne nous montre pas des plaisirs concrets mais le Plaisir, terme abstrait qui frappe plus l'esprit qu'il ne fouette les sens. En tant que figure personnifiée, ce Plaisir participe moins de la fête qu'il n'ouvre la voie aux nobles allégories qui viennent ensuite, dans les tercets, se substituer à la «multitude vile». Douces comme la Nuit elle-même, ces allégories composent pour la Douleur du poète un spectacle apaisant:

> « [...] Vois se pencher les défuntes Années,
> Sur les balcons du ciel, en robes surannées;
> Surgir du fond des eaux le Regret souriant;
>
> Le Soleil moribond s'endormir sous une arche,
> Et, comme un long linceul traînant à l'Orient,
> Entends, ma chère, entends la douce Nuit qui marche.»[73]

Entrant en scène tour à tour, selon un rythme plein de recueillement, «les défuntes Années», «le Regret souriant», «le Soleil moribond» et «la douce Nuit» se disposent ici en un tableau idyllique offert par le poète à sa Douleur, pour qu'elle trouve en leur compagnie de quoi se recueillir à son tour. Comme dans «L'Invitation au voyage» en vers, l'âme est invitée à vivre au pays «qui (lui) ressemble», ou plutôt dont les habitants lui ressemblent, étant comme elle de grands archétypes allégoriques. Ce pays qui ressemble à l'âme du poète, c'est le poème qu'il écrit pour elle, pour qu'elle y soit protégée des mortels: «Ma Douleur, donne-moi la main; viens par ici, / Loin d'eux». La locution adverbiale «par ici», comme l'adverbe «là» dans «L'Invitation au voyage», est un déictique qui désigne le poème où la Douleur est invitée à «voir» des ombres spectrales comme elle, évoluant sur une même scène fantasmagorique.

Loin d'être entièrement idylliques, pourtant, les ombres qui défilent dans les tercets semblent émaner d'un fond primitif mystérieux, comme ce «Regret souriant» surgi «du fond des eaux» (pourquoi sourit-il, et pourquoi surgit-il du fond des eaux? Autant d'énigmes).

---

[73] Id., O.C. I, 141.

A l'exception du Regret qui sourit, ces spectres ont un aspect macabre que dénotent certains détails sinistres: les «Années» sont «défuntes» (v.9), le «soleil» est «moribond» (v.12) et «la Nuit» est comparée à un «linceul» (v.13). A la lumière de ces précisions morbides, on s'aperçoit rétrospectivement que l'«atmosphère obscure» réclamée au début est celle d'un linceul funèbre qui «enveloppe la ville» (v.3). Ce qui endort la Douleur, c'est un sommeil de mort, celui-là même qui fait s'endormir aussi le «Soleil moribond». L'ambiguïté de la Nuit s'annonce en fait dès le quatrième vers. Selon que sa marche est perçue (ou mieux, «entendue») comme majestueuse ou funèbre, elle apporte «la paix» ou «le souci»[74]. Pour la Douleur, la Nuit est messagère de ces deux états d'âmes à la fois. Habillées de couleurs sinistres, les créatures paisibles qu'on lui montre ne peuvent que l'inquiéter tout en la rassurant. On peut donc s'interroger sur les intentions d'un poète dont l'ambivalence vis-à-vis de son âme est peut-être un autre signe de son hystérie. Pourquoi attiser la douleur qu'il apaise, sinon peut-être pour la punir de l'avoir détourné du Plaisir auquel il se serait volontiers livré? Dans cette hypothèse, le deuxième quatrain nous rapporte une façon de penser qui n'est pas celle du poète. Pour plaire à son âme qui lui «réclame» de l'en détourner, celui-ci renonce au Plaisir. Mais en contrepartie, il la fait se recueillir d'une façon plus funèbre que sereine. Par une ironie vengeresse, il lui offre un «recueillement» tout aussi mortifère que le plaisir dont elle l'a frustré.

Dans «Recueillement», l'alternative qui semble structurer le poème s'avère fausse. La douceur réclamée par l'âme conduit à la même fin que le plaisir réclamé par le corps. On le voit encore mieux dans «A une passante», où «douceur» et «plaisir», émanant d'un «œil» qui fait simultanément mourir et «renaître», exercent même fascination:

---

[74] Dans «Le Crépuscule du soir», la Nuit apparaît sous un aspect franchement négatif, dans un contexte qui n'est pourtant pas différent:

> «Recueille-toi, mon âme, en ce grave moment,
> Et ferme ton oreille à ce rugissement.
> C'est l'heure où les douleurs des malades s'aigrissent!
> La sombre Nuit les prend à la gorge; [...]» (O.C. I, 95, v. 29-32)

«La rue assourdissante autour de moi hurlait.
Longue, mince, en grand deuil, douleur majestueuse,
Une femme passa, d'une main fastueuse
Soulevant, balançant le feston et l'ourlet;

Agile et noble, avec sa jambe de statue.
Moi, je buvais, crispé comme un extravagant,
Dans son œil, ciel livide où germe l'ouragan,
La douceur qui fascine et le plaisir qui tue.»[75]

La «douleur» qu'on retrouve chez cette «passante» des *Tableaux parisiens* n'est «majestueuse» qu'en surface. Au fond, son deuil déguise une profonde insensibilité que trahit «sa jambe de statue» et qui lui permet de mieux fasciner sa victime. La douceur apparente du deuil est ici l'occasion d'une œillade meurtrière lancée par un œil «où germe l'ouragan», c'est-à-dire où s'annonce «le plaisir qui tue». «D'une main fastueuse» et pourtant froide, froidement calculatrice, cette femme coquette manipule à plaisir les signes de sa douleur: «le feston et l'ourlet»[76]. En somme, elle attendrit le passant pour mieux le raccrocher et le perdre. Par sa «douceur qui fascine», elle cherche à l'attirer vers un «plaisir qui tue». L'ambiguïté de cette femme fait extravaguer le poète, elle le met hors de lui en provoquant des émotions contradictoires qui le crispent, au point de scinder son être en deux parts antagonistes très bien articulées, au vers 6, par la virgule qui sépare «Moi» de «je»: «Moi, je buvais, crispé comme un extravagant». Malgré les sentiments extrêmes qu'elle suscite, cette femme n'est qu'«une passante» parmi d'autres. Mais c'est une passante exemplaire des nombreuses allégories, toutes équivoques, qui traversent les *Tableaux parisiens*[77] et qui, au passage, par les passions contraires qu'elles excitent, rendent le poète extravagant.

---

[75] «A une passante», *Tableaux parisiens*, O.C. I, 92 (v. 1-8).

[76] L'atrocité de la fête est rappellée, re-marquée par le choix même de ces deux vocables. Par leurs formes, ils renvoient au hurlement assourdissant de la rue en fête: feston fait retentir le mot fête; ourlet fait écho à hurlait. De même, l'ambiguïté de la «main», à la fois noble et violente, est très bien marquée par «fastueuse», qui allie «faste» et «tueuse» en un seul mot.

[77] Mais aussi bien, d'autres poèmes des *Fleurs du mal*, comme on l'a vu par exemple avec «Recueillement».

L'hystérie du poète, provoquée comme on l'a vu par la découverte de son androgynéité, est comme redoublée par cette autre découverte que la femme, en lui, est elle-même déjà hystérique. Chez Flaubert, on l'a vu, ce scénario compliqué gouverne déjà les rapports entre le romancier et son héroïne. Chez Baudelaire, il préside au dialogue du poète avec son âme, figure tantôt lasse, comme dans «Les Sept vieillards», tantôt agitée, comme dans «Recueillement» ou «Le Crépuscule du soir». Cette instabilité de l'âme est communiquée à un poète qui s'agite à son tour, soit pour la stimuler, soit pour l'apaiser. Par son agitation frénétique, l'âme est la forme féminine que prend le Démon, un Démon instable qui s'agite lui aussi «sans cesse» aux côtés du poète:

> «Sans cesse à mes côtés s'agite le Démon;
> [...]
> Parfois il prend, sachant mon grand amour de l'Art,
> La forme de la plus séduisante des femmes,»[78]

En changeant de sexe pour mieux séduire, le Démon trahit une androgynéité qui explique en partie son agitation hystérique. Toujours présent et absent derrière ses masques, il est comme cette âme fuyante qu'il devient parfois et qui se déguise elle aussi en «Douleur», en «sœur» ou en «passante» (etc.). Hanté par une présence instable et diffuse qui lui communique son hystérie, le poète est la proie d'un démon familier qui n'est autre que celui de l'allégorie, qui lui fait produire des figures séduisantes où il découvre la part féminine de son être.

Devant ces figures séduisantes qui le sollicitent sans cesse, le poète est subjugué par des émotions dont il reste pourtant le maître, car c'est lui qui tient les fils de ces marionnettes qui le *remuent*. Dans «Au lecteur», Baudelaire nous rappelle que «C'est le Diable qui tient les fils qui nous remuent!»[79]. Or dans «Epigraphe pour un livre condamné», il précise qu'il a fait ses classes chez

---

[78] «La Destruction», *Fleurs du mal*, O.C. I, 111, v. 1, 5-6.
[79] O.C. I, 5, v. 13.

Satan[80], suggérant par là qu'il sait lui aussi l'art de manipuler, non seulement le lecteur et lui-même, mais aussi le démon. Par sa rhétorique d'inspiration satanique, le poète *joue* le diable. Il se joue de lui en faisant s'agiter sans cesse autour de lui des démons qui lui remuent, à lui et à nous, les entrailles.

---

80 O.C.I., 137. Cf. surtout le deuxième quatrain (on y reviendra dans le chapitre suivant):

> «Si tu n'as fait ta rhétorique
> Chez Satan, le rusé doyen,
> Jette! tu n'y comprendrais rien,
> Ou tu me croirais hystérique.»

Deuxième partie

LE POETE HYSTERIQUE

I

HYSTÉRIE ET RHÉTORIQUE

Dans *La Mélancolie au miroir*, Starobinski propose de distinguer entre deux types d'allégorie, selon que cette figure prend son départ dans une «chose vue» à laquelle est attribuée un sens spirituel (le cygne, par exemple, figure de l'exil) ou, au contraire, dans une entité abstraite à laquelle est conférée une forme «quasi visible» (la «Douleur», par exemple, figurée par la «bonne louve»). Dans les deux cas, précise Starobinski, «nous assistons à un redoublement de sens» lié à «l'écart qui, dans l'allégorie, s'instaure entre l'image 'concrète' signifiante et l'entité 'abstraite' signifiée»[1]. A ces allégories «narrative» et «hiéroglyphique»[2] vient s'ajouter un troisième type qu'on pourrait qualifier d'auto-réflexif, car il a trait aux figures où le poète se voit. Starobinski les appelle des «répondants allégoriques du poète», et il les étudie à travers les deux figures antithétiques du prince et du bouffon[3]. Gerald Antoine écrit pour sa part, à propos de certains poèmes[4], qu'«une grande dépense d'allégories débouche sur une reconnaissance que le Poète avoue de soi-même à travers ces figures»[5]. Dans cette optique, l'allégorie serait une figure relevant de la *mimesis* plus que de la *poiesis*, dans la mesure où elle refléterait le visage actuel du poète, au lieu d'en révéler de nouveaux

---

[1] Jean Starobinski, *La Mélancolie au miroir*, Paris, Julliard, 1989, pp. 73-74.

[2] Id., p. 43.

[3] Jean Starobinski, «Sur quelques répondants allégoriques du poète», *Revue d'Histoire Littéraire de la France*, 1967.

[4] Tels que «L'Heautontimoroumémos», «L'Irrémédiable», «Un Voyage à Cythère» et «L'Amour et le crâne».

[5] Gerald Antoine: «Classicisme et Modernité de l'image», in *Baudelaire: Actes du Colloque de Nice*, 25-27 mai 1967, *Belles-Lettres* p. 10-11. Repris dans *Vis-à-vis ou le double regard critique*, P.U.F Ecriture, 1982, p. 115.

traits. Or on peut douter, à de nombreux indices qu'on a déjà remarqués, que Baudelaire *se reconnaisse* lorsqu'il se regarde au miroir de ses allégories. Dans ces miroirs plus déformants que fidèles, le poète se voit toujours autre, dans une diffraction permanente où son image ne peut jamais se fixer. A «dire autre chose que ce qu'on paraît dire» (définition de l'allégorie selon Littré), on finit par voir autre chose que ce qu'on semble voir. L'allégorie est cette figure par laquelle l'être, en disant toujours autre chose que ce qu'il paraît dire, se découvre toujours autre qu'il semble être.

Dans *De L'Essence du rire*, c'est l'artiste qui, selon Baudelaire, est doué d'une double nature: «L'artiste n'est artiste qu'à la condition d'être double et de n'ignorer aucun phénomène de sa double nature»[6]. Par son aptitude à rire de son propre ridicule, l'artiste comique contrevient à cette «loi d'ignorance» qui veut qu'un être «comique» ne le soit «qu'à la condition d'ignorer sa nature»[7]. Chez l'artiste et chez lui seul, le rire est ainsi «l'expression d'un sentiment double, ou contradictoire; et c'est pour cela qu'il y a convulsion»[8]. Par ce rire convulsif qu'il provoque, le «sentiment double» de l'ironiste n'est pas sans rappeler la double conscience qui agite elle aussi le poète hystérique. Chez ce dernier, l'agent de la convulsion n'est pas la conscience ironique par laquelle il se détache et rit de son propre ridicule, mais la représentation allégorique de soi à travers autrui. A la façon de l'auto-ironie dont est capable l'artiste comique, l'auto-allégorie du poète semble rentrer elle aussi «dans la classe de tous les phénomènes artistiques qui dénotent dans l'être humain l'existence d'une dualité permanente, la puissance d'être à la fois soi et un autre»[9]. Se voir dans des «répondants allégoriques» de soi-même, c'est exercer, en pleine conscience, «cette puissance d'être à la fois soi et un autre» que possède l'artiste comique.

Dans «Les Foules» du *Spleen de Paris*, Baudelaire évoque à nouveau cette «puissance» qu'il qualifie d'«incomparable privilège» et dont il crédite cette fois «le poète»:

---

[6] *De l'essence du rire*, O.C. II, 543.

[7] Id., p. 543.

[8] Id., p. 534.

[9] Id., p. 543.

> «Le poète jouit de cet incomparable privilège, qu'il peut à sa guise être lui-même et autrui. Comme ces âmes errantes qui cherchent un corps, il entre, quand il veut, dans le personnage de chacun. Pour lui seul, tout est vacant.»[10]

Anticipant sur le «Cygne» (dont il sera question plus loin), on peut supposer dès maintenant que si «tout est vacant» pour le poète, c'est que «tout pour (lui) devient allégorie». «Pour lui seul», car seul le poète «jouit» de cette figure pour «entrer, quand il veut, dans le personnage de chacun». La rhétorique semble avoir partie liée avec Satan, dans la mesure où elle s'offre comme un moyen diabolique d'effraction ontologique. Le Diable n'est-il pas celui qui tente d'insinuer son âme noire dans le corps innocent de ses victimes, pour leur donner, comme on dit, «le diable au corps»? Ne sert-il pas de guide exemplaire à «ces âmes errantes qui cherchent un corps»... à pervertir? Le poète, en tant qu'il s'identifie à «ces âmes errantes», placerait donc son art sous le signe de Satan, au service de ce «rusé doyen» du mal. C'est ce que semble dire l'«Epigraphe pour un livre condamné»:

> «Lecteur paisible et bucolique,
> Sobre et naïf homme de bien,
> Jette ce livre saturnien,
> Orgiaque et mélancolique.
>
> Si tu n'as fait ta rhétorique
> Chez Satan, le rusé doyen,
> Jette! tu n'y comprendrais rien,
> Ou tu me croirais hystérique.
>
> Mais si, sans se laisser charmer,
> Ton œil sait plonger dans les gouffres,
> Lis-moi, pour apprendre à m'aimer;
>
> Ame curieuse qui souffres
> Et vas cherchant ton paradis,
> Plains-moi!... Sinon, je te maudis!»[11]

---

[10] *Le Spleen de Paris*, O.C. I, 291.

[11] *Les Fleurs du mal*, Poèmes apportés par la troisième édition, 1868, O.C. I, 137.

D'emblée, le lecteur est identifié à un «naïf homme de bien», victime potentielle paisiblement offerte à la tentation du mal, qui s'offre à lui sous la forme d'un «livre saturnien» dont la mauvaise influence risque de lui être communiquée. «Orgiaque et mélancolique», ce livre témoigne d'une humeur instable et saturnienne qui fait passer son auteur par des sautes, tantôt d'exaltation «orgiaque» due à une «ribote de vitalité»[12], tantôt de dépression «mélancolique» due à une perte d'énergie. Cette humeur instable dénote chez le poète une hystérie soulignée de surcroît, dans sa façon d'écrire ce poème, par un message contradictoire. La double mise en garde initiale («Jette ce livre», v. 3 et 7) est en effet contredite, dans les tercets, par un ordre inverse («Lis-moi», v. 11), comme si les deux parties du poème n'avaient pas été écrites par la même main. Au lieu de continuer à nous plaindre, en tant que victimes potentielles de son livre, le poète demande soudain qu'on le plaigne, en tant que victime actuelle de Satan. Victime d'une double malédiction, saturnienne et satanique, le poète menace de victimiser et «maudire» (v. 14) à son tour le lecteur si ce dernier, par pitié, n'apprend pas à l'aimer en partageant son mal. L'«homme de bien» est sommé de manifester à l'auteur sa bienveillance en le lisant, pour que sa pitié puisse s'exercer en connaissance de cause, par une connaissance du mal qui lui fera perdre sa naïveté, et donc son «bien». La demande du poète est donc apparemment «rusée», inspirée par une malveillance d'autant plus satanique qu'elle prend soin, en nous interdisant d'abord de le lire, de nous rendre la tentation irrésistible et la responsabilité entière.

Au nom du bien dont l'auteur nous crédite, nous devons le lire et donc nous initier au mal. Par amour pour lui, pour apprendre à l'aimer, nous devons devenir nous aussi hystériques, partager une double conscience qui nous fasse connaître à la fois le bien et le mal. Et le moyen de cette connaissance, comme nous l'indique le deuxième quatrain, est une «rhétorique» dont Satan est le maître. S'il faut connaître les ruses de Satan, pourtant, ce n'est pas pour mieux en goûter les charmes, mais pour mieux en déjouer les pièges. Apprendre à aimer le poète, c'est apprendre à le lire, d'un «œil» qui

---

[12] Selon l'expression des «Foules» du *Spleen de Paris*, O.C. I, 291.

«sait plonger dans les gouffres», «sans se laisser charmer». Si la rhétorique du poète est «profonde», ce n'est pas qu'elle relève d'une inspiration profondément satanique. C'est au contraire parce qu'elle sait ne pas se perdre dans les gouffres qu'elle explore. Ecrire le mal, c'est avoir conscience de ne pas le faire, et c'est donc se jouer du diable, le battre à son propre jeu. En faisant le mal d'une façon symbolique, sans le faire vraiment, le poète se montre plus rusé que le doyen lui-même. Il se livre aux avances de ce dernier, mais sans aller jusqu'au bout, en se servant de l'écriture comme d'un garde-fou qui l'empêche de se laisser charmer, et qui lui permet en outre de communiquer son expérience à un autre «homme de bien», le lecteur. Dire ou lire le mal, et ne faire que le dire ou le lire, sans se laisser tenter de le faire, sans perdre conscience du bien, c'est acquérir une double conscience constitutive d'une hystérie non plus simplement psychologique mais morale.

En tant qu'il permet d'avoir simultanément conscience du bien et du mal, le langage poétique est un *pharmakon*, un remède qui est à la fois un poison. Dans ses *Paradis artificiels*, on s'en souvient, le poète fait raconter à «une femme» une anecdote ayant trait à l'intoxication du cerveau par le hachisch. Au moment où cette femme prend la parole au poète, celui-ci nous dit qu'elle «(a) cédé à l'envie de faire connaissance avec le poison»[13], comme si le poison était cette parole poétique même dont *elle a besoin* pour décrire sa vision. La tentation de prendre du hachisch se confond ici avec celle de prendre la parole du poète, comme si la poésie elle-même était une drogue. Cette anecdote est relatée dans la section intitulée «Le Poème du Hachisch», titre qui indique déjà, à lui seul, que le hachisch est *tout un poème*, ou encore que le poème, comme le hachisch, est un poison dont on attend une vision, un mal dont on espère un bien.

Dans son *Histoire extraordinaire*, Butor suggère que l'érotisme aussi, tout comme la drogue, peut se lire come une apologie du poème. A propos des *Fleurs du mal*, par contraste avec ses *Paradis artificiels*, il parle de «cette autre apologie de la poésie qui prendrait

---

[13] O.C. I, 421.

pour point de départ l'érotisme au lieu de la drogue»[14]. Cette hypothèse mérite réflexion. Puisque l'«Epigraphe» nous engage à ne pas lire *Les Fleurs du mal* comme une simple apologie du mal, on peut semblablement douter que ce même recueil soit une apologie de l'érotisme ou même, par réversibilité, que l'érotisme soit une «apologie de la poésie». La complicité et même la confusion entre Satan et Eros, telle qu'elle apparaît par exemple dans «Les Tentations», justifie notre hésitation et confirme notre scepticisme. Dans ce poème du *Spleen de Paris*, le narrateur endormi est la proie de trois tentations personnifiées par «Deux superbes Satans et une Diablesse». Le premier Satan, qui représente la tentation de l'érotisme, se confond avec Eros[15], conformément à l'opinion négative exprimée dans *Le Banquet* par Platon, qui fait dire à Diotime, son porte-parole, qu'Eros n'est qu'un «démon», une créature intermédiaire entre les dieux et les hommes.

Pour Baudelaire, la nature intermédiaire de ce démon vient aussi et surtout de son aspect efféminé et languissant, de son «sexe ambigu»: «Le visage du premier Satan était d'un sexe ambigu, et il y avait aussi, dans les lignes de son corps, la mollesse des anciens Bacchus»[16]. Cette ambiguïté d'Eros devrait séduire un poète lui aussi androgyne, ainsi qu'on l'a vu. Or il n'en est rien. C'est en vain que le démon, de sa «voix chantante», lui dit:

> ««si tu veux, si tu veux, je te ferai le seigneur des âmes, et tu seras le maître de la matière vivante, plus encore que le sculpteur peut l'être de l'argile; et tu connaîtras le plaisir, sans cesse renaissant, de sortir de toi-même pour t'oublier dans autrui, et d'attirer les autres âmes jusqu'à les confondre avec la tienne.»
>
> Et je lui répondis: «Grand merci! je n'ai que faire de cette pacotille d'êtres qui, sans doute, ne valent pas mieux que mon pauvre moi. Bien que j'aie quelque honte à me souvenir, je ne veux rien oublier;...»»[17]

---

[14] *Histoire extraordinaire*, Paris, Gallimard, Folio/Essais, 1961, p. 70.

[15] Le sous-titre nous l'indique clairement.

[16] «Les Tentations», *Le Spleen de Paris*, O.C. I, 308.

[17] Id., O.C. I, 308-309.

Le rusé doyen de l'amour s'y prend pourtant bien. Cet Eros satanique sait que le poète, à travers ses figures allégoriques, prend un plaisir «sans cesse renaissant» à «sortir de (lui)-même pour (s')oublier dans autrui». Il lui propose donc un autre moyen, érotique cette fois, de parvenir au même plaisir. Il y a certes un rapport entre le plaisir érotique qu'on trouve à «sortir de soi-même pour s'oublier dans autrui», et le plaisir rhétorique qu'on trouve dans la «puissance d'être à la fois soi et un autre»[18]. Mais le poète, *qui ne veut rien oublier*, refuse l'offre d'Eros. La réponse érotique, qui consiste à *s'oublier* dans l'autre, lui apparaît comme le négatif du répondant allégorique, qui consiste au contraire à *se trouver* dans autrui.

Dans l'érotisme, le rapport à l'autre conduit à une (con)fusion où se perd la conscience, nécessaire à l'artiste, de cette «dualité permanente» que maintiennent au contraire, on l'a vu, des «phénomènes artistiques» tels que l'auto-ironie ou l'auto-allégorie[19]. L'art s'oppose donc à l'amour, bien qu'ils relèvent tous deux, selon *Fusées*, d'un même goût qui est celui de la prostitution: «L'amour, c'est le goût de la prostitution. Il n'est même pas de plaisir noble qui ne puisse être ramené à la Prostitution. [...] Qu'est-ce que l'art? Prostitution»[20]. Ce goût de la prostitution, selon Baudelaire, est un «plaisir noble» ou «sentiment généreux», car il conduit à «sortir de soi» pour se porter vers les autres, dans un geste altruiste où le sujet, loin de vouloir rester en soi et à soi, «individu», accepte et même jouit de se livrer à «la multiplication du nombre» opérée par la foule[21]. Et pourtant, à la «charité» que Dame Prostitution lui a enseignée, l'amour mêle une «férocité» qui lui est propre:

---

[18] Cf. *De l'essence du rire*, O.C. II, 543 (déjà cité).

[19] Ainsi comprise, l'allégorie fait pièce à la mélancolie qui elle aussi pourrait faire dire au poète: «je ne veux rien oublier». Dans et par la mélancolie, le poète s'oppose à toute fusion érotique autre que celle qui l'attache à un objet perdu. En s'enfermant ainsi dans son passé, le sujet mélancolique perd conscience du présent ou de l'avenir, et il y perd ainsi conscience de sa «dualité permanente». La ressource de l'allégorie, au contraire, permet au sujet de s'ouvrir à l'avenir et d'aller de l'avant, sans rien perdre de son dynamisme (C'est ce qu'on verra plus en détails dans le chapitre suivant, consacré au «Cygne»).

[20] *Fusées I*, O.C. I, 649.

[21] C'est le raisonnement implicite qui ressort des fragments discontinus qui composent *Fusées, I* (cf. O.C. I, 649-50).

> «L'amour veut sortir de soi, se confondre avec sa victime, comme le vainqueur avec le vaincu, et cependant conserver des privilèges de conquérant.
>
> Les voluptés de l'entreteneur tiennent à la fois de l'ange et du propriétaire. Charité et férocité.»[22]

Si «l'amour veut sortir de soi», il veut aussi «se confondre avec sa victime», moins pour s'oublier en elle que pour l'annihiler en se l'incorporant, par absorption ou dévoration, à la façon d'un animal féroce.

Dans le *Salon de 1859*, l'Amour est dépeint sous une forme allégorique où l'on retrouve, grossis et accentués, les mêmes traits dévorateurs et démoniaques:

> «Pour moi, si j'étais invité à représenter l'Amour, il me semble que je le peindrais sous la forme d'un cheval enragé qui dévore son maître, ou bien d'un démon aux yeux cernés par la débauche et l'insomnie, traînant, comme un spectre ou un galérien, des chaînes bruyantes à ses chevilles, et secouant d'une main une fiole de poison, de l'autre le poignard sanglant du crime.»[23]

Dans ce projet de tableau allégorique, l'une des formes que prend l'Amour est à nouveau celle d'un «démon», décrit en des termes qui rappellent le premier Satan des *Tentations*. Si l'amour commence bien, procédant d'un geste charitable, on voit qu'il finit mal, cédant à une inspiration démoniaque qui le dégrade en instinct animal. «L'amour veut sortir de soi», mais c'est à la façon d'un prédateur avide d'y rentrer le plus vite possible, muni de sa proie. A l'opposé de l'amour, l'art témoigne d'un désir de se multiplier, c'est-à-dire de se dédoubler toujours en un autre que l'on devient. Et cet autre que l'artiste veut devenir, il n'est jamais nié ni oublié. Bien plutôt, il est reconnu comme une part inaliénable de soi. Tout en procédant d'une même tendance, prostitution amoureuse et prostitution artistique s'opposent d'une façon radicale et exemplaire. L'amour cherche à nous faire perdre ce que l'art cherche à nous faire prendre: la conscience de notre «dualité permanente».

---

22 *Fusées, I*, O.C. I, 650.

23 *Salon de 1859*, O.C. II, 639.

Et pourtant, par un paradoxe qui tient à cette conscience même d'une dualité permanente, la vocation du «poète hystérique» est de voir dans l'art et l'amour à la fois ce qui les sépare et ce qui les réunit. Comme on l'a déjà vu à propos de Wagner, volonté (artistique) et volupté (érotique) se mêlent tout en s'opposant. Cette vocation du poète à relier ce qu'il distingue, Baudelaire la découvre à travers un autre musicien, Liszt, à qui il consacre et dédie «Le Thyrse». Dans ce poème du *Spleen de Paris*, le thyrse se définit d'emblée par un double sens significatif d'une dualité propre au musicien: «Selon le sens moral et poétique, c'est un emblème (...) Mais physiquement ce n'est qu'un bâton, un pur bâton, perche à houblon, tuteur de vigne, sec, dur et droit»[24]. A la fois bâton et emblème, le thyrse est une simple chose qui est aussi le signe d'autre chose, même et radicalement différente. Et le double sens de ce simple témoin est relayé jusqu'à cela même dont il est le signe, communiqué à la personne même qui, le tenant, en détient le sens. Autrement dit, la duplicité sémantique de l'objet signale une dualité inhérente à celui qui le possède: «Le thyrse est la représentation de votre étonnante dualité, maître puissant et vénéré, cher Bacchant de la Beauté mystérieuse et passionnée»[25]. Ce qui «étonne» le plus Baudelaire[26], au terme de son analyse, c'est l'antagonisme des deux muses allégoriques qui inspirent simultanément le «chantre de la Volupté et de l'Angoisse»[27]. Chez Liszt, le relâchement induit par la volupté se superpose au resserrement produit par l'angoisse, la «délectation» se mêle à la «douleur», la fantaisie se promène autour d'une volonté tendue vers «l'unité du but»[28].

Sur le plan stylistique, la dualité signifiée par le thyrse est un mélange de «Ligne droite et ligne arabesque, intention et expression, roideur de la volonté, sinuosité du verbe, unité du but, variété des moyens, amalgame tout-puissant et indivisible du génie,

---

[24] *Le Spleen de Paris*, O.C. I, 335.

[25] Id., O.C. I, 336.

[26] Etant donné sa forme de lettre-dédicace, ce poème en prose ne permet pas de distinguer le narrateur de l'auteur.

[27] Id., O.C. I, 336.

[28] Id., O.C. I, 336.

(...)»[29]. Or cet «amalgame» stylistique renvoie lui-même à un autre amalgame, psycho-sexuel, dont on a vu qu'il était constitutif, entre autre, de l'hystérie du poète. En réponse à la question: «Ne dirait-on pas que la ligne courbe et la spirale *font leur cour* à la ligne droite (...)?»[30], Baudelaire précise par la suite que « — Le bâton, c'est votre volonté, droite, ferme et inébranlable; les fleurs, c'est la promenade de votre fantaisie autour de votre volonté; c'est l'élément féminin exécutant autour du mâle ses prestigieuses pirouettes»[31]. Cette précision fait apparaître le thyrse comme un objet moins phallique qu'androgyne, symbole d'un double sexe qui confère à son détenteur le pouvoir d'être à la fois «philosophe et poète»[32], analyste et rêveur, tendu et relâché, sec et souple, raide et sinueux, etc. Or cet amalgame de volonté et de volupté, de calcul et de rêverie, on l'a vu, est symptomatique de l'hystérie du poète, elle-même enracinée, on s'en souvient, dans la sensation d'un utérus qui remonte à la gorge, s'enroulant et se nouant lui aussi autour d'un larynx angoissé et tendu. Le *thyrse* est l'autre nom de l'*hyster* (utérus), dont il est l'anagramme. Signe extérieur et tangible de ce qui prend le poète à la gorge, l'opprimant quand il veut s'exprimer, le thyrse est un utérus maîtrisé, dégorgé et repris en main par celui qui se sert de ce bâton (ou crayon) androgyne à des fins poétiques, c'est-à-dire pour tracer des lignes droites *et* arabesques, etc.

Pour être «tout puissant», l'amalgame du génie doit être «indivisible», soustrait au regard tranchant de l'analyste: «amalgame tout-puissant et indivisible du génie, quel analyste aura le détestable courage de vous diviser et de vous séparer?»[33]. Et pourtant, Baudelaire ne peut faire que Liszt ne soit un analyste. C'est d'abord la rime formelle qui l'exige, le nom du musicien étant inscrit et comme impliqué dans le mot «analyste» qui le précède et l'appelle[34]. Mais c'est aussi en qualité de «philosophe» que Liszt, cette fois logiquement, rime avec analyste: «Cher Liszt, (...) chantre

---

29 Id., O.C. I, 336.

30 Id., O.C. I, 336. C'est moi qui souligne, pour indiquer que cette question est surtout rhétorique, contenant déjà en germe la réponse qu'elle reçoit par la suite.

31 Id., O.C. I, 336.

32 Id., O.C. I, 336.

33 Id., O.C. I, 336.

34 Id., cf. p. 336.

de la Volupté et de l'Angoisse éternelles, philosophe, poète et artiste, je vous salue en l'immortalité!»[35]. De surcroît, la question même par laquelle Baudelaire incrimine «l'analyste» s'avère être purement rhétorique, puisqu'au moment où il la pose, lui-même vient d'avoir eu le «détestable courage» de diviser le génie entre «ligne droite et ligne arabesque», «intention et expression», (etc.). La question rhétorique, ici comme ailleurs, est la marque privilégiée d'un style hystérique, c'est-à-dire d'un style où les signes disent une chose tout en affirmant le contraire, où la critique se retourne en éloge, l'accusation en célébration, (etc.). En faisant suivre sa propre analyse d'une mise en question qui la fait passer pour «détestable» tout en la justifiant comme acte de «courage»[36], Baudelaire s'affirme à la fois poète et philosophe. En tant que poète, il ne peut que critiquer, non sans ironie, ce qu'en même temps il pratique, en qualité de philosophe.

En tant que chose physique (bâton) signifiant quelque chose de psychologique (la dualité de Liszt), le thyrse est une allégorie au sens où l'entend Starobinski, mais aussi bien Morier. Selon ce dernier, l'allégorie présente deux aspects: «l'un qui est l'aspect immédiat et littéral du texte, l'autre qui en est la signification morale, psychologique ou théologique»[37]. Comme la métaphore, qui est «passage d'un code à un second qui signifie le premier *sans cesser* d'être second»[38], l'allégorie relève de ce langage symbolique que Ricoeur nomme «palimpseste», car il «dit *autre* chose en disant *une* chose»[39]. Reste que ces deux choses, dans la métaphore, peuvent être de même nature (par exemple, deux choses vues), alors que dans l'allégorie, l'une doit être concrète, l'autre abstraite. Echappant quelque peu à cette définition traditionnelle, l'allégorie du troisième type, auto-réflexif, constitue toujours, quelle qu'elle soit (chose concrète ou abstraite; personne réelle ou imaginaire) un répondant allégorique du poète ou de sa poésie. Nous lui réserverons autant

---

[35] Id., O.C. I, 336.

[36] L'oxymore «détestable courage», comme toute oxymore, procède elle aussi d'un style hystérique.

[37] Morier, *Dictionnaire de poétique et de rhétorique* , P.U.F.

[38] Henri Meschonnic, *Pour la poétique*, Paris, Gallimard, 1970, p. 131.

[39] Paul Ricoeur, «La Structure, le mot, l'événement», *Esprit*, mai 1967, p. 818.

que possible le nom d'auto-allégorie, figure par laquelle le sujet se dédouble, au sein de son discours, en deux aspects où il ne s'y retrouve plus, sauf à se savoir pris dans une dualité permanente.

Ainsi définie, l'auto-allégorie est le moyen rhétorique privilégié de cette «puissance d'être à la fois soi et un autre» que l'artiste en général, au-delà du simple artiste comique, a pour fonction d'exercer. Dans «Le Vieux saltimbanque», Baudelaire dispose à nouveau de cette «puissance» en entrant dans un autre personnage «vacant»: celui d'un artiste qui a fait son temps, qui est *fini*. Chez cet amuseur public désaffecté — aux deux sens du mot — par la vie, il n'y a rien de comique. Plongé dans le noir par un spleen qui le consume et l'immobilise, il survit malgré tout par le regard, un regard dans la profondeur duquel sa vie, désormais absente du corps, semble s'être retirée:

> « [...] Il ne riait pas, le misérable! Il ne pleurait pas, il ne dansait pas, il ne gesticulait pas, il ne criait pas; il ne chantait aucune chanson, ni gaie ni lamentable, il n'implorait pas. Il était muet et immobile. Il avait renoncé, il avait abdiqué. sa destinée était faite.
>
> Mais quel regard profond, inoubliable, il promenait sur la foule et les lumières, dont le flot mouvant s'arrêtait à quelques pas de sa répulsive misère! Je sentis ma gorge serrée par la main terrible de l'hystérie, et il me sembla que mes regards étaient offusqués par ces larmes rebelles qui ne veulent pas tomber.»[40]

Le vieux saltimbanque est opprimé par son destin, par une «destinée» qui est «faite» et qui le laisse sans pouvoir, presque sans conscience, dans un état quasi cataleptique. Non sans complicité avec son destin, pourtant, il semble se complaire dans sa prostration en abdiquant toute lutte, en se résignant à son sort. Il se laisse opprimer par une douleur qui lui profite. Impuissant par le corps, puisqu'il ne bouge pas, il n'en reste pas moins puissant par le regard, un regard qu'il «promène» comme un projecteur sur les objets de son ressentiment, pour compenser l'obscurité où il est désormais plongé. Exclu du spectacle de la vie, il se transporte en esprit vers ces foyers de vitalité que sont «la foule» et «les lumières». Par

---

40 «Le Vieux saltimbanque», *Le Spleen de Paris*, O.C. I, 296-97.

l'ardente mélancolie qui semble se lire dans ses yeux, il peut revivre et revoir ses jours perdus, se replacer en imagination sous les feux de la rampe où il brilla lui-même naguère, aux applaudissements de la foule. Volontairement perdu dans ses rêveries, tout comme Emma[41], le vieux saltimbanque est immobilisé, paralysé par une mélancolie narcissique qui, en lui redonnant la jouissance du passé, lui fait perdre encore plus le présent. La dégradation douloureuse de sa vie le force à s'exiler dans une rêverie délicieuse qui accentue cette dégradation.

A la vue de ce «misérable», le narrateur est lui aussi opprimé, non par la main du destin mais par celle, «terrible», «de l'hystérie», «douleur» soudaine qui n'en est pas moins *seconde*. Comme chez Poe, cette hystérie fait venir des «larmes qui ne viennent pas du cœur» mais des nerfs, larmes imaginaires qui ne sauraient donc tomber mais dont les sanglots rentrés laissent «l'homme désaccordé au point d'exprimer la douleur par le rire»[42]. Par exception, pourtant, ni le vieux saltimbanque ni le narrateur n'expriment ici leur douleur par le rire. Mais en précisant que son personnage «ne riait pas», le narrateur se montre conscient de la proximité du rire et de la douleur, proximité caractéristique de l'hystérie qui l'empoigne à la gorge, où se contracte l'angoisse *et* se déploie le rire. De même que «l'artiste comique», dans *De l'essence du rire*, se convulse à la vue de son propre ridicule, le narrateur est ici convulsé par le spectacle de sa propre douleur, ou du moins par une «vision» de celle-ci.

Ainsi qu'il en fait lui-même l'analyse après coup, son hystérie tient à une «vision» allégorique qui l'obsède. Il se sent opprimé, non par le spectacle qu'il a sous les yeux, mais par une «image»:

> «Et, m'en retournant, obsédé par cette vision, je cherchai à analyser ma soudaine douleur, et je me dis: je viens de voir l'image du vieil

---

41 Mais aussi--on le verra bientôt à propos du «Cygne»--tout comme «Andromaque», «le cygne» et «bien d'autres encore!» (O.C. I, 85-87, v. 52).

42 *Edgar Poe, sa vie et ses oeuvres*, O.C. II, 317 (déjà cité). Dans le *Paradoxe sur le comédien* qui, on l'a vu, porte aussi bien *sur le poète*, Diderot écrit pour sa part que «les larmes du comédien descendent de son cerveau; celles de l'homme sensible montent de son coeur» (in *Oeuvres esthétiques*, «Classiques Garnier», p. 313).

> homme de lettres qui a survécu à la génération dont il fut le brillant amuseur; du vieux poète sans amis, sans famille, sans enfants, dégradé par sa misère et par l'ingratitude publique, et dans la baraque de qui le monde oublieux ne veut plus entrer!»[43]

Sans aller jusqu'à identifier le narrateur à Baudelaire lui-même, on peut néanmoins voir en lui, comme chez Emma, l'allégorie du poète hystérique. Le poème relate une rencontre qui vaut moins par sa vérité autobiographique que par sa vertu auto-réflexive. Baudelaire peut bien avoir réellement vu, un jour, ce vieux saltimbanque qu'il nous décrit dans son poème. Toujours est-il que son narrateur en a retenu une «image» archétype («le vieil homme de lettres») qui est bien plus qu'un souvenir individuel. En admettant même que l'hystérie vienne d'une angoisse réelle ressentie par Baudelaire à l'idée qu'il finira lui aussi comme ce «vieux poète», il n'en reste pas moins que cette angoisse surgit *à l'idée que*, c'est-à-dire devant une image, par une projection qui fait fond sur l'imagination bien plus que sur le souvenir.

Dans *La Fanfarlo*, le narrateur de cette nouvelle se trouve déjà confronté à un archétype du poète. Le vieux saltimbanque à la fois pitoyable et admirable est comme préfiguré, mais *en repoussé*, par le personnage tragi-comique de Samuel Cramer. Dans cette œuvre de jeunesse[44], Baudelaire fait raconter à son narrateur l'histoire d'un séducteur qui se laisse rouler au jeu de la séduction. D'accord avec Mme de Cosmelly, dont il espère ainsi obtenir les bonnes grâces, Samuel Cramer s'engage à rétablir le bonheur conjugal de sa complice en séduisant la Fanfarlo, une jeune actrice dont s'est entiché M. de Cosmelly. Pour Samuel Cramer, le projet a l'heur de satisfaire à la fois la morale et son plaisir, car sa bonne action lui vaudra une double séduction. Loin d'être le maître du jeu, pourtant, le héros se laisse manipuler et finit par épouser celle qu'il ne voulait séduire que par intérêt pour une autre. Dans cette histoire dans le

---

[43] «Le Vieux saltimbanque», *Le Spleen de Paris*, O.C. I, 296-97.

[44] Cette nouvelle fut publiée en janvier 1847 dans le premier fascicule du *Bulletin de la Société des gens de lettres*. Fait marquant, elle est signée du nom de «Charles Defayis», nom androgyne qui allie la personne du poète à celle de sa mère, née Defayis. On y reviendra.

goût des *Liaisons dangereuses*, le héros berné s'avère être «un poète» lui aussi, mais «un poète de mauvais ton et de mauvaises mœurs»[45], selon l'appréciation d'un narrateur soucieux de se distancier de son personnage. L'ambiguité de Samuel Cramer vient de ce qu'il est à la fois naïf et immoral, «crédule et imaginatif»[46], candide et monstrueux: «Il n'y a que les poètes qui soient assez candides pour inventer de pareilles monstruosités», commente le narrateur à son propos[47].

Conformément à cette définition générale, notre poète manigance, «invente» un double jeu qui fait de lui un monstre d'immoralité. En séduisant la Fanfarlo, il tend à réparer une union qu'il n'a aucun scrupule à défaire à son tour en «espérant trouver dans les bras de l'honnête femme (Mme de Cosmelly) la récompense de cette œuvre méritoire»[48]. Or c'est Mme de Cosmelly qui a le dernier mot. Elle se refuse à Samuel Cramer, le frustre de sa récompense et fait échouer son projet. En se faisant finalement jouer à son double jeu, le héros monstrueux parvient ainsi à conserver, bien malgré lui, toute sa candeur. L'histoire finit d'autant mieux pour la morale que le poète y tourne mal, du moins pour la poésie. En devenant père de famille, en effet, le jeune homme de lettres s'interdit de connaître un jour le destin du vieil homme de lettres «sans amis, sans famille, sans enfants»[49] qu'est le vieux saltimbanque. Si le vieillard est un poète «déchu», le jeune homme est un poète «raté». En fondant un foyer, ce jeune saltimbanque manque sa carrière de poète, il rate sa chance de finir un jour lui aussi comme celui dont la présente dégradation atteste au moins d'une grandeur passée.

A travers leur union légitime et féconde, le couple marginal du poète et de l'actrice ne produit plus que des enfants, de l'enbonpoint et de l'emphase[50]. Pour Baudelaire déjà, bien avant Breton, «la

---

45 *La Fanfarlo*, O.C. I, 568.
46 Id., p. 569.
47 Id., p. 569.
48 Id., p. 569.
49 «Le Vieux saltimbanque», O.C. I, 297.
50 Cf. *La Fanfarlo*, O.C. I, 580.

poésie est incompatible avec la lecture du journal à haute voix». A plus forte raison avec l'écriture d'un journal socialiste, dernier projet du «pauvre chantre des *Orfraies*»[51]. Bien avant le coup de grâce que lui réserve une conclusion édifiante, la poésie de Samuel Cramer présente déjà des *ratés*. Dès l'ouverture de la nouvelle, le narrateur nous fait pressentir la fin en nous disant que «Samuel fut, plus que tout autre, l'homme des belles œuvres ratées»[52]. Si les «belles œuvres» de Samuel sont «ratées», c'est qu'elles sont au service d'une œuvre de séduction qui est aux antipodes de la poésie. Ayant offert à Mme de Cosmelly un recueil de sonnets intitulé *Les Orfraies*, Samuel se montre «fort curieux de savoir si ses *Orfraies* avaient charmé l'âme de cette belle mélancolique»[53]. A travers cette curiosité mal placée, le séducteur se laisse voir derrière le poète, qui se dégrade tout seul en poursuivant des intérêts étrangers à son art. Cet usage dégradant de la poésie, loin de choquer un narrateur pourtant sourcilleux, est pris par lui à la légère, comme «un détail assez comique» qui sert d'«intermède» dans un «drame douloureux»[54]. Si le poète apparaît «incorrigible», c'est qu'il ne peut corriger son style, qui se conforme de lui-même, si l'on peut dire, à l'objet particulier de la conquête amoureuse. Selon qu'ils s'adressent à Mme de Cosmelly ou à la Fanfarlo, les sonnets du poète changent en effet radicalement de style:

> « [...] car, à l'endroit des sonnets, il était incorrigible, — l'un pour Mme de Cosmelly, où il louait en style mystique sa beauté de Béatrix, sa voix, la pureté angélique de ses yeux, la chasteté de sa démarche, etc..., l'autre pour la Fanfarlo, où il lui servait un ragoût de galanteries pimentées à faire venir le sang au palais le moins novice, genre de poésie, du reste, où il excellait, et où il avait de bonne heure bien dépassé toutes les andalouseries possibles.»[55]

---

[51] Id., p. 580.
[52] Id., p. 553.
[53] Id., p. 559.
[54] Id., p. 569.
[55] Id., pp. 569-70.

En tant que poète, Samuel excelle surtout à écrire pour séduire, variant son chant pour mieux plaire, tournant son verbe au gré de ses désirs. Son style est «de mauvais ton» comme sa personne est «de mauvaises mœurs». Incapable de s'en tenir à un seul type de poésie comme à un seul type de femme, Samuel passe d'un extrême à l'autre, du style mystique (avec la femme romantique) au registre galant (avec la femme légère). Sur un mode caricatural, et sans trop s'en apercevoir (à la différence de Baudelaire qui s'en aperçoit à sa place), Samuel écrit des sonnets qui étonnent par leur mélange détonnant. Pour plaire à l'une et à l'autre, sa poésie passe par des sautes (sinon des fautes) stylistiques qui transgressent l'unité de ton, provoquent de soudaines baisses — et même chutes — du régime poétique et produisent un «bruit anormal révélant le mauvais fonctionnement du *sonnet*»[56]. Or ce mauvais fonctionnement, on l'a vu[57], est celui d'une esthétique hétérogène et bizarre que Baudelaire fait sienne dans «A celle qui est trop gaie», et qu'il découvre dans un portrait de Lola Montès (par Manet) dont la Fanfarlo reflète elle aussi les traits[58].

Dans *La Fanfarlo*, de surcroît, la bizarrerie esthétique apparaît liée à l'hystérie poétique. La production d'œuvres *belles et ratées* est le fait d'un personnage qui se signale déjà, comme «les hommes nerveux» dont il est question à propos d'Emma, «par toutes les impuissances et aussi par l'aptitude à tous les excès»[59]. Chez cette «créature maladive et fantastique»[60] qu'est Samuel, les sautes d'humeurs sont telles que le narrateur a du mal à saisir son personnage:

> «Comment vous mettre au fait, et vous faire voir bien clair dans cette nature ténébreuse, bariolée de vifs éclairs, — paresseuse et

---

[56] Telle est la définition d'un «raté» selon le Robert, du moins si l'on remplace «sonnet» par «moteur».

[57] Cf. ci-dessus, chapitre I.

[58] Cf. le compte-rendu par Pichois du scandale esthétique autant que moral provoqué à Paris par Lola Montès (O.C. I, 1422: note 1 de la page 566; et O.C. I, 570-71).

[59] *Madame Bovary par Gustave Flaubert*, O.C. II, 83 (déjà cité).

[60] *La Fanfarlo*, O.C. I, 553.

> entreprenante à la fois, — féconde en desseins difficiles et en risibles avortements; — esprit chez qui le paradoxe prenait souvent les proportions de la naïveté, et dont l'imagination était aussi vaste que la solitude et la paresse absolues? [...]»[61]

Par un paradoxe de l'hystérie, Samuel est excessif jusque dans ses impuissances et impuissant jusque dans ses excès. «Son goût naturel pour l'excessif», par exemple, lui donne «des habitudes de réclusion et de dissipation également violentes et prolongées»[62]. Sa curiosité le porte aussi à des lectures qui, se contredisant et s'annulant les unes les autres, le laissent dans un état de lassitude où il n'est plus capable que de souffler les bougies qui éclairent ses livres:

> «Il souffla résolument ses deux bougies dont l'une palpitait encore sur un volume de Swedenborg, et l'autre s'éteignait sur un de ces livres honteux dont la lecture n'est profitable qu'aux esprits possédés d'un goût immodéré de la vérité.»[63]

Par un goût immodéré de la vérité sous toutes ses formes, nobles ou vulgaires, Samuel s'engage dans des lectures parallèles dont le profit paradoxal (apparemment nul) est de lui élever l'esprit tout en lui rabaissant l'âme.

Dans ses goûts esthétiques, de même, Samuel est pris entre des extrêmes qui s'opposent et se neutralisent, et qui proviennent d'un tempérament duel. «Le caractère ténébreux et folâtre»[64] dont font montre ses sonnets doit beaucoup à sa «nature ténébreuse» et pourtant «bariolée de vifs éclairs». A la fois gaie et romantique, comme lui, sa production poétique se ressent d'une humeur qui le fait passer simultanément par tous les extrêmes:

> «Il était toujours le doux, le fantasque, le paresseux, le terrible, le savant, l'ignorant, le débraillé, le coquet Samuel Cramer, la roman-

---

[61] Id., pp. 553-54.
[62] Id., p. 555.
[63] Id., p. 555.
[64] Pour reprendre l'expression par laquelle Baudelaire cherche à justifier, on l'a vu, un «bijou rose et noir» comme «A celle qui est trop gaie» (cf. ci-dessus, chapitre I).

> tique Manuela de Monteverde. Il raffolait d'un ami comme d'une femme, aimait une femme comme un camarade.»[65]

L'aspect romantique de son tempérament et de son talent est redevable d'une femme, en lui, qui l'influence et modifie ses goûts affectifs et esthétiques. Sous la dictée de cette femme romantique qui signe pour lui, nous l'apprenons dès le début, le «coquet» Samuel écrivit même, «autrefois», «quelques folies romantiques»:

> «Samuel Cramer, qui signa autrefois du nom de Manuela de Monteverde quelques folies romantiques, — dans le bon temps du romantisme, — est le produit contradictoire d'un blême Allemand et d'une brune Chilienne.»[66]

Sur le plan socio-ethnique, les «complications bizarres de ce caractère»[67] s'expliquent ainsi par des parents qui sont aux antipodes l'un de l'autre. Mais elles s'expliquent aussi, sur le plan psycho-grammatologique, par une écriture dont ressort un nom de plume féminin qui confère à l'auteur une nouvelle signature, un nouveau signalement. Or ce nom de plume est le nom de sa mère, Manuela de Monteverde, femme qu'il a dans le sang et qu'il redevient chaque fois qu'il laisse couler par sa plume une encre romantique. S'abandonnant à son humeur romantique, Samuel devient femme en redevenant sa mère, en réveillant en lui «la paresse maternelle, la fainéantise créole qui coulait dans ses veines»[68]. Loin d'être un handicap, pourtant, cette paresse féminine du poète fait de lui «le dieu de l'impuissance», un «dieu moderne et hermaphrodite»[69]. Or ce «dieu de l'impuissance» est aussi, on l'a vu, «l'homme des belles œuvres ratées». Le poète hystérique apparaît donc à nouveau comme un être androgyne, hermaphrodite moderne dont l'impuissance fait certes échouer la beauté, mais pour lui faire produire des ratés qui sont la signature de la modernité.

---

65 *La Fanfarlo*, O.C. I, 555.

66 Id., p. 553.

67 Id., p. 553.

68 Id., p. 555.

69 Id., p. 553.

Si Samuel est hystérique par sa double nature, en tant que créature hermaphrodite, il l'est aussi par une double conscience qui lui vient de sa «faculté comédienne»: «Il était à la fois tous les artistes qu'il avait étudiés et tous les livres qu'il avait lus, et cependant, en dépit de cette faculté comédienne, restait profondément original»[70]. Parce qu'il est «comédien par tempérament»[71], à la façon d'Emma, il se prend pour ceux qu'il rencontre dans ses lectures et va même jusqu'à s'identifier, comme Baudelaire, aux «livres» et aux «artistes» qu'il admire avec passion. Grâce à cette «faculté» ou «puissance» qui est aussi celle de «l'artiste comique», il peut «être à la fois soi et un autre»[72]. Et s'il «(entre) par toutes les fenêtres», c'est que pour lui aussi, comme pour le poète des «Foules», «tout est vacant»[73]. Privilégié par sa double conscience de poète, il peut «à sa guise être lui-même et autrui»; il peut «(entrer), quand il veut, dans le personnage de chacun»[74].

Baudelaire présente avec son personnage des affinités que compensent et même contredisent les critiques souvent sarcastiques exprimées par le narrateur. De même que Baudelaire s'imagine être Poe ou Wagner, Samuel se prend lui aussi, on vient de le voir, pour tous ceux qu'il a lus ou étudiés. Dans les notes qu'il consacre à cette nouvelle, Pichois remarque à deux reprises que Baudelaire «se peint en peignant Samuel Cramer»[75]. A travers le portrait de son personnage, le poète ferait «son propre portrait»[76]. La ressemblance la plus troublante, pourtant, est moins dans leurs (por)traits communs que dans leur tendance commune à prendre d'autres traits, en particulier ceux de leurs mères, à qui ils font signer leurs œuvres. Nous apprenons au début que Samuel «signa autrefois» du nom de sa mère, Manuela de Monteverde, tout comme le fait Baudelaire à la fin de cette nouvelle. A cette différence près que Manuela signe *à la*

---

70 Id., p. 555.

71 Id., p. 554.

72 *De l'essence du rire*, O.C. II, 543 (déjà cité).

73 «Les Foules», *Le Spleen de Paris*, O.C. I, 291 (déjà cité).

74 Id., p. 291 (déjà cité).

75 O.C. I, 1417 et 1419.

76 O.C. I, 1417.

place de son fils, alors que «Charles Defayis» comprend le nom du fils («Charles») et de la mère («Defayis»). En faisant endosser à sa mère la facture romantique de ses poèmes, Samuel se montre incapable d'assumer pleinement, à lui seul, une poésie double et contradictoire. Les sonnets qu'il écrit sont tantôt sombres, tantôt gais, mais non pas les deux à la fois. A l'opposé, Baudelaire fait de sa mère un co-signataire, il l'associe à une poésie pleine d'aspects contrastés — «ténébreux et folâtres» à la fois — qui s'attirent et se repoussent dans des voltes verbales hautes en couleurs bariolées.

Chez Baudelaire, la double nature du poète tient aux œuvres qu'il écrit dans sa chambre. Chez Samuel, au contraire, elle tient aux personnages qu'il joue dans sa vie. Ce que le narrateur, qui se confond ici avec Baudelaire, voit très bien lorsqu'il dit à propos de Samuel que «la poésie brille bien plus dans sa personne que dans ses œuvres»[77]. Avec son narrateur, Baudelaire prend ici ses distances vis-à-vis d'un personnage où il découvre une autre image du «poète hystérique», mais sous la forme d'un *repoussé* caricatural. Avec Samuel, le poète apparaît à Baudelaire dans un portrait-charge, à travers une caricature de celui qu'il devient lorsqu'il écrit. Que le saltimbanque soit vieux ou jeune, pitoyable ou ridicule, vrai ou caricatural, son image hante Baudelaire. A travers ces portraits contradictoires du poète que sont le vieux saltimbanque et Samuel Cramer, Baudelaire se laisse opprimer par des corps à la fois étrangers et familiers qui viennent le hanter lorsqu'il écrit.

Dans son œuvre, comme dans le guignol qu'il découvre chez Flaubert, Baudelaire se laisse absorber par des figures où il (re)prend conscience de lui-même. Comme en répondent des figures telles que Poe (et son personnage), Wagner, Emma (et Flaubert), Sapho, Samuel et le vieux saltimbanque, l'allégorie de type auto-réflexif est un moyen d'effraction qui permet au poète d'«entrer quand il veut dans le personnage de chacun». Or l'effraction est à double sens et la «jouissance de comprendre» est aussi bien jouissance d'être compris, saisi, investi et défini en retour par

---

[77] *La Fanfarlo*, O.C. I, 553. C'est la même critique que Baudelaire adresse ailleurs au dandy: «Ces êtres (les dandys) n'ont pas d'autre état que de cultiver l'idée du beau dans leur personne» (*Le Peintre de la vie moderne*, O.C. II, 710).

autrui. Tel un arroseur arrosé, celui qui joue ainsi un personnage est simultanément *joué* par son personnage. Il s'introduit dans des figures dont il se pénètre en retour, mettant toute sa puissance à se rendre impuissant, usant de son autorité pour s'abandonner à son rôle. C'est par là surtout que le poète est androgyne, par l'effort même qu'il fait pour perdre sa force, dans un geste paradoxal qui le rend lui aussi hystérique — mais à sa façon, qui n'est pas celle de ses personnages. Chez Baudelaire, l'allégorie est la figure même de l'hystérie poétique, la figure où prend forme cette «boule», c'est-à-dire cet utérus qu'il sent monter dans sa gorge chaque fois qu'il se voit à travers des figures, androgynes ou non. L'hystérie propre au poète émane de figures où il se voit double, investi d'une identité hétérogène dont les traits androgynes sont une marque surtout symbolique. A la différence des personnages littéralement androgynes où il se voit, Baudelaire se sent androgyne par figure: par une propension hystérique à se laisser envahir et définir par des figures d'un autre *genre* que le sien.

II

LE CYGNE

En répondant du poète, certains personnages auto-allégoriques semblent s'offrir comme les garants d'un reflet narcissique qu'il chercherait en eux. Or il n'en est rien. Au miroir diffractant des figures qu'il produit, Baudelaire ne se reconnaît pas: il se surprend plutôt à sortir du cadre, excédant son reflet, dans un débordement sans fin. L'écriture allégorique est la source d'une *altération* radicale par laquelle le moi biographique se transforme en un *sujet lyrique* qui, par son chant, *se module* sans cesse. Celui que devient ainsi Baudelaire, toujours en train de s'altérer, n'en finit pas de mourir à soi — et de le chanter comme un «cygne», dans un poème où cet oiseau, entre autres figures, apparaît comme un nouvel avatar du poète.

La complexité du «Cygne»[1] tient à une ambiguïté profonde qui, au cœur même du poème, en constitue le thème secret: ce *poème de la mélancolie* n'en apparaît pas moins aussi comme le *poème de la modernité*[2]. Afin de justifier ce constat paradoxal, plusieurs

---

[1] D'abord publié dans *La Causerie*, le 22 janvier 1860, «Le Cygne» reparaît en 1861 dans *Les Tableaux parisiens*, avec la seconde édition des *Fleurs du mal* . Parmi les analyses les plus complètes et les plus récentes du «Cygne», on peut citer: (1) Victor Brombert, *The Hidden Reader*, Cambridge: Harvard University Press, 1988, pp. 97-102. (2) Ross Chambers, *Mélancolie et opposition*, Paris: José Corti, 1987, pp. 167-86. (3) Gérard Gasarian, «La figure du poète hystérique ou l'allégorie chez Baudelaire», *Poétique* 86, Paris: Seuil, avril 1991, pp. 182-90. (4) Jean Starobinski, *La Mélancolie au miroir*, Paris: Julliard, 1989, pp. 47-78. (5) Bernard Weinberg, *The Limits of Symbolism*, The University of Chicago Press, 1966, pp. 8-36.

[2] Modernité exprimée au même moment, ou peu s'en faut, dans l'essai sur Constantin Guys intitulé *Le Peintre de la vie moderne*. Publié en 1863 dans *Le Figaro*, cet essai était terminé dès le 15 novembre 1859, deux mois avant la première publication du «Cygne» (voir à ce sujet les éclaircissements fournis par Claude Pichois, O.C. II, 1416).

critiques ont cherché à réconcilier le sentiment passéiste de deuil (ressenti dès le début sous le signe d'Andromaque) avec la curiosité moderne pour le présent (suscitée dans la deuxième partie par la transformation de Paris)[3]. Mais l'effort pour synchroniser et harmoniser ces deux postures divergentes est comme déjoué d'avance par le poème lui-même. Bien qu'il compatisse à la douleur de tous ceux (ou celles) qui, comme le cygne, sont prisonniers de leur passé, Baudelaire lorgne vers le présent pour échapper à leur sort et s'arracher à leur mortelle dépression. Cette duplicité renvoie aux «deux postulations simultanées» que le poète analyse et thématise ailleurs, notamment dans *Mon cœur mis à nu*[4]. A la différence du journal intime, pourtant, la double aspiration contradictoire n'est pas vécue ici selon l'axe vertical du salut chrétien, mais sur l'axe horizontal du temps humain. Ce qui travaille et tiraille le poète, c'est l'écart et même l'écartèlement, non entre Dieu et Satan mais entre le passé et le présent.

Le poème s'ouvre sur une apostrophe par laquelle Baudelaire cherche à évoquer et ressusciter une figure littéraire de l'antiquité:

> «Andromaque, je pense à vous! Ce petit fleuve,
> Pauvre et triste miroir où jadis resplendit
> L'immense majesté de vos douleurs de veuve,
> Ce Simoïs menteur qui par vos pleurs grandit,
>
> A fécondé soudain ma mémoire fertile,
> Comme je traversais le nouveau carrousel.»[5]

En interpellant Andromaque sur le mode de la prosopopée, «sorcellerie évocatoire» des morts, Baudelaire semble vouloir se

---

[3] Pour Brombert, par exemple, «Le Cygne» est une tentative fructueuse pour tourner l'objet d'un souvenir douloureux en un objet de fabrication moderne («artifact»). Pour Chambers, de même, le poème parvient à transformer la bile noire de la mélancolie en une encre féconde. Au lieu de gaspiller son énergie mentale à regretter ou à se révolter, le poète la mobilise dans des oeuvres où son opposition à la politique réactionnaire de son temps s'exprime dans un déguisement allégorique (cf. *Mélancolie et opposition*, chapitres 2, 5 et 6).

[4] *Mon coeur mis à nu*, O.C. I, 682.

[5] «Le Cygne», *Les Fleurs du mal*, O.C. I, 85.

rapprocher d'elle, abolir la distance temporelle qui le sépare de ce personnage Virgilien. Or il ne se rapporte pas à elle sur le mode de l'analogie. Il ne lui dit pas: «je suis comme vous», mais «je pense à vous». Curieusement, il ne la fait revivre que pour penser à elle; il ne la rend présente par son verbe que pour aussitôt la tenir à distance, replongeant dans sa pensée ce qu'il en fait simultanément sortir. En somme, il veut la «voir», mais «en esprit» seulement, comme il fait de Paris un peu plus loin. Et il la «voit» au bord d'un cours d'eau d'Epire, «Simoïs menteur» qui lui rappelle le Simoïs véridique qui coulait à Troie; «*petit* fleuve» qui lui ment car c'est un «pauvre et triste miroir» de son *grand* fleuve natal[6].

La «douleur» d'Andromaque, confrontée à l'image présente mais dégradée de son passé, n'est pour elle d'aucun profit. Ce n'est pas à elle que sa mélancolie profite, mais au poète dont elle «féconde soudain la mémoire fertile». Au moment où la mémoire du poète est ainsi «fécondée» par l'évocation d'Andromaque, celle-ci quitte brusquement la scène, «vos pleurs» fait place à «ma mémoire», le premier quatrain conduit au second et nous nous découvrons soudain en plein Paris:

> «Le vieux Paris n'est plus (la forme d'une ville
> Change plus vite, hélas! que le cœur d'un mortel);
>
> Je ne vois qu'en esprit tout ce camp de baraques,
> Ces tas de chapiteaux ébauchés et de fûts,
> Les herbes, les gros blocs verdis par l'eau des flaques,
> Et, brillant aux carreaux, le bric-à-brac confus.»[7]

De même qu'Andromaque, «le vieux Paris n'est plus». Et pourtant le poète les voit tous deux «en esprit», par la force d'une prosopopée qui réveille les morts. La résurrection rhétorique du passé est

---

[6] Dans la première publication du «Cygne», Baudelaire fait explicitement référence à Virgile dans une épigraphe tirée du livre III de *L'Enéide*: «Falsi Simoentis ad undam» (v. 302). Exilée de Troie après la mort d'Hector, Andromaque pleure son défunt mari au-dessus d'un tombeau vide qu'elle a fait construire au bord d'un fleuve artificiel (le «simoïs menteur»), afin de se remémorer à loisir le véritable Simoïs qui traversait sa ville natale.

[7] «Le Cygne», O.C. I, 85-86, v. 7-12.

entreprise ici par une pensée plus intellectuelle que sentimentale, dans une intention moins lyrique qu'analytique. Si la veuve d'Hector «opprime» (v. 33) le poète, c'est qu'elle lui apparaît comme *la dame de sa pensée*, non au sens platonique, mais au sens littéral du mot. Objet de réflexion, non de reflet, elle ne conduit pas à l'expression lyrique d'une sympathie narcissique mais provoque au contraire un fructueux courant de pensées[8].

Exprimée à l'indicatif présent, la pensée adressée à Andromaque est bien plus qu'un souvenir, contrairement à une idée reçue par la plupart des critiques. Bien qu'«(il) n'aime guère les arguments qui en appellent, en dernier ressort, aux racines verbales»[9], Starobinski fonde sa lecture du «Cygne» sur le lien étymologique unissant le verbe «penser» (*pensare*) au verbe «pencher» (*pendicare*): «*Pencher* est issu de *pendicare*, fréquentatif de *pendere*. Quant à *penser*, à travers *pensare*, il dérive de *pensum*, participe passé de *pendere*»[10]. Penser, pour Baudelaire, ce serait se pencher sur son passé, incliner à revivre des jours meilleurs. Tout acte intellectuel, dans cette optique, serait un geste mnémonique pleinement conscient de la perte qu'il implique. En assimilant la pensée à une mémoire mélancolique, Starobinski cède à un parti-pris personnel qui est aussi un désir culturel: il voudrait considérer «Le Cygne» comme «ce grand poème de la mélancolie»[11]. Il est vrai que l'image d'Andromaque est apparue au poète *un jour*, alors qu'il traversait le chantier du «nouveau Carrousel» dont la construction, à l'initiative du baron Haussmann, devait prolonger le vieux palais du Louvre[12]. Il est vrai

---

[8] Ce courant est illimité dans la mesure même où il est cyclique. S'il va d'Andromaque jusqu'au cygne, dans la première partie, c'est pour revenir ensuite, dans la deuxième partie, du cygne jusqu'à Andromaque. On y reviendra.

[9] Jean Starobinski, *La Mélancolie au miroir*, p. 49.

[10] Id., p. 48.

[11] Id., p. 56. La lecture exhaustive de Starobinski porte sur la mélancolie en tant que sentiment personnel (propre à Baudelaire) mais aussi en tant que phénomène culturel.

[12] «Ce Louvre» ou «nouveau Carrousel» faisait partie du plan de rénovation urbaine entrepris dès 1851 par le baron Haussmann. Il fut construit de 1852 à 1857, à l'emplacement d'un vieux quartier appelé quartier du Doyenné, détruit entre 1850 et 1852. Bien qu'il fût habité par maints artistes et poètes, ce quartier décrépit et mal famé (ici décrit d'une façon expéditive et péjorative comme «ce

aussi que cette image a fertilisé la mémoire du poète en lui rappelant un cygne rencontré «jadis» (v. 13), avant la transformation de Paris. Et pourtant, elle n'en demeure pas moins toujours présente à l'esprit du poète. En tant que source permanente, elle engage et soutient l'inspiration poétique tout en favorisant aussi, en tant que souvenir fertile, l'activité de la mémoire. Autrement dit, elle tient simultanément à une expérience décrite dans le poème et à l'expérience d'écrire le poème.

Ce double statut d'Andromaque apparaît très bien dans les deux premières strophes. Sur le plan syntaxique, ces deux strophes sont solidement jointes par le rejet au cinquième vers du verbe «a fécondé» dont «ce petit fleuve», au premier vers, est le sujet. Si l'on fait abstraction des vers 2-4 (simple apposition à valeur descriptive) et 7-8 (simple parenthèse à valeur comparative), l'ossature syntaxique ressort comme suit:

«Andromaque, je pense à vous! Ce petit fleuve [...] (v. 1)
A fécondé soudain ma mémoire fertile, (v. 5)
Comme je traversais le nouveau Carrousel.» (v. 6)

A travers le fleuve qui lui est associé par métonymie (il fait partie de son histoire), par métaphore (il est à l'image de son chagrin, «pauvre et triste» comme elle) et, plus physiquement, par le tribut de larmes qu'elle y verse, Andromaque irrigue et «féconde» la mémoire du poète. Or cela se passe au passé, comme il traversait le nouveau Carrousel, non au présent de l'écriture, alors qu'il pense à Andromaque. Au moment même où un rejet (celui du verbe «a fécondé») enjambe les deux strophes pour les prendre dans une même unité, celle-ci se trouve défaite par un brusque débrayage temporel (du présent au passé) qui déporte «soudain» la pensée (v. 1) vers la mémoire (v. 5-6). Cette discordance des temps souligne une discontinuité articulée de surcroît, dès le premier vers, par un point d'exclamation qui coupe court à une pensée contemporaine du présent («je pense à vous!»), pour faire place à un souvenir contemporain du passé.

---

camp de baraques») n'éveille pourtant chez Baudelaire aucune nostalgie.

Dans la première partie, le poème suit deux cours parallèles qui s'opposent avant de se rejoindre au vers 24. Dans la perspective ouverte par Andromaque, la pensée initiale (v. 1) conduit à une conscience du changement (v. 7-8) immédiatement suivie d'une réflexion sur le mode de vision propre à l'écriture poétique (v. 9-12). En pensant à Andromaque pour qui Troie «n'est plus», le poète prend conscience que Paris lui aussi a changé, non pour s'en affliger personnellement mais pour en tirer une leçon objective sur l'asynchronie qui existe entre «la forme d'une ville» et «le cœur d'un mortel». La pensée se porte d'Andromaque vers Paris pour en être aussitôt déportée vers «une ville» abstraite abritant «un» représentant du genre humain. Au vers 8, le «hélas!» élégiaque exprime une plainte objective poussée par «un mortel» dont le cœur trop sentimental s'adapte difficilement aux changements urbains. Cette lamentation porte sur une disparité regrettable entre le rythme des sentiments et le rythme des villes, non sur la perte du «vieux Paris». En disant «le vieux Paris», et non «mon vieux Paris», Baudelaire souligne d'ailleurs très bien qu'il demeure détaché d'une perte qui ne le concerne pas personnellement. A la différence d'un simple mortel, Baudelaire ne se laisse pas opprimer par la nostalgie. Il réagit par une intuition qui éclaire son art poétique en lui faisant découvrir que tout ce qu'il conçoit par l'écriture se manifeste au seul regard de l'esprit («Je ne vois qu'en esprit [...]», v. 9).

Parallèlement au courant de pensées engendrées par Andromaque, le premier vers donne lieu à une chaîne de souvenirs personnels qui découlent de «ce petit fleuve». Contrairement à Andromaque, le «Simoïs menteur» irrigue non la pensée mais la mémoire du poète. Plus exactement, il lui rappelle le souvenir d'une expérience de mémoire involontaire. Grâce à lui, le poète se rappelle s'être soudain rappelé, un jour qu'il traversait le nouveau carrousel (v. 6), un «matin» antérieur où, à la place de «ce Louvre» (v. 32) en chantier, il tomba par hasard sur un cygne en liberté:

> «Là s'étalait jadis une ménagerie;
> Là je vis, un matin, à l'heure où sous les cieux
> Froids et clairs le Travail s'éveille, où la voirie
> Pousse un sombre ouragan dans l'air silencieux,

Un cygne qui s'était évadé de sa cage,
Et, de ses pieds palmés frottant le pavé sec,
Sur le sol raboteux traînait son blanc plumage.
Près d'un ruisseau sans eau la bête ouvrant le bec

Baignait nerveusement ses ailes dans la poudre,
Et disait, le cœur plein de son beau lac natal:
«Eau, quand donc pleuvras-tu? quand tonneras-tu, foudre?»»[13]

Devant ce vieux souvenir qui émerge, en abyme, d'un autre souvenir, Baudelaire semble confronté à sa propre image, que lui renvoie un «cygne» analogique de lui-même. Si l'on substitue «le vieux Paris» à «une ménagerie» (v. 13), ce que font implicitement la plupart des critiques, la condition mélancolique du poète apparaît en effet par transparence à travers celle du cygne. Mais l'analogie entre le cygne et le poète est rendue problématique par cela même qui la rend possible. En regrettant le temps «jadis» où une ménagerie «s'étalait» en plein Paris, bien avant les travaux d'Haussmann, Baudelaire se prend de nostalgie pour le temps même de la captivité dont se lamente le cygne, ce qui le distingue ainsi radicalement de l'animal qui est censé lui ressembler. On pourrait objecter que l'animal apparaît au moment où il s'est libéré de sa prison et qu'il n'est donc plus en captivité. Mais cela ne fait qu'aggraver les choses. Pour s'être «évadé de sa cage», ironiquement, le cygne ne s'en trouve pas plus libre, puisqu'il est désormais prisonnier d'un environnement urbain encore moins naturel que ne l'était la ménagerie[14]. Par une ironie supplémentaire, le nouvel habitat du cygne coïncide avec l'ancien habitat du poète, au point que celui-ci ne peut s'identifier au cri de la bête sans décrier en même temps «le vieux Paris» qui en est responsable.

A la différence de l'albatros, le cygne n'est pas une *simple* figure analogique du poète. Baudelaire ne saurait dire du second ce qu'il

---

13 «Le Cygne», O.C. I, 86, v. 13-23.

14 Ross Chambers, quant à lui, remarque très bien que «l'évasion du cygne est donnée [par le poème] pour une pure erreur». Selon lui, l'oiseau se serait évadé pour réagir à un «ouragan» qui n'est qu'un «*faux* orage, illusion produite 'dans l'air silencieux' par le passage bruyant de la voirie» (*Mélancolie et opposition*, p. 174).

écrit à propos du premier, au début de *Spleen et idéal.* En affirmant avec emphase que «Le Poète est semblable au prince des nuées»[15], il cède à une inspiration romantique à laquelle il résiste dans les *Tableaux parisiens.* La majuscule gigantesque attachée au «Poète», telle une auréole, souligne une aspiration à s'élever qui ne fait qu'accentuer, par un paradoxe qui le rend «semblable» à l'animal, la lourdeur maladroite de sa démarche: «Ses ailes de géant l'empêchent de marcher»[16]. Adressée d'abord à l'oiseau, l'ironie s'emploie ici à souligner les gestes contradictoires de l'albatros, tout comme elle dénonce «les gestes fous» d'un cygne lui aussi «ridicule et sublime»[17]. Mais la pointe finale, étant tournée dans deux directions à la fois, souligne un point commun à l'oiseau et au poète. Autrement dit, l'ironie travaille à consolider l'analogie qui s'élabore, dans le poème, le long de plusieurs renvois mimétiques. De même qu'un homme d'équipage «mime, en boitant, l'infirme qui volait»[18], cet infirme mime à son tour, par analogie, l'allure grotesquement sublime du «Poète» romantique.

Dans «L'Albatros», l'ironie contribue à une analogie qu'elle vient renforcer, non renverser comme dans «Le Cygne». Dans «Le Cygne», le rapport analogique est compliqué par l'ironie subversive qu'il implique en sous-main, de par un contexte autrement subtil et retors que celui de «L'Albatros». Dans ce «tableau parisien», l'ironie empêche le poète de se perdre dans son reflet analogique, elle l'aide à se maintenir devant un «tableau» allégorique où il reste conscient de voir une image. En rappelant le sujet à soi, l'ironie ramène la conscience au présent, dans une lumière qui interrompt soudain, au vers 24, la rêverie mélancolique:

> «Je vois ce malheureux, mythe étrange et fatal,
>
> Vers le ciel quelquefois, comme l'homme d'Ovide,
> Vers le ciel ironique et cruellement bleu,

---

15 «L'Albatros», O.C. I, 10, v. 13.

16 Id., p. 10, v. 16.

17 «Le Cygne», O.C. I, 86, v. 34-35.

18 «L'Albatros», O.C. I, 10, v. 12.

Sur son cou convulsif tendant sa tête avide,
Comme s'il adressait des reproches à Dieu!»[19]

En revenant au présent, le poète retrouve ici sa présence d'esprit. A la différence du vers 14, où il était transporté vers le cygne par un souvenir personnel, il «voit» ici d'une façon objective qui lui permet maintenant d'envisager «ce malheureux» dans la lumière froide de l'indicatif présent. Dans cette lumière qui nous ramène au début du poème, le cygne n'est plus l'objet d'une mémoire fertile en souvenirs nostalgiques, mais l'occasion d'une pensée fructueuse en représentations mythiques. Tant qu'il est décrit à l'imparfait (v. 17-22), dans le cadre d'un souvenir vécu par le poète, le cygne est insignifiant. Il ne signifie qu'en prenant la parole («Eau, quand donc pleuvras-tu?...», v. 23), dans une prosopopée qui le soustrait au temps, le fait décoller du passé pour le transposer en esprit dans le présent permanent d'un «mythe étrange et fatal». Le cygne apparaît ainsi comme le signe allégorique d'Andromaque dont il redouble l'expérience: le «ruisseau sans eau» est son «Simoïs menteur», où il ne voit que son «beau lac natal». Cessant d'être un souvenir pour devenir un «mythe», le cygne s'évade de sa cage dans la mémoire du poète pour être vu à son tour «en esprit» seulement, tout comme Andromaque et Paris avant lui. La première partie se termine ainsi comme elle commence: par une vision qui se détache du souvenir pour s'ouvrir au mythe[20].

---

[19] O.C. I, 86, v. 24-28. Dans les *Métamorphoses* d'Ovide (Livre I, v. 84-86), l'homme se distingue des autres créatures en levant fièrement la tête vers son créateur, selon la volonté de Dieu. Le cygne de Baudelaire lève lui aussi la tête vers le ciel, mais c'est pour ridiculiser la noble pose de l'homme d'Ovide. A la différence de cet «homme» que son attitude sublime n'empêche pas d'être ridiculement exilé, le cygne accusateur ne se tourne vers Dieu que pour lui reprocher son exil, dans une série de questions rhétoriques dont le but est moins d'obtenir une réponse que de mettre en question la justice divine.

[20] Dans ce poème, «mythe» et «allégorie» sont plus ou moins interchangeables. A l'origine, un mythe est un récit doté d'une signification symbolique. L'histoire du cygne, en ce qu'elle est symbolique d'une révolte métaphysique de l'homme contre Dieu, correspond bien à cette définition tout en constituant un parallèle ironique à la fable littéraire de «l'homme d'Ovide». Dans son acception moderne, pourtant, il est impossible de distinguer entre le récit et son protagoniste. Ici, par exemple, le cygne lui-même est un mythe, à l'égal de l'histoire dont il est le héros--

Selon Ross Chambers, le cygne et Andromaque sont pris dans un «double souvenir» provoqué par une «rupture historique» qui se situerait, non sans mal, autour de 1848:

> «Pensant à Andromaque, le «je» du poème trouve dans sa mémoire une image de jadis qui donne du sens à un souvenir de naguère, celui du cygne aperçu (à quel moment? les travaux d'urbanisme parisien étaient déja commencés, mais cela peut situer l'épisode sous la monarchie de Juillet aussi bien qu'en 1848 ou après...) dans le ruisseau; et c'est ce double souvenir qui donne au présent — au moment de la traversée du «nouveau Carrousel» — un caractère de découverte euphorique et presque d'épiphanie (au sens joycien de dévoilement de soi et du monde). C'est ce quasi triomphe que marque, à l'incipit du poème, le point d'exclamation joint au présent du verbe: «Andromaque, je pense à vous!»»[21]

L'épiphanie dont il est ici question tiendrait à la superposition d'une «image de jadis» et d'un «souvenir de naguère», à l'évocation simultanée de deux figures disjointes dans le temps. Cette rencontre «euphorique» du cygne et d'Andromaque aurait lieu au moment où Baudelaire traverse le «nouveau Carrousel», moment que Chambers identifie au présent, sans voir la disjonction supplémentaire qui existe entre le temps de cette traversée (passée) et celui de l'écriture (présente). En fait, on l'a vu, il faut attendre que le cygne soit vu lui aussi comme un «mythe», au vers 24, pour que les deux images convergent au présent. L'épiphanie advient lorsque le cygne apparaît *au* même temps qu'Andromaque, dans une vision «étrange et fatale» qui fait d'un mythe le signe allégorique d'un autre mythe. Or cette vision allégorique — étrangement mais fatalement — empêche l'épiphanie qu'elle rend pourtant possible. Au moment où le poète «voit» enfin le cygne en esprit, celui-ci disparaît pour faire place à «l'homme d'Ovide» (v. 25), puis de nouveau à Andromaque

comme si le cygne était une allégorie du mythe où il figure. On pourrait dire la même chose du personnage littéraire d'Andromaque mais aussi de toutes les personnes humaines qui apparaissent dans le poème (la négresse, les orphelins, les marins, les captifs, les vaincus, etc.).

21 Ross Chambers, *Mélancolie et opposition*, p. 177.

qui, dans la deuxième partie, revient opprimer le poète: «je pense à mon grand cygne, [...] et puis à vous, / Andromaque»[22].

Le signe allégorique, semble-t-il, ne rappelle une allégorie que pour en appeler une autre, dans un mouvement infini où le sujet qui écrit découvre sa dimension temporelle. Loin de pouvoir jamais s'accoupler en «doubles souvenirs», les allégories renvoient les unes aux autres dans un dédoublement incessant qui ouvre à l'homme une profondeur temporelle. Comme l'écrit très bien Paul de Man, «La présence de l'allégorie correspond toujours au dévoilement d'une destinée authentiquement temporelle [...] Il est nécessaire que le signe allégorique en réfère à un autre signe qui le précède»[23]. Tout en souscrivant à cette idée, on peut pourtant se demander si cet «autre signe» doit nécessairement «précéder» le premier. En tournant l'allégorie vers le passé, de Man y voit une figure qui «féconde» la «mémoire fertile» et fait «sonner» le «Souvenir», chez un sujet dont la destinée temporelle est à sens unique, gouvernée par une mélancolie rétrogressive. Inspiré par de Man, Chambers pense lui aussi que la chaîne des signifiants va «de l'oiseau moderne à la veuve antique»[24]. Si l'allégorie lui semble tournée vers le passé, c'est qu'elle exprime une mélancolie occasionnée par une déception d'ordre historique. Le chant mélancolique du cygne serait la vaporisation d'une opposition (politique) rendue vaine par la conscience lucide d'une rupture historique irréversible (autour de

---

22 «Le Cygne», O.C. I, 86, v. 34-37.

23 Paul de Man, «The Rhetoric of Temporality», repris dans *Blindness and Insight*, 2nd edition, University of Minnesota Press, 1983, p. 206. Je cite ici l'excellente traduction de Chambers qui, après avoir cité ce passage, résume très bien la position de Paul de Man: «Le cygne figure donc l'*allegoresis*, dans l'acception «de manienne», parce qu'il ne peut être «lu» par le sujet du poème, sans que s'installe dans la forêt de son esprit un «plein souffle du cor» du Souvenir, amenant un glissement des signifiants qui conduisent, comme autant de fragments d'un ensemble non-totalisable, de l'oiseau moderne à la veuve antique, de la veuve à la négresse phtisique, piétinant dans la boue, de la négresse à toute une série de figures plus ou moins généralisées («quiconque», «ceux qui...»), orphelins, matelots, captifs, vaincus, «bien d'autres encor», mais qui vivent toutes de différentes manières leur exil comme une exclusion de ce qui donnerait sens à leur vie.» (*Mélancolie et opposition*, p. 174).

24 *Mélancolie et opposition*, p. 174.

1848). Dans cette perspective, qui cherche à comprendre un procès d'écriture dans l'horizon d'une désillusion politique, la figuration allégorique témoignerait d'un «désir sans trève» de redonner sens à un monde désenchanté.

Cette interprétation n'a de sens que si le cygne est pris pour le poète. Pour Chambers, en effet, le moment où le poète écrit se confond avec celui où, par le souvenir, il s'idendifiait à «(son) grand cygne». Or la situation, on l'a vu, est compliquée par une disjonction temporelle qui n'est pas sans conséquence. Au moment où Baudelaire «traversait» le nouveau Carrousel, sa conscience pouvait bien être, comme l'écrit Chambers, «conscience d'une coupure par rapport à un passé, désormais irrécupérable, qui aurait précédé (que cette coupure se situe en 1848 ou au moment de la chute de Troie)»[25]. Mais au moment où il écrit «Le Cygne», on va le voir plus en détail, sa conscience est celle d'une coupure par rapport à ceux dont il s'exile pour écrire, et qui reviennent le hanter sous forme de mythes allégoriques de cet exil. Autrement dit, s'il y a une «référentialité contextualisante» sur le fond de laquelle la «textualité» se produit, c'est moins un moment historique déterminé qu'un moment *hystérique* particulier à celui qui s'exile ainsi dans l'écriture.

Pour étayer notre position, rappelons qu'Andromaque est *à l'origine* du poème. Si l'on fait abstraction du titre et de la dédicace, c'est elle qui a (et est) le premier mot. Le processus allégorique ne conduit pas d'un souvenir vécu à un mythe historique «qui le précède»: il conduit toujours *plus avant* à travers des mythes. La figure mythique d'Andromaque appelle cet autre mythe qu'est le cygne, signe lui-même évocateur de «l'homme d'Ovide», qui nous ramène à la femme de Virgile afin d'en évoquer «bien d'autres encore». Dans le «tableau parisien» où il déambule, le poète ne quitte une allégorie que pour en trouver une autre, tout au long d'une chaîne qui se charge de maillons de plus en plus nombreux mais toujours de même *sens*, dénotant toujours des exilés qui tous *reviennent au même*, «Victor Hugo», poète exemplaire à qui ce poème est dédié. Dans tous les cas (que ce soit Andromaque, le

---

[25] Id., p. 176.

cygne, l'homme d'Ovide, la négresse qui apparaît ensuite, puis les matelots, les captifs et les vaincus), le poète «pense à» ces allégories qui le sollicitent, il y pense comme à autant de signifiants où il lit toujours le même signifié: la condition exilée du «poète».

L'hystérie du poète s'explique en partie par ce hiatus qui se creuse toujours plus entre la mobilité des signifiants et la fixité du signifié. Pour Nathaniel Wing[26], l'allégorie est un «tonneau des Danaïdes», contenant dont le contenu fuit sans cesse dans une «*semiosis* illimitée». Dans un effort sisyphéen, le poète chercherait à donner aux figures qu'il produit *un* sens qui leur échappe toujours, sens évanescent que l'écriture allégorique poursuit, mais sans pouvoir le saisir — l'inscrire — autrement que dans sa fuite. Et pourtant, on l'a vu, si cette écriture est illimitée, c'est par les figures qu'elle produit, non par son sens, qui est toujours le même. A l'image d'un *contenant dont le contenu fuit sans cesse*, on pourrait opposer celle d'un *contenu dont le contenant tourne sans cesse*, le poète se trouvant pris dans un tourbillon de figures allégoriques qui l'exilent toujours plus avant dans l'écriture.

La vision induite par l'écriture, dans «Le Cygne», n'est pas celle d'un «double souvenir» où différents moments de l'existence trouveraient à s'unifier dans une même épiphanie. Bien plutôt, c'est celle d'un double mythe: mythe qui, pour être hors du temps, s'opère pourtant toujours en deux temps. En évoquant toujours un autre mythe, cette vision dédouble sans fin son objet et parvient ainsi à mobiliser (au service du temps humain) des images figées dans des poses universelles et permanentes. Loin de se laisser prendre à une épiphanie rédemptrice mais paralysante, le poète préfère être emporté par un carrousel dynamique d'images qui lui donnent le sens vertigineux du temps. A la lumière de ce poème exemplaire, l'écriture poétique apparaît obéir à une «étrange et fatale» loi qui transpose les pesants souvenirs personnels en mythes mobiles et vivants. Dans cette «forêt» de symboles[27] où «l'esprit» de

---

[26] Cf. Nathaniel Wing, «The Danaides' Vessel: On Reading Baudelaire's Allegories», in Robert L. Mitchell, ed., *Pre-Text/Text/Context* (Columbus, Ohio State University Press, 1980), repris dans *The Limits of Narrative* (Cambridge University Press, 1986), chap. I.

[27] L'expression «forêts de symboles» apparaît d'une façon explicite dans «Correspondances» (cf. O.C. I, 11, v. 3), sans pour autant renvoyer explicitement

Baudelaire «s'exile», le souvenir du cygne devient une vivante allégorie («un vieux Souvenir») dont le souffle puissant donne vie à une infinité d'images non pas mnémoniques mais mythiques:

> «Ainsi dans la forêt où mon esprit s'exile
> Un vieux Souvenir sonne à plein souffle du cor!»[28]

Le «Souvenir» s'incarne ici dans un «cor» qui a perdu les sonorités douces, distantes et tristes qui lui sont traditionnellement associées en poésie[29]. En faisant retentir «à plein souffle» les plaintes douloureuses et voilées de cet instrument romantique, Baudelaire en étouffe les tonalités mélancoliques au profit d'un puissant appel de vie[30]. Parallèlement à l'amplification du son de l'instrument, la majuscule mise au «Souvenir» en amplifie les résonances au-delà de toute expérience personnelle.

En découvrant «ainsi», dans la dernière strophe, que le «Souvenir» rapporté par le poème est une allégorie, le poète s'aperçoit aussi, implicitement, qu'une différence essentielle le sépare de ceux qui peuplent ses pensées. Pour Andromaque, le cygne, Ovide, la négresse (etc.), l'exil est une condition existentielle qu'ils n'ont pas choisie. Pour le poète, au contraire, c'est une condition intellectuelle librement assumée et vécue. Dès lors qu'il *choisit* d'écrire, son esprit s'exile dans une forêt plantée de signes qui, à la

---

au poème--à la différence du «Cygne».

28 O.C. I, 87, v. 49-50.

29 Par exemple chez Vigny: «J'aime le son du cor, le soir, au fond des bois.» («Le Cor»); chez Verlaine: «La note d'or que fait entendre/Un cor dans le lointain des bois, /Mariée à la fierté tendre/Des nobles Dames d'autrefois;» (*La Bonne chanson*, VIII); ou même encore chez Apollinaire: «Les souvenirs sont cors de chasse dont meurt le bruit parmi le vent.» («Cors de chasse»).

30 Brombert remarque très bien que le cor a les accents solennels d'une sonnerie héroïque («heroic call») qui s'ajoute à la tonalité triste de cet instrument. Le cor sonnerait ainsi l'espoir au sein du désastre, espoir nourri par une «Mémoire» qui confère au poète le souffle d'une inspiration (re)créatrice victorieuse du temps: «Similarly, the sound of the horn in the last stanza signals sadness and distress, but also the solemnity of a heroic call, and hope in the face of disaster. Significantly, it is none other than Memory that sounds the horn with the very «spirit» («plein souffle») of poetic inspiration.» (*The Hidden Reader*, Harvard University Press, 1988, p. 101).

façon du «Souvenir» final, transmuent toute réalité en figure. Cette leçon finale, que l'adverbe «ainsi» fait logiquement découler du poème, se découvre en fait dès le début de la deuxième partie, dans une strophe décisive dont l'importance a été souvent relevée et commentée:

> «Paris change! mais rien dans ma mélancolie
> N'a bougé! palais neufs, échafaudages, blocs,
> Vieux faubourgs, tout pour moi devient allégorie,
> Et mes chers souvenirs sont plus lourds que des rocs.»[31]

Par sa position centrale, cette strophe semble mettre en lumière une mélancolie personnelle qui, pour la plupart des critiques, serait au cœur du poème. Pour Brombert, par exemple, elle sert de pivot entre l'évanescence qui précède et l'immutabilité qui suit, autrement dit entre les thèmes impersonnels et fuyants de la première partie et les solides souvenirs personnels de la seconde[32]. Dans la même perspective, Starobinski considère lui aussi cette strophe comme un «axe de symétrie»: «lieu central par rapport auquel les deux parties s'organisent en miroir»[33]. A la lumière de la bipartition symétrique du poème, il faudrait donc lire les allégories du début comme autant de miroirs analogiques reflétant par avance et en esprit les «chers souvenirs» du poète.

Tout se ramènerait en somme à un sentiment d'aliénation provoqué chez Baudelaire par la perte de son vieux Paris. Dans cette optique qui est celle de plusieurs critiques[34], l'ouverture de la deuxième partie, «Paris change!», sonnerait comme un retentissant

---

31 «Le Cygne», O.C. I, 86, v. 29-32.

32 «The present indicative of Part II imposes itself as the time of eternity, the time of salvation. Only in that sense can one speak of the progression of the poem, whose pivotal stanza is situated at its precise center, at the beginning of Part II which confronts the preceding themes of evanescence with a proclamation of immutability: 'nothing in my melancholy/Has stirred'.» (*The Hidden Reader*, p. 101).

33 *La Mélancolie au miroir*, p. 61.

34 Voir par exemple Starobinski, *La Mélancolie au miroir*, p. 64; Chambers, *Mélancolie et opposition*, p. 43, 47 et 67; Brombert, *The Hidden Reader*, pp. 97-99.

J'accuse!, comme une dénonciation des travaux de rénovation urbaine entrepris par le baron Haussmann dans les années 1850. En accentuant la disparité entre le cœur (changeant) de la cité et le cœur (fidèle) du poète, la transformation de Paris creuserait un douloureux écart entre le poète et son environnement. Or cet écart reprend sur un mode personnel le thème général présenté aux vers 7-8, où l'interjection «hélas!», on l'a vu, vient déplorer non la transformation urbaine en tant que telle, mais le retard pris par «le cœur d'un mortel» sur «la forme d'une ville». A travers cette variation personnelle sur un thème général déjà exposé, Baudelaire se prend à regretter non pas que «Paris change», mais de ne pouvoir changer aussi vite que Paris. Comme le note très bien Starobinski, «le mélancolique sent qu'il retarde dans sa réponse au monde»[35]. Loin de se sentir responsable de ce retard, pourtant, le «sujet lyrique» en accuserait une ville transitoire où il se sentirait captif du chaos: «La pire des mélancolies, c'est alors de ne pouvoir passer outre, de rester captif du bric-à-brac»[36]. Prisonnier d'une confusion qui le choque, exilé dans un nouveau Paris qui efface peu à peu son «vieux Paris», Baudelaire s'opposerait aux travaux d'urbanisme dont il est le témoin. L'interprétation de Starobinski résume et reflète très bien une lecture traditionnelle qui fait du cygne mélancolique un avatar du poète lyrique. Cette lecture procède d'un préjugé culturel largement partagé[37], préjugé selon lequel il n'y aurait de lyrisme que mélancolique. Pour chanter lyriquement, comme un cygne à qui manque son «beau lac natal», Baudelaire aurait besoin de se sentir lui-même exilé de son «vieux Paris». Grâce au *Peintre de la vie moderne*, on sait pourtant que Baudelaire aimait trop la modernité pour se sentir *vraiment* exilé dans le nouveau Paris de son époque. Ce qui l'attire dans le Paris de son temps, c'est une modernité qui tient précisément au changement: «La modernité, c'est le transitoire, le fugitif, le contingent, [...]»[38].

---

[35] *La Mélancolie au miroir*, p. 64.

[36] Id., p. 65.

[37] Préjugé qui se découvre jusque chez Julia Kristeva, dans son *Soleil noir*, Paris, Gallimard, Folio/Essais, 1987 (on y reviendra dans la conclusion).

[38] *Le Peintre de la vie moderne*, O.C. II, 695.

Le lyrisme mélancolique qu'on a coutume de voir[39] dans ce poème serait plus apparent si Baudelaire ne voyait en esprit que «le vieux Paris», celui qui, n'étant plus, pourrait devenir l'objet de sa nostalgie. Or c'est aussi et surtout le nouveau Paris en chantier qu'il ne voit qu'en esprit:

> «Je ne vois qu'en esprit tout ce camp de baraques,
> Ces tas de chapiteaux ébauchés et de fûts,
> Les herbes, les gros blocs verdis par l'eau des flaques,
> Et, brillant aux carreaux, le bric-à-brac confus.»[40]

Dans ce «tableau parisien» qu'est «Le Cygne», la ville apparaît figée dans un «bric-à-brac confus» où des scènes du passé («ce camp de baraques»[41], v. 9) apparaissent juxtaposées aux chantiers de la modernité («ces tas de chapitaux ébauchés et de fûts», v. 10). En précisant par ailleurs, au début de la deuxième partie, que «Tout pour (lui) devient allégorie» (v. 31), le vieux comme le nouveau, les «palais neufs» comme les «vieux faubourgs», Baudelaire se montre surtout sensible à la dynamique du Paris en chantier, à la transition entre l'ancien et le nouveau. Ce spectacle toujours changeant lui

---

[39] Sur la mélancolie chez Baudelaire, on se reportera aux ouvrages suivants: Victor Brombert, «Le Cygne de Baudelaire; douleur, souvenir, travail» *Etudes baudelairiennes III*, Neuchâtel, La Baconnière, 1973, p. 254-261; Ross Chambers, *Mélancolie et Opposition*, Corti, 1987, p. 167-186; Pierre Dufour, «*Les Fleurs du mal* : dictionnaire de mélancolie», *Littérature*, 72, décembre 1988, p. 30-54; Marc Eigeldinger, *Lumières du mythe*, P.U.F 1983, p. 59-61; John E. Jackson, *La Mort Baudelaire*, Neuchâtel, La Baconnière, 1982, p. 87-88; Richard Stamelmam, *Lost beyond telling*, Cornell University Press, 1990, pp. 49-69; Jean Starobinski, *La Mélancolie au miroir*, Julliard, 1989, pp. 56-77.

[40] «Le Cygne», O.C. I, 85-86, v. 9-12.

[41] Le «camp de baraques» dénote les baraquements provisoires destinés aux ouvriers du chantier du «nouveau Carrousel», tels qu'ils apparaissent par exemple sur la photographie de Baldus intitulée *Travaux du Louvre*, vers 1852, figurant aux pages 146-47 du catalogue de l'Exposition *Baudelaire/Paris* organisée à la Bibliothèque Historique de la Ville de Paris, du 16 novembre 1993 au 15 février 1994. Mais ce même «camp de baraques» connote aussi les lotissements délabrés et insalubres du quartier du Doyenné qu'on finissait de démolir en cette même année 1852 pour faire place, précisément, au «nouveau Carrousel». (Pour une description plus détaillée de ce quartier, voir Seymour O. Simches, *Le Romantisme et le goût esthétique du XVIIIe siècle*, Paris, P.U.F, 1964, chap. IV.)

apparaît pourtant moins en réalité qu'en esprit: en tant que «tableau» allégorique de la confusion où son écriture plonge un sujet lui aussi en transition, à la fois «lui-même et autrui»[42], à cheval entre le passé et l'avenir.

En s'exclamant que «Paris change!», Baudelaire fait l'éloge d'une dynamique urbaine dans laquelle il voudrait être pris mais à laquelle sa mélancolie l'empêche de participer pleinement. A la différence du poète, la capitale ne craint pas la modernité. Tel un personnage héroïque et exemplaire, elle ose aller de l'avant et inciter ses habitants à briser eux aussi leurs attaches. En ajoutant aussitôt que «rien dans (sa) mélancolie n'a bougé!», Baudelaire incrimine l'inertie réactionnaire d'une humeur statique qui fige l'être en statue. Loin de vanter l'état mélancolique, cette deuxième exclamation dénonce une condition qui rend les souvenirs moins solides que pesants, ainsi qu'il apparaît au dernier vers de la strophe: «Et mes chers souvenirs sont plus lourds que des rocs»[43]. Dès lors qu'ils sont comparés à des rocs, les souvenirs apparaissent opprimants et l'adjectif «chers» qui les accompagne est lourd lui aussi d'une ironie que le poète tourne contre lui-même, pour se moquer et se punir d'un attachement contraignant[44].

Pour mieux comprendre cette strophe, on pourrait provisoirement toucher à ses vers, les opposer deux à deux par la simple permutation de deux syntagmes, comme suit:

> «Paris change! *tout pour moi devient allégorie,*
> Palais neufs, échafaudages, blocs, vieux faubourgs,
> *Mais rien dans ma mélancolie n'a bougé!*
> Et mes chers souvenirs sont plus lourds que des rocs.»

---

42 «Le poète jouit de cet incomparable privilège, qu'il peut à sa guise être lui-même et autrui» («Les Foules», *Le Spleen de Paris*, O.C. I, 291).

43 A la place de «Et», on s'attendrait plutôt à un «Mais», que vient interdire la redondance euphonique du possessif qui suit («mes»).

44 Dans le «Spleen» qui commence par «J'ai plus de souvenirs que si j'avais mille ans.» (O.C. I, 73), le poète exprime déjà sa lassitude devant des souvenirs qui l'oppriment et le vieillissent.

Cette permutation souligne une opposition radicale entre l'expression allégorique (liée au changement de Paris) et la dépression mélancolique (liée au vieux Paris). Par son dynamisme, la cité moderne exhorte le poète à «tout» voir désormais dans une nouvelle lumière, hors de l'ombre portée par le souvenir sur la modernité du présent. Au regard mélancolique exclusivement tourné vers le passé, la ville oppose et propose ici une perspective allégorique où l'ancien et le nouveau apparaissent pêle-mêle[45]. A mesure que «tout (pour lui) devient allégorie», le poète s'avère capable de voir tout ensemble les «vieux faubourgs» et les «palais neufs», dans une vision surtout mentale qui, on l'a vu, lui fait embrasser à la fois «le vieux Paris» et «le nouveau Carrousel». Au regard de cette nouvelle vision, «Paris change»: les «vieux faubourgs» deviennent des «palais neufs», comme si «tout» apparaissait désormais non dans son être mais dans son devenir, comme une allégorie[46] du changement même.

L'écriture allégorique, chez Baudelaire, apparaît satisfaire à une exigence moins esthétique que psychologique: elle lui permet de surmonter sa dépression en rivalisant par le style avec une ville toujours changeante. Si «Paris change», c'est d'abord dans le présent historique d'une modernité ou modernisation dont le poète est témoin dans les années 1850. Mais c'est aussi dans le présent universel d'un devenir permanent dont Paris est la figure, vivante prosopopée qui se donne à lire de surcroît comme le modèle même de l'écriture du «Cygne». Les mythes qui apparaissent dans ce poème s'inscrivent dans un présent permanent où ils n'ont pas le temps de se figer, pris qu'ils sont dans la ronde sans fin d'un

---

[45] C'est la définition implicite de l'allégorie que Benjamin, à propos de Méryon, avance dans *Le Paris du second Empire chez Baudelaire*: «Car chez Meryon aussi l'antiquité et la modernité s'interpénètrent; chez Méryon aussi on retrouve indiscutablement la forme propre à cette superposition, l'allégorie.» (in *Charles Baudelaire, un poète lyrique à l'apogée du capitalisme*, trad. Jean Lacoste, Paris, Petite Bibliothèque Payot, pp. 126-7).

[46] *Allégorie* est mis ici à la place de *métaphore*, conformément à la logique même du «Cygne». Dans son acception traditionnelle, on le sait, l'allégorie a une dimension narrative qui manque à la métaphore. Mais puisque «tout», pour Baudelaire, «devient allégorie», cette dernière excède ici ses limites pour empiéter sur le domaine non-narratif traditionnellement réservé à la métaphore.

carrousel toujours nouveau. Selon Nathaniel Wing, on l'a vu, le mouvement infini de la représentation allégorique viendrait d'un effort toujours recommencé pour donner au langage un sens stable et permanent que ce langage est incapable de contenir[47]. Et pourtant, c'est toujours le même sens ou sentiment mélancolique que dénotent ou connotent sans fin les allégories toujours changeantes du poème, que ces figures proviennent de la littérature (Andromaque, l'homme d'Ovide, le cygne) ou de la vie (la négresse, les orphelins, les matelots, les prisonniers, les vaincus, etc.). Loin de poursuivre un sens qui le fuit, Baudelaire cherche à fuir un sentiment qui le poursuit, et auquel il ne s'attarde qu'afin de mieux s'en détacher. Sous le signe de Victor Hugo, vivant dédicataire érigé dès l'exergue en allégorie de l'exil, le poème déroule une chaîne composite d'exilés eux aussi mélancoliques, mais dont la mélancolie est comme conjurée et vaporisée par le mouvement même qui les emporte[48]. Par leurs transformations successives, ces figures de la mélancolie composent une suite hétéroclite qui correspond très bien à la «métamorphose journalière des choses extérieures» que l'artiste, selon *Le Peintre de la vie moderne*, doit s'attacher à croquer avec une «vélocité d'exécution» égale au «mouvement rapide» de la vie urbaine: «mais il y a dans la vie triviale, dans la métamorphose journalière des choses extérieures, un mouvement rapide qui commande à l'artiste une égale vélocité d'exécution»[49]. Tout comme la cité moderne, le peintre-poète[50] produit lui aussi, à sa façon, un «bric-à-brac confus» de formes disparates. Faisant rimer et rythmer son poème avec une ville dont il devient ainsi l'émule, il

---

[47] «Allegory thus inscribes the impossibility of figurative language to contain what it would hold.», *The Limits of Narrative*, p. 17.

[48] Par sa mise en exergue, Victor Hugo se détache des figures auxquelles il préside. Il s'y rattache pourtant par sa pose d'exilé mélancolique. Une affinité secrète le relie en outre à la Veuve d'Hector, avec qui il partage les mêmes initiales (Je remercie Jean-Yves Pouilloux de m'avoir signalé ce détail). Par sa position ambiguë, Victor Hugo fait figure du poète que devient ici Baudelaire, qui se détache lui aussi des figures auxquelles il est simultanément attaché.

[49] *Le Peintre de la vie moderne*, O.C. II, 686.

[50] Le «peintre de la vie moderne», dans l'essai du même nom, apparaît en effet comme la figure du poète. C'est ce qu'on verra dans la troisième partie, dans un chapitre consacré au «peintre-poète».

répond par l'écriture au «mouvement» dont cette ville lui offre le spectacle et dont elle lui «commande» le tableau.

En tant que «tableau parisien», «Le Cygne» reflète certains aspects discordants de la capitale. Mais la confusion est encore plus grande dans le poème qu'à Paris. Si Baudelaire rencontre Andromaque, c'est moins à Paris que dans un poème où se rencontrent de surcroît Paris et Andromaque. En associant cette veuve antique à une ville moderne, Baudelaire crée un choc supplémentaire qui vient s'ajouter à ceux que provoque la modernisation de Paris. Dans les surprises poétiques que le poète juxtapose ainsi aux chocs qu'il reçoit, Walter Benjamin voit une parade, un moyen de défense contre les coups d'une existence aliénante: «Baudelaire, poète, reproduit dans les feintes de sa prosodie les chocs et les coups que ses soucis lui donnaient, comme les cent trouvailles par lesquelles il les parait»[51]. Dans cette interprétation, la prosodie apparaît tributaire d'une ville agressive qui force le poète à lui répondre coup pour coup. Dans un environnement hostile à l'homme, l'écriture offrirait une protection salutaire, elle serait un moyen héroïque de résister et de survivre à une urbanisation déshumanisante. Sans nier que la capitale soit partiellement responsable des «soucis» du poète[52], on s'aperçoit pourtant qu'elle lui réserve aussi des surprises positives qui stimulent son inspiration. Dans ses «plis sinueux», lit-on dans «Les Petites vieilles», «tout, même l'horreur, tourne aux enchantements»[53]. Par ses contrastes enchanteurs, la *vieille* capitale *moderne* s'offre au poète comme un modèle, non comme un repoussoir. Elle l'incite à produire à son tour, dans sa poésie, certaines rencontres heureuses: certaines «trouvailles» capables de

---

[51] *Charles Baudelaire: un poète lyrique à l'apogée du capitalisme*, trad. Jean Lacoste, Paris: Petite Bibliothèque Payot, p. 103.

[52] La ville, ses rues et ses faubourgs sont très souvent décrits en termes négatifs. Dans «A une passante», par exemple, le poète entend «La rue assourdissante» «hurler» autour de lui (O.C. I, 92, v. 1). Dans «Les Petites vieilles», les «omnibus» font entendre leur «fracas roulant» (O.C. I, 89, v. 10). Outre cette pollution sonore, la ville pollue aussi l'atmosphère. Dans «la triste rue» où apparaissent «les sept vieillards», par exemple, «Un brouillard sale et jaune inondait tout l'espace» (O.C. I, 87, v. 5 et 9).

[53] O.C. I, 89, v. 1-2.

«parer» non les secousses de la modernité mais les torpeurs de la mélancolie.

En conduisant d'Andromaque (v. 1) à Paris (v. 29), ce poème-diptyque passe d'un volet antique à un volet moderne, dans un mouvement inspiré par la transformation du «vieux Paris» en «nouveau Carrousel». Mais ce contraste entre les deux parties du poème est comme effacé, ou du moins brouillé par sa présence même au sein de chaque partie. Alors même qu'on s'attend, au début de la deuxième partie, à voir Paris triompher d'Andromaque, celle-ci revient opposer sa mélancolie au changement incarné par celui-là. Ce retour d'Andromaque, aux vers 36-37, réintroduit la confusion au point même où elle tendait à se dissiper. A l'inverse, on s'aperçoit rétrospectivement que certains signes du changement parisien étaient déjà présents aux vers 9-12, confondus aux vestiges du passé[54]. Derrière son apparente symétrie, le poème cache un «bric-à-brac» savamment «confus», un écheveau inextricable de figures antiques et modernes. Malgré le progrès linéaire (de l'antiquité vers la modernité) suggéré par la position symétrique d'Andromaque et de Paris, ces deux figures sont ainsi disposées pour souligner surtout leur confrontation permanente. Dans un face à face de tous les instants, ces deux allégories sont engagées dans un combat lui-même allégorique d'un conflit, au sein du poète, entre mélancolie et modernité.

Tout au long du «Cygne», Baudelaire se penche sur des figures mélancoliques penchées sur leur passé. Loin d'exprimer un deuil personnel, il médite sur le deuil des autres. En se faisant ainsi le voyeur de ses personnages, il vit la mélancolie non pas directement, comme eux, mais par procuration, c'est-à-dire par allégorie. Par sa dimension allégorique, la vision du poète se distingue d'une façon essentielle de la vision simplement mélancolique de ses personnages. Là où celle-ci transpose dans le passé toute expérience présente, celle-là transpose dans l'imaginaire toute expérience actuelle (présente ou passée). Etre mélancolique comme le cygne ou Andromaque, c'est ne pas pouvoir vivre ici et maintenant sans être aussitôt transporté jadis et ailleurs; c'est être poursuivi jusque

---

[54] Comme on l'a déjà vu.

dans le présent par l'image du souvenir. Excédant par ses transports «sublimes» sa «ridicule» condition d'exilé, «impuissant» par le corps et «excessif» par l'esprit, le cygne a des «gestes fous». Il est rendu hystérique par sa mélancolie, par son «désir sans trève» de vivre dans un passé qui n'est plus. Lorsqu'il «pense à (son) grand cygne» mélancolique, le poète devient lui aussi hystérique. «(Cette) image m'opprime», dit-il, elle lui remonte dans la gorge et l'oppresse comme une «boule ascendante et asphyxiante». Mais si le poète et le cygne sont affectés du même «trouble», ce n'est pas pour les mêmes raisons. Là où le cygne est hystérique par mélancolie (opprimé par l'image de son passé), le poète, lui, est hystérique par allégorie (opprimé par l'image du cygne). Cette distinction est essentielle, me semble-t-il, car elle aide à cerner l'expérience poétique. Dans l'espace où Baudelaire s'enferme pour écrire, la mémoire n'existe pas pour rappeler des images du passé (comme c'est le cas pour le cygne), mais pour rappeler des mythes. Devant les «Petites vieilles» d'un autre «tableau parisien», Baudelaire est à nouveau fasciné par l'image d'un passé qui n'est pas le sien:

> «Sombres ou lumineux, je vis vos jours perdus;»[55]

Ces «jours perdus» des petites vieilles, de même que «le beau lac natal» du cygne, sont des images vécues par d'autres. Pour le poète, c'est l'image d'un passé qui n'est pas le sien, l'image d'une image vécue par un autre: un mythe de la mélancolie. Avec l'allégorie, le poète se sent «opprimé» par des images non pas mélancoliques, mais mythiques; il se sent possédé par un «mythe étrange et fatal».

Dans l'écriture allégorique, le sujet revoit ses «jours perdus» à travers ceux des autres. Sa vision perd tout ancrage dans une expérience unique et personnelle et ses «images», dès lors, «l'oppriment». Le symptôme hystérique surgit ici de l'altérité des images, mais aussi de l'effet kaléidoscopique que produit leur succession rapide. Dans la deuxième partie du poème, le sujet se perd dans un tourbillon d'«images» qui se succèdent et s'effacent de plus en plus vite, comme en témoigne la fréquence croissante du

---

[55] «Les Petites vieilles», in *Les Fleurs du mal*, O.C. I, 91, v. 78.

verbe «je pense»[56]. Chaque image en évoque une autre, «et puis» une autre, et «bien d'autres encore», dans un mouvement sans fin ni frein qui laisse le poème — et le poète — en suspens. Suspendu à la chaîne de ses figures, Baudelaire perd toute identité fixe pour devenir «poète», poète exilé de soi par sa propre écriture. Dans cette optique, le sentiment d'exil parisien existe surtout *après* l'allégorie qui le suscite. Il faudrait même dire, au sens proprement pictural, qu'il existe *d'après* les allégories de ce «tableau parisien» qu'est le poème intitulé «Le Cygne», «tableau» où l'exil parisien apparaît lui-même comme l'allégorie d'un autre exil, véritable référent du poème: l'écriture où s'enferme le poète. Ce n'est pas la condition mélancolique de Baudelaire qui lui fait penser à Andromaque: c'est de penser à Andromaque qui lui révèle la condition de son *moi lyrique*, moi qui s'écrit dans ce poème et qui, pour s'écrire, a besoin de s'exiler dans les signes. A travers ces signes où il se retrouve toujours autre, Baudelaire s'exile toujours plus avant dans un espace poétique où la mélancolie personnelle est comme vaporisée par sa condensation même en figures toujours changeantes.

---

[56] Dans la seule deuxième partie, «je pense» est entendu trois fois (v. 34,41,51) et sous-entendu sept fois devant la préposition «à» (v. 36,45,46,48,52).

Troisième partie

LES ARTISTES BAUDELAIRE

I

LE PEINTRE-POÈTE

Chez Baudelaire, la mélancolie s'exprime souvent par des figures de femmes, que ce soit en peinture ou en littérature. La «mélancolie inguérissable» que le poète relève chez les femmes de Poe, il la retrouve en effet dans les femmes de Delacroix:

> «Dans plusieurs [tableaux de Delacroix] on trouve, par je ne sais quel constant hasard, une figure plus désolée, plus affaissée que les autres, en qui se résument toutes les douleurs environnantes; ainsi la femme agenouillée, à la chevelure pendante, sur le premier plan des *Croisés à Constantinople*; la vieille, si morne et si ridée, dans *Le Massacre de Scio*. Cette mélancolie respire jusque dans les *Femmes d'Alger*, son tableau le plus coquet et le plus fleuri.»[1]

Pour Baudelaire, la mélancolie respire par les femmes, elle ne s'incarne jamais mieux que dans ces figures féminines «en qui se résument toutes les douleurs environnantes». De toutes les douleurs, c'est la «douleur morale» qui retient surtout le poète, douleur morale définie comme «cette haute et sérieuse mélancolie» dont resplendissent les femmes de Delacroix:

> «Presque toutes [ses femmes] sont malades, et resplendissent d'une certaine beauté intérieure. [...] C'est non seulement la douleur qu'il sait le mieux exprimer, mais surtout, — prodigieux mystère de sa peinture, — la douleur morale! Cette haute et sérieuse mélancolie brille d'un éclat morne, même dans sa couleur, [...]»[2]

Baudelaire s'appesantit lui-même douloureusement sur la douleur morale de ces femmes affaissées que leur dépression élève, par

---

[1] *Salon de 1846*, O.C. II, 440.

[2] Id., p. 440

un paradoxe de l'hystérie, à une haute et sérieuse mélancolie. Ces femmes touchent le poète en tant que «se résument» en elles «toutes les douleurs environnantes», c'est-à-dire en tant que «figures» emblématiques de la douleur universelle[3]. Ce qui arrête Baudelaire dans la peinture de Delacroix, c'est moins la mélancolie des figures que des figures de la mélancolie. Il est sensible à des figures plus désolées que les autres, types exemplaires d'une désolation abstraite vidée de toute teneur particulière, réduite à sa plus haute et sérieuse expression.

Le contexte historique (croisades, massacres, etc.) où souffrent ces figures est un simple cadre, horizon bien insignifiant au regard d'une douleur morale qui se dégage et s'élève bien loin des simples douleurs physiques causées par la guerre. La preuve en est que «cette mélancolie respire jusque dans les *Femmes d'Alger»*, tableau «coquet» et «fleuri» qui n'a par conséquent rien à voir avec la guerre et ses horreurs. Les scènes dépeintes par Delacroix n'ont rien de commun non plus avec aucune expérience dont elles réveilleraient l'écho dans la vie du poète. Baudelaire n'est allé dans aucun des lieux représentés par les tableaux qu'il cite. Ces tableaux ne ressuscitent pas des souvenirs douloureux: ils suscitent l'allégorie du Souvenir douloureux, son emblème universel dégagé de tout anecdotisme. Si la mélancolie est «haute et sérieuse», c'est qu'elle échappe à la trivialité d'une tristesse trop particulière.

Delacroix se distingue surtout, aux yeux de Baudelaire, par sa «maîtrise de la douleur»[4]. Son grand art consiste à maîtriser la douleur, à l'extraire de la gangue inépuisable de ses manifestations

---

[3] La douleur de ces femmes est d'autant plus grande qu'elles semblent s'abstraire des douleurs ambiantes pour mieux les partager par la sympathie. En s'élevant bien loin de toute douleur particulière, elles se transforment en archétypes de la douleur universelle. Leur «douleur morale» est une «haute mélancolie» provoquée par le spectacle de douleurs (physiques) dont elles sont détachées. Si ces figures sont «désolées», c'est d'être isolées de la douleur physique des autres. Ainsi, la «douleur morale» apparaît comme une douleur seconde: douleur causée par le spectacle ou la pensée des douleurs (physiques) universelles. Du même coup, on peut bien dire que la «douleur morale» ressentie par Baudelaire est deux fois seconde. Devant les femmes de Delacroix, il se prend de sympathie pour la sympathie qui prend ces femmes à la vue des horreurs dont elles sont témoins.

[4] «et digne successeur des vieux maîtres, il a de plus qu'eux la maîtrise de la douleur, la passion, le geste!», *Salon de 1846*, O.C. II, 441.

particulières pour n'en retenir que l'essence abstraite. Or cette maîtrise de l'abstraction revient avant tout au poète. Lui surtout excelle à exprimer la douleur morale dans des figures d'une mélancolie exemplaire, telle par exemple Andromaque dans «Le Cygne». Si l'on en croit Jules Buisson, Delacroix aurait été irrité par cette «manie crépusculeuse» de Baudelaire, par sa tendance à voir tout en noir, «à trouver dans sa peinture je ne sais quoi de malade, de manque de santé, la mélancolie opiniâtre, le plombé de la fièvre, la nitescence anormale et bizarre de la maladie. — 'Il m'ennuie à la fin', disait-il»[5]. L'agacement de Delacroix confirme que la «maîtrise de la douleur» est moins le fait du peintre que celui du poète. Le fait du peintre, c'est la maîtrise de la *couleur*. En bon poète, Baudelaire se laisse ici leurrer par la proximité des deux signifiants. Il traduit la couleur en douleur, passe de l'une à l'autre par un glissement paronymique qui montre que son œil est guidé surtout par des figures grammatologiques. Baudelaire confond «douleur» et «couleur» dans une paronomase lumineuse qui éclaire surtout le travail du poète. Ce qui ennuie profondément Delacroix, c'est que le jugement de Baudelaire est déplacé, portant non sur le peintre et sa couleur mais sur le poète et sa douleur. A travers l'art de Delacroix, Baudelaire découvre un art poétique qui éclaire et reflète sa propre démarche: dans la foule des douleurs humaines, le poète ne recherche et ne voit que des figures abstraites, des spectres allégoriques de la douleur.

Dans son *Salon de 1846*, Baudelaire qualifie Delacroix de «poète en peinture», par contraste avec Hugo, qui, lui, n'est que «peintre

---

[5] Propos rapportés par Jules Buisson, ami de jeunesse de Baudelaire, à Eugène Crépet, en 1886. (Cité par Claude Pichois in O.C. II, 1376). Ces propos attribués à Delacroix par Jules Buisson reprennent parfois littéralement certaines formulations de Baudelaire lui-même, telles qu'on les trouve dans l'*Exposition universelle (1855)* : «On dirait qu'elles (les femmes de Delacroix) portent dans les yeux un secret douloureux, impossible à enfouir dans les profondeurs de la dissimulation. Leur pâleur est comme une révélation des batailles intérieures. [. . .] ces femmes malades du coeur ou de l'esprit ont dans les yeux le plombé de la fièvre ou la nitescence anormale et bizarre de leur mal, dans le regard, l'intensité du surnaturalisme.» (O.C. II, 594). L'expression de «manie crépusculeuse» vient elle-même de Baudelaire, non de Delacroix. On la trouve en effet dans «Le Crépuscule du soir», l'un des *Petits poèmes en prose* (cf. O.C. I, 312).

en poésie»[6]. Il revient sur cette idée dans le *Salon de 1859* où Delacroix lui apparaît à nouveau, et plus clairement encore, comme «le type du peintre-poète»[7]. En voyant le poète dans le peintre qu'est Delacroix, Baudelaire ne cherche pas à ramener le peintre au poète, dans un geste narcissique inspiré par le sentiment de sa supériorité. Bien au contraire, il cherche à *se comprendre* dans des figures qu'il partage avec d'autres. Ainsi, dans les femmes qu'il admire, on l'a vu, Baudelaire découvrait le type du «poète hystérique» qu'il devient à travers elles. Dans les artistes qu'il aime, de façon parallèle, il découvre «le type du peintre-poète» qu'il devient à travers eux. A travers «le peintre-poète», Baudelaire s'identifie à un type d'artiste inédit, créature hybride marquée au cœur par un douloureux trait d'union. Ce trait paradoxal réunit tout en séparant, il rattache tout en marquant une distance. Marquer ainsi l'union du peintre et du poète, c'est remarquer leurs différences bien plus qu'opérer leur fusion. Baudelaire cherche à vivre de et dans la différence qui s'ouvre ainsi, au sein de lui-même, entre deux états de sa conscience. Ce goût d'une vie double et intermédiaire semble inspiré par cette manie que Delacroix prête au poète, «manie crépusculeuse» qui le fait vivre entre chien et loup, à la fois même et autre, dans une perpétuelle «agitation figée» — pour reprendre, autrement, la formule de Benjamin[8].

Le peintre et le poète se différencient par un même trait, marque grammaticale qui souligne bien plus qu'elle ne suspend leur différence. Cette différence des «semblables» se remarque à d'autres traits grammatologiques, à certains lapsus de plume, par exemple, dûs à l'attraction qui porte l'un vers l'autre ou l'un à la place de l'autre des termes morphologiquement proches. En se ressemblant à une lettre près, certains paronymes révèlent une identité qui tient à leur différence. Ainsi qu'on l'a vu, la maîtrise du poète apparaît à

---

[6] O.C. II, 431-32.

[7] O.C. II, 631. Cité aussi dans *L'Oeuvre et la vie de Delacroix* (O.C. II, 751) où Baudelaire reprend et cite son *Salon de 1859*.

[8] Cf. Walter Benjamin, *Charles Baudelaire, un poète lyrique à l'apogée du capitalisme*, trad. Jean Lacoste, Paris, Petite Bibliothèque Payot, pp. 104 et 222. On y reviendra.

Baudelaire à travers celle du peintre, dans un lapsus qui lui fait prendre la couleur pour la douleur. Dans les *Paradis artificiels*, c'est l'ivresse du Hachisch qui favorise le retour de ces lapsus paronymiques. Sous l'influence de cette drogue, «les plus grossiers papiers peints» se transforment en «splendides dioramas», spectacles qui transforment le spectateur en un «peintre-poète» implicite puisque «la sinuosité des lignes» y apparaît comme «un langage définitivement clair où vous lisez l'agitation et le désir des âmes»[9]. Le langage qui transparaît ici en peinture ressort de signes inscrits dans des «lignes». Comme il en fait lui-même la remarque à propos des tableaux de Liès qu'il a vus à l'Exposition de 1855, non loin d'autres tableaux peints par Leys, le jeu paronymique apparaît à Baudelaire comme «un de ces jeux intelligents du hasard»:

> «Presque le même peintre, presque le même nom. Cette lettre déplacée ressemble à un de ces jeux intelligents du hasard, qui a quelquefois l'esprit pointu comme un homme.»[10]

En prenant les «lignes» pour des signes, Baudelaire est le jouet d'un hasard plein d'intelligence. Par ce hasard à l'esprit pointu, la peinture lui apparaît comme un langage qui lui permet, à nouveau, de se voir poète à travers le peintre.

Ces lignes qui sont aussi des signes apparaissent très bien dans les croquis de Constantin Guys. Chez cet artiste hybride à qui «la faculté de voir» a été donnée en même temps que «la puissance d'exprimer», le croquis est à mi-chemin de la peinture et de l'écriture:

> «Mais le soir est venu. C'est l'heure bizarre et douteuse où les rideaux du ciel se ferment, où les cités s'allument. [...] Non! peu d'hommes sont doués de la faculté de voir; il y en a moins encore qui possèdent la puissance d'exprimer. Maintenant, à l'heure où les autres dorment, celui-ci est penché sur sa table, dardant sur une feuille de papier le même regard qu'il attachait tout à l'heure sur les choses, s'escrimant avec son crayon, sa plume, son pinceau, faisant

---

9 *Paradis artificiels*, O.C. I, 430.

10 *Salon de 1859*, O.C. II, 651.

> jaillir l'eau du verre au plafond, essuyant sa plume sur sa chemise, pressé, violent, actif, comme s'il craignait que les images ne lui échappent, querelleur quoique seul, et se bousculant lui-même. Et les choses renaissent sur le papier, naturelles et plus que naturelles, belles et plus que belles, singulières et douées d'une vie enthousiaste comme l'âme de l'auteur. La fantasmagorie a été extraite de la nature.»[11]

Dans cette mise en scène fantasmagorique par laquelle Baudelaire se voit, à sa table, en train de tracer les croquis de Constantin Guys, on remarquera d'abord que sa manie crépusculeuse lui a fait choisir le soir, heure bizarre et douteuse la plus propice à l'éveil de cette créature elle-même intermédiaire qu'est le peintre-poète. Si le poète se voit ici dans «le peintre de la vie moderne», c'est qu'il voit la «table» où il écrit dans le «tableau» du peintre. Cette confusion paronymique implique et entraîne une confusion généralisée où l'art graphique ne se distingue plus de l'art poétique, comme si Guys, mieux encore que Delacroix, était le «type» de celui que Baudelaire rêve d'être: «peintre-poète» capable d'œuvrer sur deux tableaux — ou plutôt sur une table et un tableau à la fois. A travers un type d'artiste capable dans un même geste de «voir» et d'«exprimer», artiste pour qui le «pinceau» est un «crayon» traçant des signes qui sont aussi bien des lignes, Baudelaire rêve de faire des poèmes qui soient des croquis, ou plutôt, comme il l'écrit lui-même, des poèmes qui soient «faits de mille croquis», c'est-à-dire de mille allégories où la modernité parisienne est figurée dans ses grandes lignes — dans ses grands signes[12].

Un démon secret — le démon de la paronymie — semble animer et inspirer le peintre-poète, provoquer en lui des court-circuits lexicaux par où les deux arts qu'il pratique simultanément échangent leurs termes, «lignes» venant pour «signes», «douleur» pour

---

[11] *Le Peintre de la vie moderne*, O.C. II, 693-694.

[12] Cf. O.C. II, 702. Ce rêve se réalise au même moment, dans le même essai, par le recours à des métaphores *poétiques*, c'est-à-dire des métaphores qui, tout en s'appliquant à la peinture, renvoient à la poésie. Ainsi, le désir de faire des poèmes qui soient des croquis se réalise dans des inscriptions du genre: «ce poème fait de mille croquis» ou «la terrible poésie d'un champ de bataille» (id., p. 702).

«couleur», «table» pour «tableau»[13], etc. En renvoyant à autre chose que ce qu'on voit écrit, aux termes absents qui ressortent des termes présents, les paronymes font désirer sans cesse l'autre dans le même. Ils provoquent ainsi une violente agitation chez celui qui ne peut voir sans vouloir s'exprimer ni s'exprimer sans chercher à voir. Conduit par un malin génie, le peintre-poète ne cesse de «se bousculer lui-même», cherchant les choses sur le papier et le papier devant les choses. Cet incessant va-et-vient entre les mots et les choses se fait sur place, dans une «agitation figée» par laquelle «la fantasmagorie» est «extraite de la nature». Le désir de l'autre dans le même est une fièvre surnaturelle que certains démons[14] communiquent au «peintre-poète» pour le rendre maître en fantasmagories. Dans l'*Exposition universelle (1855)*, les peintres sont déjà comparés, à travers Delacroix, à des sorciers et des magnétiseurs: «On dirait que cette peinture, comme les sorciers et les magnétiseurs, projette sa pensée à distance»[15]. Dans le même essai, quelques pages plus haut, la peinture en général est assimilée à un art de sorcellerie, «opération magique» qui permet d'«évoquer» des personnages ou des idées:

> «La peinture est une évocation, une opération magique [...], et quand le personnage évoqué, quand l'idée ressuscitée, se sont dressés et nous ont regardés face à face, nous n'avons pas le droit, — du moins ce serait le comble de la puérilité, — de discuter les formules évocatoires du sorcier.»[16]

L'assimilation du peintre à un sorcier se fait ici dans une nouvelle paronomase. Si Baudelaire prend l'un pour l'autre, c'est qu'il prend les formes artistiques pour des «formules» magiques. La paronymie s'avère ainsi l'instrument d'une alchimie verbale qui permet d'évoquer à distance, dans un simple rapprochement de mots, une certaine sympathie entre deux personnages. L'évocation simultanée

---

[13] Et même, on le verra, «s'escrimer» pour «s'exprimer».

[14] Le démon de la paronymie vient s'ajouter ici à celui de l'allégorie. Mais c'est qu'ils sont complices.

[15] O.C. II, 595.

[16] O.C. II, 580.

du peintre et du sorcier (du peintre-sorcier) est le fruit d'une certaine écriture qui confond les *formes* et les *formules*. Si la peinture apparaît magique, c'est à travers la grammaire, par la vertu magique d'une écriture qui elle aussi et surtout apparaît comme une forme de magie. Baudelaire en fait d'ailleurs par deux fois la remarque. Dans les *Paradis artificiels*, il note que sous l'effet du Hachisch «la grammaire, l'aride grammaire elle-même, devient quelque chose comme une sorcellerie évocatoire»[17]. Et dans les *Journaux intimes*, il parle «de la langue et de l'écriture, prises comme opérations magiques, sorcellerie évocatoire»[18]. Ecriture et peinture se rattachent donc par un même trait qui est leur pouvoir d'évoquer les choses au moyen de signes ou lignes, formes ou formules (etc.), c'est-à-dire par des moyens dont la spécificité ressort d'une confusion d'ordre grammatologique. Le «peintre-poète» apparaît du même coup comme une figure allégorique de celui que Baudelaire devient lorsqu'il écrit. En écrivant par allégorie, paronymie ou même en faisant rimer des termes distincts, le poète ne cesse en effet de voir l'autre dans le même et se découvre ainsi lui-même toujours double.

Celui qui *s'exprime* poétiquement *s'escrime* à trouver des paronymes qui, en lui faisant prendre des formules pour des formes, aient cette vertu magique de lui faire voir ce qu'il écrit. Or cette faculté de voir en s'exprimant s'opère en esprit seulement, par la mémoire ou l'imagination. En tant qu'évocation, la mémoire participe de la sorcellerie qui contribue à l'art de peindre comme à l'art d'écrire. «L'art mnémonique» dont il est question dans *Le Peintre de la vie moderne* [19] renvoie certes au peintre qu'est Constantin Guys mais aussi, à travers lui, au poète qu'est Baudelaire. Cet art mnémonique, pourrait-on dire, c'est l'art du «peintre-poète», même si celui-ci n'apparaît pas expressément dans le texte. A propos de Guys, Baudelaire préfère parler de «l'artiste imaginaire que nous sommes convenus d'appeler M.G.; car je me souviens de

---

[17] O.C. I, 431.

[18] *Fusées XI*, O.C. I, 658.

[19] La cinquième partie de l'essai est intitulée «L'Art mnémonique». Cf. O.C. II, 697-700.

temps en temps que je me suis promis, pour mieux rassurer sa modestie, de supposer qu'il n'existait pas»[20]. C'est d'abord pour respecter la modestie de l'artiste que M.G. est ici réduit à ses initiales, ou plutôt à son initiale. Mais par-delà cette convention mutuelle, Guys ne peut que disparaître et se réduire à une simple majuscule dès lors qu'il devient «l'artiste imaginaire», type exemplaire derrière lequel il s'efface en tant qu'artiste réel. L'individu particulier qu'est Constantin Guys n'existe plus dans le type universel qu'est M.G.. Désincarné de son nom, M.G. devient «l'artiste imaginaire», étalon universel où le poète peut prendre la mesure allégorique de soi.

Curieusement, c'est par l'usage de sa mémoire que l'artiste devient imaginaire. Pour Baudelaire, la mémoire est soumise à l'imagination, cette «reine des facultés» qui gouverne l'art du peintre-poète qu'est Delacroix[21]. Peindre de mémoire, c'est s'abstraire de tout modèle particulier pour «traduire» ce qu'on ne voit plus qu'en esprit, sous forme d'image. A vivre ainsi dans des images abstraites de toute réalité, en imagination, on finit par perdre son nom propre. C'est bien ce qui advient à M.G., mais aussi à Baudelaire qui disparaît en tant que tel pour s'identifier désormais à «l'artiste imaginaire» qu'il voit dans cette simple initiale. En s'incarnant en M.G., artiste qui «dessine de mémoire, et non d'après le modèle»[22], Baudelaire découvre que sa propre poésie est elle aussi un «art mnémonique». Quand il peint «les petites vieilles», par exemple[23], il les dessine «de mémoire» lui aussi, vivant leurs jours perdus, des jours qu'il n'a pas connus et qu'il est donc contraint d'imaginer. En précisant que «tous les bons et vrais dessinateurs [...] dessinent d'après l'image écrite dans leur cerveau, et non d'après la nature»[24], Baudelaire se découvre dans un lapsus qui lui fait prendre le peintre pour le poète, l'image peinte pour une «image écrite». Dès lors qu'il s'agit pour

---

[20] O.C. II, 700.

[21] Cf. le chapitre III du *Salon de 1859*, intitulé «La Reine des facultés» (O.C. II, 619-23).

[22] O.C. II, 698.

[23] On le verra plus loin (cf. quatrième partie, chapitre III).

[24] O.C. II, 698.

l'artiste de dessiner de mémoire des images écrites dans son cerveau, son art apparaît métaphorique de l'écriture. Artiste lui aussi mnémonique, *le poète de la vie moderne* trace des images écrites: il écrit les images qu'il a en tête, traduisant en signes les lignes que lui représentent des souvenirs imaginaires.

II

L'ARTISTE PHILOSOPHE

S'exprimer par l'écriture ou la peinture, c'est «s'escrimer» à traduire sous forme de lignes ou de signes ce dont on a gardé une mémoire imaginaire. Dans son portrait de M.G. au travail, Baudelaire nous le montre «dardant sur une feuille de papier le même regard qu'il attachait tout à l'heure sur les choses, s'escrimant avec son crayon, [...] comme s'il craignait que les images ne lui échappent»[1]. L'artiste imaginaire est en butte à des images plus qu'à des choses. Sur sa feuille de papier, il ne voit plus les choses telles qu'elles sont, mais telles que son regard les fige en les fixant. Celui qui s'escrime/s'exprime avec son crayon «darde» sur les choses un regard perçant qui les tue en leur substituant des images. Chaque fois qu'il voit des figures qui lui semblent mélancoliques, y compris dans la peinture de Delacroix, Baudelaire se sent porté à écrire. Non pas par désir d'exprimer sa sympathie pour des douleurs particulières, mais par crainte que ne lui échappe l'image de la mélancolie. Cette image fascinante n'est autre que l'allégorie qui, dans le cas de la mélancolie, subsume et sacrifie toute douleur particulière au signe d'une douleur universelle. En élevant à une puissance mythique ce qui est pris dans le mouvement de l'histoire ou d'une histoire, l'allégorie fige la vie pour l'ordonner selon un cadre plus intelligible. Elle joue ainsi dans l'ordre rhétorique le rôle même du tableau dans l'ordre pictural.

Autrement dit, l'allégorie fait tableau. Et le tableau n'attire que par les allégories qu'il contient en abyme. Chez Delacroix, en effet, Baudelaire est attiré par des femmes que leurs poses exemplaires transforment en «figures», c'est-à-dire en images archétypes: «Dans plusieurs [tableaux] on trouve, par je ne sais quel constant hasard,

---

[1] *Le Peintre de la vie moderne,* O.C. II, 693.

une figure plus désolée, plus affaissée que les autres, en qui se résument toutes les douleurs environnantes»[2]. Comme par hasard, hasard qui n'en est plus un dès lors qu'il s'avère constant, Baudelaire ne voit jamais qu'une figure, toujours la même, comme s'il était fasciné toujours par la même allégorie, par la figure même de l'allégorie. Devant chaque tableau, il tombe en arrêt devant une figure singulière qui lui apparaît elle-même en abyme comme le tableau même de la douleur. L'allégorie fait ainsi figure de tableau au sein des tableaux. A travers la diversité des scènes et des femmes dépeintes par Delacroix, le visage de la douleur prend une valeur ekphrastique[3] qui en fait le portrait même, immuable, détachable, interchangeable, de la Mélancolie. Elle-même tableau, l'allégorie ne s'en distingue pas moins fortement du tableau où elle figure. D'abord par sa valeur d'archétype universel, alors que l'arrière-plan pictural garde un aspect circonstanciel souvent souligné par le titre. Ensuite par sa qualité littéraire ou philosophique, qui en fait une image écrite ou image-idée. Si le tableau peut se passer de son titre, qui ne fait que redoubler la circonstance dépeinte (comme dans *Les Femmes d'Alger* de Delacroix ou même *La Danse des morts en 1848* de Rethel), l'allégorie, elle, est une forme qui tient à un sens, une image où respire une idée — que cette idée reste implicite ou qu'elle soit soulignée par une légende[4].

Dans l'essai qu'il consacre à «l'art philosophique», Baudelaire revient plusieurs fois sur ce double aspect, plastique *et* philosophique, de l'allégorie. En substance, l'allégorie lui apparaît comme cette figure qui consiste à «associer une idée à chaque forme

---

[2] *Salon de 1846*, O.C. II, 440.

[3] Parlant du «discours» dans la *declamatio* de «L'Ancienne rhétorique», voilà comment Barthes, par exemple, dans *L'Aventure sémiologique*, définit l'*ekphrasis* : «Le discours, étant sans but persuasif mais purement ostentatoire, se déstructure, s'atomise en une suite lâche de morceaux brillants, juxtaposés selon un modèle rhapsodique. Le principal de ces morceaux [. . .] était la *descriptio*, ou *ekphrasis*. L'*ekphrasis* est un fragment anthologique, transférable d'un discours à un autre: c'est une description réglée de lieux, de personnages (origine des *topoi* du Moyen Age). Ainsi apparaît une nouvelle unité syntagmatique, le *morceau* « (*L'Aventure sémiologique*, Paris, Seuil, p. 102).

[4] Dans «La Bonne mort» d'Alfred Rethel, par exemple, la légende est soulignée par ces mots: «C'est la fin d'un beau jour». Cf. *L'Art philosophique*, O.C. II, 600.

plastique»[5]. De tous les arts, l'art philosophique est celui où la peinture touche au plus près à la pensée écrite, que Baudelaire ne distingue pas ici de la poésie. A propos des estampes gravées sur bois d'Alfred Rethel (dont *La Danse des morts en 1848*; *La Bonne Mort* et *Première Invasion du choléra à l'Opéra*), Baudelaire parle de «poèmes», expression qui lui semble justifiée «en parlant d'une école qui assimile l'art plastique à la pensée écrite»[6]. Pour assimiler l'art plastique à la pensée écrite (les lignes de la peinture aux signes de l'écriture), l'art philosophique dispose d'allégories poétiques qu'il faut déchiffrer et traduire en légendes: «Il faut, dans la traduction des œuvres d'art philosophiques, apporter une grande minutie et une grande attention; là les lieux, le décor, les meubles, les ustensiles (voir Hogarth), tout est allégorie, allusion, hiéroglyphes, rébus.»[7].

A l'origine de l'essai, «l'art philosophique» sert de repoussoir à un «art pur» que le poète continue de glorifier en tant qu'idéal de cette «école romantique» dont relève Delacroix, son peintre favori. Par son recours à l'allégorie généralisée («tout est allégorie»), l'art philosophique apparaît d'abord comme «une fatalité des décadences» où «l'envie d'empiéter sur l'art voisin» se manifeste comme une tendance malsaine et dégradante:

> «Est-ce par une fatalité des décadences qu'aujourd'hui chaque art manifeste l'envie d'empiéter sur l'art voisin, et que les peintres introduisent des gammes musicales dans la peinture, les sculpteurs, de la couleur dans la sculpture, les littérateurs, des moyens plastiques dans la littérature, et d'autres artistes, ceux dont nous avons à nous occuper aujourd'hui, une sorte de philosophie encyclopédique dans l'art plastique lui-même?»[8]

---

[5] A propos de Chenavard, Baudelaire écrit en effet dans *L'Art philosophique*: «L'amour des bibliothèques s'est manifesté en lui dès sa jeunesse; accoutumé tout jeune à associer une idée à chaque forme plastique, il n'a jamais fouillé des cartons de gravures ou contemplé des musées de tableaux que comme des répertoires de la pensée humaine générale.», O.C. II, 602.

[6] *L'Art philosophique*, O.C. II, 599.

[7] Id., O.C. II, 600.

[8] Id., O.C. II, 598.

Pour Baudelaire, l'introduction d'une sorte de philosophie encyclopédique dans l'art plastique, loin de sceller une alliance productive entre les images et les idées, témoignerait au contraire d'une impuissance des formes à se passer de commentaires. A l'opposé de cet art philosophique verbeux et décadent, l'art pur apparaît comme une forme d'art qui se suffit à lui-même, où rien n'a besoin d'être déchiffré ni même décrit, où formes et couleurs parlent directement à l'âme, sans passer par les mots.

Choqué par la promiscuité qui règne dans les arts des années 1850, Baudelaire s'en prend à l'art philosophique pour rappeler à l'ordre les artistes de son temps, pour les rappeler à cet ordre de l'art pur: «Tout art doit se suffire à lui-même»[9]. Mais le plaidoyer pour l'art pur, dans le cours de l'essai, tourne à la défense de l'art philosophique. Les nouvelles «tendances» introduites par l'art philosophique, en valorisant «le mythe, la morale, le rébus», encouragent «l'effort de l'esprit»[10] et apparaissent dès lors «raisonnables»: «C'est surtout l'école romantique qui a réagi contre ces tendances raisonnables et qui a fait prévaloir la gloire de l'art pur»[11]. Dans un surprenant revirement contre l'art pur, Baudelaire s'en prend ici à une école romantique qu'il accuse implicitement d'avoir réagi (d'une façon réactionnaire) contre des tendances raisonnables. Et c'est au nom de la raison, encore une fois, qu'il en vient pour finir à confesser, bien malgré lui, son admiration pour les artistes philosophes: «Quoique je considère les artistes philosophes comme des hérétiques, je suis arrivé à admirer souvent leurs efforts par un effet de ma raison propre»[12].

Non sans paradoxe, *L'Art philosophique* se termine par un éloge de cela même qui se présente au début comme une «erreur»[13]. Loin d'excommunier ces hérétiques qui confondent l'art et la philosophie,

---

[9] Id., O.C. II, 604.

[10] «L'art philosophique n'est pas aussi étranger à la nature française qu'on le croirait. La France aime le mythe, la morale, le rébus; ou, pour mieux dire, pays de raisonnement, elle aime l'effort de l'esprit.» (O.C. II, 601).

[11] *L'Art philosophique*, O.C. II, 601.

[12] Id., O.C. II, 604.

[13] Id., O.C. II, 599.

Baudelaire les exhorte finalement à «courageusement remonter vers toutes les innombrables et barbares conventions de l'art hiératique»[14]. A vouloir enseigner, l'art didactique s'expose à devoir simplifier — et ainsi à faire «retour vers l'imagerie nécessaire à l'enfance des peuples»[15]. Pour se rendre accessibles à «l'intelligence du peuple», les formes artistiques se figent dans des poses hiératiques dont la signification claire et univoque s'offre à tous comme *l'enfance de l'art.* Pour Baudelaire, la philosophie joue dans l'art hiératique le rôle même que Littré attribue à la religion. Pour Littré en effet, un style hiératique est «un style dans lequel la religion impose à l'artiste des formes traditionnelles». Les contraintes qu'elle «impose» à l'artiste devraient suffire à discréditer une philosophie qui se montre aussi dogmatique que la religion qu'elle usurpe. Or il n'en est rien. Plutôt que de révoquer ces formes traditionnelles qu'il qualifie de «barbares conventions», Baudelaire en vient pour finir à les appeler de ses vœux, à les encourager. Au point qu'on ne sait plus si l'essai vise à défendre l'école de l'art pour l'art[16] contre certaines tendances[17] ayant pour but la réhabilitation de l'art hiéroghyphique, ou s'il n'essaye pas plutôt de mettre à l'épreuve la notion d'art pur au nom duquel se fait le procès de l'art philosophique.

En plusieurs points, le discours revient sur ce qu'il avance, hésite, se reprend et va jusqu'à détruire ce qu'il pose pourtant comme «indestructible»: «l'antinomie de l'esprit poétique pur et de l'esprit didactique»[18] sur quoi il repose. Ainsi, le didactisme en peinture se signale par la qualité littéraire d'œuvres (appelées «poèmes», on s'en souvient) pleines d'allégories plastiques qu'il faut traduire en légendes. Et cette littérarité s'offre en peinture comme l'opposé exact de la pureté qu'on trouve au contraire dans des tableaux où les couleurs parlent directement à l'esprit. En raison de ce partage entre pureté et littérarité, on s'attendrait à ce que Delacroix fasse figure de

---

[14] Id., O.C. II, 605.

[15] Id., O.C. II, 598.

[16] Dans l'essai, «l'art pour l'art» se confond avec «l'art pur».

[17] Comme celles de M. Chenavard, par exemple (Cf. O.C. II, 601).

[18] *L'Art philosophique* , O.C. II, 599.

champion exclusif de l'art pur. Or il en va tout autrement et Baudelaire souligne au contraire, dans l'*Exposition universelle de 1855*, la qualité «littéraire» des tableaux de Delacroix: «Une autre qualité, très grande, très vaste, du talent de M. Delacroix, et qui fait de lui le peintre aimé des poètes, c'est qu'il est essentiellement littéraire»[19]. Delacroix, représentant par excellence de l'art pur, n'est donc pas exempt d'une littérarité qui le rattache aussi à l'art didactique. Du coup, l'«indestructible antinomie» posée en principe par Baudelaire se trouve sérieusement mise en doute, et avec elle la possibilité même d'un art pur de toute littérarité.

La pureté de l'art romantique (d'un Delacroix, par exemple) est entachée par le talent littéraire même qui préside à sa production. Inversement, l'art philosophique n'est pas sans offrir une certaine pureté, rendue elle aussi douteuse par la littérature qui l'accompagne. Dans la suite des tableaux de Janmot intitulée *Histoire d'une âme*, par exemple, l'intention philosophique pourtant lourde n'étouffe pas toute trace d'art pur: «il faut reconnaître qu'au point de vue de l'art pur il y avait dans la composition de ces scènes, et même dans la couleur amère dont elles étaient revêtues, un charme infini et difficile à décrire, quelque chose des douceurs de la solitude, de la sacristie, de l'église et du cloître; une mysticité inconsciente et enfantine»[20]. Touché par un charme infini qui lui semble relever de l'art pur, Baudelaire reproche à Janmot d'avoir accompagné sa peinture d'«une explication en vers» qui la rend «trouble et confuse»[21]. Mais en cherchant lui aussi à décrire ce «quelque chose» qui fait le charme pourtant indescriptible[22] de ces scènes, il se prend à faire lui-même ce qu'il reproche à Janmot. En d'autres termes, il ne peut s'empêcher de confondre à nouveau les deux formes d'art qu'il voudrait opposer.

---

19 *Exposition universelle (1855)*, O.C. II, 596.

20 *L'Art philosophique*, O.C. II, 604.

21 Id., p. 603.

22 A l'état le plus pur (état idéal qui n'existe qu'en principe) ce «charme» est indescriptible. Qu'il apparaisse ici «difficile»--et non impossible--«à décrire», voilà qui en réduit d'emblée la pureté et lui concède «quelque chose» de littéraire.

La raison de l'essai — la défense de l'art pur — se perd à mesure qu'est revalorisé le rôle de la raison dans l'art. Au nom d'une certaine raison, en effet, le discours change de cours, il glisse insensiblement de l'antinomie posée au principe comme «indestructible» vers une autre antinomie qui s'élabore sur les ruines de la première. A mesure que se brouille et se dégrade la distinction entre un art pur et un art philosophique, une autre distinction prend forme et force au sein même de ce dernier. Selon ce nouveau partage, l'art philosophique est valorisé ou dévalorisé selon qu'on y fait bon ou mauvais usage des figures. Aux «accessoires» dont le sens est donné par une légende toute faite, Baudelaire préfère et oppose ceux qui ont besoin d'être traduits et interprétés par un «effort de l'esprit»:

> «D'ailleurs, même à l'esprit d'un artiste philosophe, les accessoires s'offrent, non pas avec un caractère littéral et précis, mais avec un caractère poétique, vague et confus, et souvent c'est le traducteur qui invente *les intentions*.»[23]

Une certaine pureté de caractère poétique n'est donc pas étrangère à l'esprit d'un artiste philosophe, pourvu toutefois que cet esprit, loin de mettre le spectateur devant le sens accompli[24], lui laisse au contraire la liberté d'être le traducteur qui invente *les intentions* de l'artiste.

Aux œuvres d'art où «tout est allégorie», Baudelaire semble préférer celles où «tout devient allégorie»[25], c'est-à-dire celles où la valeur allégorique s'offre au spectateur-traducteur comme quelque chose à créer bien plus qu'à lire. Dans *La Bonne Mort* d'Alfred Rethel, par exemple, le sens d'un oiseau «perché sur le bord de la fenêtre» n'apparaît pas au premier regard avec un caractère littéral et précis. Bien au contraire, le poète s'interroge longuement sur le sens de cet «accessoire»:

---

[23] *L'Art philosophique*, O.C. II, 601.

[24] Tel qu'il apparaît dans des «accessoires» allégoriques de «caractère littéral et précis» comme par exemple «le décor, les meubles, les ustensiles» de ces oeuvres où «tout est allégorie» (déjà cité, O.C. II, 600).

[25] Pour reprendre la célèbre expression du «Cygne».

> «Un petit oiseau s'est perché sur le bord de la fenêtre et regarde dans la chambre; vient-il écouter le violon de la Mort, ou est-ce une allégorie de l'âme prête à s'envoler?»[26]

Dans une œuvre d'art digne de ce nom, l'«accessoire» a besoin de *devenir* l'essentiel, par un effort de l'esprit qui vise à rendre nécessaire ce qui d'abord semble insignifiant. Ainsi, dans le tableau de Rethel, l'oiseau prend une valeur allégorique au terme d'une réflexion en forme d'interrogation qui seule donne du sens à l'œuvre.

Pour être «poétique» et trouver grâce aux yeux de Baudelaire, l'art philosophique doit se composer d'«accessoires» de caractère non pas «littéral et précis», mais au contraire «vague et confus»[27]. Or pour atteindre à cette confusion poétique, l'art doit d'abord s'astreindre à une précision didactique qui le dégrade mais par quoi il doit passer pour «remonter» ensuite «vers l'hiéroglyphe enfantin»:

> «Plus l'art voudra être philosophiquement clair, plus il se dégradera et remontera vers l'hiéroglyphe enfantin; plus au contraire l'art se détachera de l'enseignement et plus il montera vers la beauté pure et désintéressée.»[28]

A un art qui se contente de monter trop simplement vers la beauté pure et désintéressée, Baudelaire oppose et préfère, semble-t-il, un art qui s'efforce de remonter vers un type de beauté qu'on ne peut atteindre sans avoir fait l'épreuve dégradante mais «courageuse» d'une clarté philosophique qui en est la nécessaire voie d'accès. Une certaine traversée des signes philosophiques semble être nécessaire à qui veut trouver la synthèse poétique. Ainsi, loin de dissuader les artistes didactiques de mettre l'art au service de leur enseignement — ce qu'il s'était pourtant promis de faire au début de l'essai — , Baudelaire leur reproche bien plutôt, pour finir, de ne pas aller jusqu'au bout de leur entreprise:

---

[26] *L'Art philosophique*, O.C. II, 600.
[27] Id., p. 601.
[28] Id., p. 599.

> «car ils dessinent très bien, très spirituellement, et s'ils étaient logiques dans leur mise en œuvre de l'art assimilé à tout moyen d'enseignement, ils devraient courageusement remonter vers toutes les innombrables et barbares conventions de l'art hiératique.»[29]

L'art hiératique ici prôné n'est qu'un prolongement logique de l'art philosophique: il apparaît là où la clarté des formes, à force de synthèses et d'abréviations savantes, se retourne en confusion primitive et barbare. «L'artiste philosophe», en tant que type idéal envisagé par Baudelaire, doit remonter vers le point où la plus grande clarté se fait énigme, où l'intelligence et le mythe se rejoignent. Ainsi, le caractère poétique «vague et confus», loin d'être l'antithèse du caractère philosophique «littéral et précis», en est bien plutôt la synthèse optimale, l'expression la plus abrégée possible.

Dans sa défense de «l'art hiératique», Baudelaire semble s'exhorter à suivre lui aussi la voie qu'il indique à d'autres. Ceux qu'il encourage de ses conseils l'aident à se découvrir, à découvrir sa préférence pour une écriture hiératique. La réflexion sur «l'artiste philosophe» informe et éclaire la réflexion sur «le poète», telle qu'elle apparaît par exemple, à propos de Théodore de Banville, dans *Réflexions sur quelques-uns de mes contemporains*:

> «Ensuite, nous observons que tout mode lyrique de notre âme nous contraint à considérer les choses non pas sous leur aspect particulier, exceptionnel, mais dans les traits principaux, généraux, universels. La lyre fuit volontiers tous les détails dont le roman se régale. L'âme lyrique fait des enjambées vastes comme des synthèses; l'esprit du romancier se délecte dans l'analyse. C'est cette considération qui sert à nous expliquer quelle commodité et quelle beauté le poète trouve dans les mythologies et dans les allégories. La mythologie est un dictionnaire d'hiéroglyphes vivants, hiéroglyphes connus de tout le monde. Ici, le paysage est revêtu, comme les figures, d'une magie hyperbolique; il devient *décor*.»[30]

---

[29] Id., p. 605.

[30] «Théodore de Banville», in *Réflexions sur quelques-uns de mes contemporains*, O.C. II, 165.

Le lyrisme en poésie, non sans surprise, se reconnaît à plusieurs traits qui sont ceux-là même du didactisme en peinture. De même que l'esprit philosophique, l'âme lyrique aime les synthèses qui font apparaître les choses «non pas sous leur aspect particulier, [...] mais dans les traits principaux, généraux, universels». Elle aime aussi les hiéroglyphes, signes à la fois vivants et universels («connus de tout le monde»), figures dont la magie hyperbolique n'empêche pas le sens d'être clair et précis comme dans un dictionnaire[31]. A force de synthèses, l'écriture du poète se fait elle aussi hiératique, elle aussi procède par hiéroglyphes dont le sens de plus en plus figé permet pourtant à l'esprit de faire des enjambées de plus en plus vastes. Ces figures dont le sens progresse à mesure qu'elles s'immobilisent dans des poses hiératiques, ce sont les «allégories» mêmes dont Baudelaire admire autant la «commodité» que la «beauté». Par sa commodité, l'allégorie est le moyen d'une écriture dont elle est aussi l'objet, par sa beauté. Chez Baudelaire, l'écriture mobilise des figures qu'elle cherche à immobiliser dans de belles poses. Elle recourt à des signes dont elle réduit le sens à ses grandes lignes.

Bien que l'essai sur Banville porte sur «le poète», le travail de ce dernier y apparaît pourtant là encore dans une métaphore picturale: «Ici, le paysage est revêtu, comme les figures, d'une magie hyperbolique; il devient *décor*». Le paysage qui devient décor apparaît «ici» — par-delà l'univers poétique de Banville auquel renvoie cet adverbe — comme une métaphore du poème où «tout (pour le poète) devient allégorie»[32]. La formule apparaît dans «Le Cygne», poème relevant de *Tableaux parisiens* où la ville se trouve réduite à un «paysage», comme il apparaît dès le premier poème. Par son titre pictural, «Paysage» est à la fois inaugural et didactique. Il introduit des *Tableaux* auxquels il sert de modèle:

---

[31] A la différence de la mythologie, où les hiéroglyphes sont répertoriés dans un «dictionnaire», les hiéroglyphes de la poésie ne sont pas donnés d'avance. Ils sont au contraire inédits et demandent un effort d'interprétation pour être ou plutôt devenir des allégories.

[32] Il en va des oeuvres poétiques comme des «oeuvres d'art philosophiques» où, on l'a vu, «tout est allégorie, allusion, hiéroglyphes, rébus», mais potentiellement seulement puisqu'un effort de «traduction» reste nécessaire pour qu'il en soit ainsi. (cf. *L'Art philosophique*, O.C. II, 600, déjà cité).

«Je veux, pour composer chastement mes églogues,
Coucher auprès du ciel, comme les astrologues,
Et, voisin des clochers, écouter en rêvant
Leurs hymnes solennels emportés par le vent.
Les deux mains au menton, du haut de ma mansarde,
Je verrai l'atelier qui chante et qui bavarde;
Les tuyaux, les clochers, ces mâts de la cité,
Et les grands ciels qui font rêver d'éternité.»[33]

En déclarant d'emblée comment il veut composer ses poèmes, Baudelaire nous apprend d'avance comment lire ses «tableaux parisiens»: comme autant d'«églogues» composées dans le goût de ce premier «paysage» idyllique. Ce poème liminaire n'est pas seulement un poème-programme où l'auteur nous précise ses intentions — affirmant d'abord au présent («Je veux») une volonté que plusieurs projets de rêverie accomplissent ensuite au futur («je verrai», «je fermerai», «je rêverai», etc.). C'est aussi un poème-modèle dont la lecture devrait nous aider à lire le recueil tout entier.

La volonté du poète, affirmée du début à la fin du poème, s'applique à *transformer le paysage en décor*, selon la leçon tirée de l'essai sur Banville. Du titre original («Paysage parisien»), Baudelaire ne retient en 1861 que «Paysage», comme si l'effort pour composer cette églogue en avait rejeté ce qu'il y a de proprement parisien. La modification du titre opère, *performe* un effacement de la référence parisienne qu'on remarque aussi dans et par le poème. Dans la première partie du poème (les huit premiers vers déjà cités), la cité est très présente, même si elle est vue d'un point élevé («du haut de ma mansarde») qui en atténue les détails trop particuliers. Ceux-ci apparaissent pourtant à travers «l'atelier» et «les tuyaux», mais les «clochers» qui les encadrent (aux vers 3 et 7) ont tôt fait d'en lester la ville qui s'élève avec eux vers le ciel, vers «les grands ciels qui font rêver d'éternité». Penché par anticipation sur le spectacle vivant de la cité moderne, le poète se prend très vite, dès le troisième vers, à rêver. Il est comme déprimé d'avance à l'idée de voir la ville «qui chante et qui bavarde» à l'enseigne de cet atelier qui la porte en abyme. Se détournant d'une modernité bavarde et joyeuse, son

---

[33] *Les Fleurs du mal*, O.C. I, 82, v. 1-8.

regard se perd (au vers 8) dans une vision hiératique qui ramène le présent, non le présent transitoire (et donc toujours-déjà futur) de la modernité, mais le présent permanent de l'éternité à laquelle font rêver les grands ciels.

Au début de la deuxième partie, l'éternité dure toujours, si l'on peut dire, dans un présent idyllique («Il est doux») où ce qui reste de la cité («la lampe à la fenêtre», «les fleuves de charbon») est perçu à travers des «brumes» qui en accentuent encore la distance:

> «Il est doux, à travers les brumes, de voir naître
> L'étoile dans l'azur, la lampe à la fenêtre,
> Les fleuves de charbon monter au firmament
> Et la lune verser son pâle enchantement.»[34]

Ce qu'il est doux de voir dans le poème, d'une manière impersonnelle qui implique le lecteur, c'est la façon dont Paris se dissipe et disparaît peu à peu du poème. Au onzième vers, on s'aperçoit en effet que la cité est en train de partir en fumée avec les fleuves de charbon. Telle un décor de théâtre qui s'enlève dans les airs, elle remonte au ciel dont descend alors (au vers 12) un «pâle enchantement» qui vient transfigurer le paysage urbain. Au sein de «l'Idylle» qui se projette ensuite (au futur) sur la scène du poème, il ne subsiste *visiblement* plus aucune trace de Paris. La ville n'est plus présente à travers aucun de ses objets ou spectacles familiers. Mais elle n'a pas disparu pour autant. Elle a été transfigurée, *trans*formée en *figure.* S'étant détourné de la fenêtre d'où il se voyait voir la ville en rêvant, «les deux mains au menton», le poète se voit maintenant occupé à écrire, «le front (à) son pupitre» où Paris lui apparaît désormais sous les traits de «L'Emeute» «tempêtant vainement à sa vitre»:

> «L'Emeute, tempêtant vainement à ma vitre,
> Ne fera pas lever mon front de mon pupitre;
> Car je serai plongé dans cette volupté
> D'évoquer le Printemps avec ma volonté,

[34] Id., p. 82, v. 9-12.

De tirer un soleil de mon cœur, et de faire
De mes pensers brûlants une tiède atmosphère.»[35]

En passant de la première à la deuxième partie, on s'élève non pas de la cité vers le ciel, mais du visible vers l'intelligible. L'antinomie physique posée d'abord, au sein du visible, entre le ciel et la cité se transpose ensuite en une antithèse poétique où «l'Idylle» et «l'Emeute» s'opposent au sein de l'écriture. Au milieu du poème, le poète quitte la fenêtre de sa mansarde pour s'asseoir à son pupitre où il (re)compose en esprit, à grands traits allégoriques, le spectacle qu'il n'a plus sous les yeux. Ce passage à l'écriture est mis en scène non au présent mais au futur, pour bien signifier que le travail poétique porte sur un projet (de la volonté), non sur un objet (de la perception). «Composer» consiste à transposer ce qu'on peut voir en un équivalent qu'on puisse concevoir en rêvant. «L'Emeute» comme «le Printemps» sont évoqués par la volonté de celui qui rêve en écrivant. Parce qu'elle tempête à la vitre, l'Emeute prend l'aspect implicite de l'hiver et s'oppose ainsi d'autant mieux au Printemps en compagnie duquel elle est évoquée. Si l'Emeute tempête «vainement» à la vitre, c'est qu'elle ne peut y apparaître comme telle. En tant qu'allégorie, elle n'a pas de visage propre et ne peut donc se montrer que par catachrèse, sous les traits de l'hiver. Bien qu'elle prenne l'aspect implicite d'une saison, l'Emeute figure aussi la ville dont la rumeur sollicite en vain le poète occupé à écrire. Pour «composer (ses) églogues» et «bâtir dans la nuit (ses) féeriques palais», le poète «(ferme) partout portières et volets»[36], il se barricade contre un environnement hostile auquel il donne une figure synthétique qui n'a pas de visage historique. «L'Emeute» n'est pas l'une des émeutes du dix-neuvième siècle dont Baudelaire a pu être le témoin, elle est la synthèse de toutes les émeutes passées, présentes et à venir. Pour cette raison, on ne peut pas la voir, mais on peut concevoir qu'elle tienne lieu de Paris, qu'elle serve de *lieu commun* à la ville qui en est communément le lieu.

---

[35] Id., p. 82, v. 21-26.
[36] Id., p. 82, v. 15-16.

Dans le cours du poème, la cité se réduit à cette figure de l'Emeute qui évoque l'hiver. D'une façon parallèle, le ciel se réduit à «l'Idylle» qui évoque le «Printemps». Le ciel qu'on voit au début fait rêver d'éternité, éternité qui prend plus loin la figure d'une «Idylle» à laquelle on ne peut à nouveau que «rêver»:

> «Alors je rêverai des horizons bleuâtres,
> Des jardins, des jets d'eau pleurant dans les albâtres,
> Des baisers, des oiseaux chantant soir et matin,
> Et tout ce que l'Idylle a de plus enfantin.»[37]

L'Idylle se laisse rêver à travers des attributs formels qui sont aussi les signes du Printemps. Les jardins, jets d'eau, baisers et oiseaux sont les marques d'un retour (de la flore, de l'eau, de l'amour et de la faune aérienne) qui caractérise le renouveau de la nature au printemps. Ces réalités concrètes signifient d'autant mieux le Printemps qu'elle sont figées — par les articles définis — dans des poses universelles, à la façon des «hiéroglyphes» que Baudelaire analyse dans son essai sur Banville. Dans cet essai, on s'en souvient, les figures deviennent des hiéroglyphes par une «magie hyperbolique» qui transforme aussi le paysage en décor[38]. Cette même magie est à l'œuvre dans «Paysage». Les «jardins», «jets d'eau» et autres hiéroglyphes du Printemps y ont une forme non seulement plurielle mais aussi superlative puisqu'ils figurent parmi «tout ce que l'Idylle a de plus enfantin». L'Idylle se reconnaît donc à des signes printaniers qui ont un caractère enfantin à quoi se reconnaissent aussi les hiéroglyphes. On se souvient en effet que «l'art philosophique», par la clarté dont il est capable, devrait avoir pour objet de «courageusement remonter» vers «l'hiéroglyphe enfantin»[39]. Dans «Paysage», Baudelaire tire un profit poétique de la leçon qu'il donne à «l'artiste philosophe». Remontant à son tour «vers les barbares conventions de l'art hiératique»[40], il s'efforce lui

---

[37] Id., p. 82, v. 17-20.

[38] «Ici, le paysage est revêtu, comme les figures, d'une magie hyperbolique; il devient *décor*.» (déjà cité, O.C. II, 165).

[39] *L'Art philosophique*, O.C. II, 599.

[40] Id., p. 605.

aussi de faire «retour vers l'imagerie nécessaire à l'enfance des peuples»[41].

Parmi les hiéroglyphes enfantins qui composent l'imagerie de l'Idylle printanière, il y a tout d'abord des «horizons bleuâtres» qui sont la forme éternelle et hiératique que prend désormais le ciel. Dans le poème comme dans l'essai sur Banville, le paysage (parisien) devient *décor*: «les grands ciels» de la cité deviennent «les horizons bleuâtres» de l'Idylle. L'adjectif «bleuâtre» convient bien à ces «horizons» hiératiques. Par la touche volontairement imprécise qu'il apporte au tableau, cet adjectif contribue à un effet poétique «vague et confus» qui, comme dans l'art hiératique, est le fruit d'un effort «littéral et précis». Par leur couleur indécise, les horizons rêvés apparaissent suspendus, comme un mirage, dans une tiède atmosphère printanière. C'est à l'aube, semble-t-il, que se profilent ces horizons bleuâtres, à l'heure où le ciel est d'un bleu tirant sur la blancheur des «albâtres»; où l'atmosphère est tiède; où l'Idylle a l'aspect le plus enfantin. Comme les oiseaux y chantent «soir et matin», l'Idylle flotte entre deux temps et donc deux interprétations possibles. Mais la référence à l'enfance (aube de la vie) semble bien situer la scène au matin, par contraste symétrique avec le rêve d'éternité qui se situe au crépuscule, à l'heure où «Il est doux [...] de voir naître / L'étoile dans l'azur,[...] / Et la lune verser son pâle enchantement»[42]. A un enchantement impersonnel qui nous est donné («versé») au soir et au présent par les astres («l'étoile» et «la lune»), le poète oppose une incantation volontaire qu'il fera naître des «féeriques palais» (c'est-à-dire des poèmes) qu'il est capable de «bâtir dans la nuit». Surgi dans et de la nuit, le Printemps est évoqué au moment symbolique où une aube paraît, non avec le soleil naturel mais avec «un soleil» intérieur que le poète «tire de son cœur».

Ce que le poète extrait de son cœur, sans tautologie, c'est un soleil «de son cœur», c'est-à-dire *selon son cœur*. Ce soleil d'élection et de prédilection se lève sur un paysage choisi pour ses qualités matinales, dans un «Paysage» volontairement placé lui aussi à l'aube

---

41 Id., p. 598.

42 Cf. v. 9-12.

de «Tableaux» où toute réalité va être transposée, recomposée en églogues, c'est-à-dire en «pièces choisies» (selon l'étymologie). Aux passions naturelles qu'éveille le printemps, Baudelaire préfère les «pensers brûlants» qu'évoque le Printemps. Il choisit de recomposer le printemps en une allégorie dont il puisse jouir «chastement». Dans une rime éclairante, le poète «tire» la volupté de sa volonté, il retire une jouissance de l'effort même qu'il fait pour «composer» avec la nature et la transposer en tableau. Chez Baudelaire, la transposition même (pour ne pas dire sublimation) est voluptueuse. La pensée est comme érotisée par les transformations qu'elle opère: elle produit des figures qui lui donnent des frissons. Si les figures poétiques sont voluptueuses, c'est qu'elles procèdent d'une volonté orgueilleuse de ne plus jouir par la nature, mais par l'écriture. A la différence d'un Rimbaud, qui ne cherche à jouir que «par la nature», heureux d'être dans la nature «comme avec une femme»[43], Baudelaire veut *jouir de la nature par lui-même.* Loin de vouloir retourner dormir «dans le soleil» naturel, comme «le dormeur du val», il préfère s'envelopper d'une «tiède atmosphère» qui est celle d'un soleil selon son cœur, soleil qu'il tire de ses «églogues» et qui lui apparaît, dès la deuxième (intitulée «Le Soleil»), comme une métaphore du «poète» lui-même:

> «Quand, ainsi qu'un poète, il descend dans les villes,
> Il ennoblit le sort des choses les plus viles, [...]»[44].

A vouloir jouir d'un soleil qui ressemble à un poète, Baudelaire semble vouloir goûter un plaisir narcissique indirect, par figure interposée. Or il n'en est rien, car ce n'est pas *son* image que Baudelaire voit dans le soleil mais *une* image impersonnelle qu'il partage avec d'autres: celle d'«un poète» qu'il n'est pas encore mais qu'il deviendra s'il descend à son tour «dans les villes» pour en faire des *Tableaux parisiens.* Dans ces tableaux où «tout devient allégorie», le moi est lui aussi transfiguré par les figures qu'il produit: il se transmue en une figure impersonnelle. On le remarque

---

[43] C'est ce qu'on voit par exemple dans «Sensation».
[44] Cf. O.C. I, 83, v. 17-20.

en fait dès le premier «tableau». A mesure que le paysage devient décor, la personne devient figure. A l'aide des nombreux possessifs qui scandent la deuxième partie de «Paysage», Baudelaire prend soin de se représenter lui-même au travail, «*son* front» à «*son* pupitre», occupé à bâtir «*ses* féeriques palais» et plongé dans cette volupté «D'évoquer le Printemps avec *sa* volonté, / De tirer un soleil de *son* cœur, et de faire / De *ses* pensers brûlants une tiède atmosphère». Or il se montre ici, à la fin du poème, en train de disparaître, ou plutôt de *passer dans le tableau* qu'il est en train de composer[45]. Avec son cœur et ses pensers, Baudelaire crée, respectivement, un soleil et une atmosphère qui font partie intégrante de l'Idylle. Mais le moyen de la création en est aussi bien l'objet, comme le signale l'ambiguïté de la préposition «de». *A l'aide et à partir de* son cœur (ou de ses pensers), le poète en fait autre chose. Il mobilise ses organes et ses facultés pour opérer sur eux une transmutation qui le transporte dans l'atmosphère idyllique de son églogue. En faisant don de ses organes au tableau qu'il compose, il se découvre «plongé» dans «cette volupté» de participer lui aussi, tout entier, au «Printemps» qu'il évoque.

Malgré son titre, «Paysage» n'est pas un poème bucolique. C'est une églogue didactique dont la leçon recoupe en plusieurs points celle de *L'Art philosophique*. A la différence d'une pastorale traditionnelle, ce poème ne cherche pas à renouer avec une nature que la ville aurait fait perdre au poète. S'élevant loin de la cité, ce dernier ne cherche pas à regagner un ciel où il se sente plus proche de la nature. Bien plutôt, il recherche un point de vue d'où tout, sans exception, se recompose en un tableau. Baudelaire ne préfère pas la nature à la ville, ni la ville à la nature. A la nature et à la ville, il préfère des figures qui en offrent la synthèse par un travail de représentation où sa pensée, sa volonté et son cœur trouvent leur compte. «Paysage» est un *art poétique* qui parle de ce que l'écriture permet de penser, de vouloir et d'aimer. L'élévation du poète n'y est

---

45 «Paysage» vient satisfaire un désir exprimé à la forme interrogative et plurielle dans «L'Invitation au voyage» en prose: «Vivrons-nous jamais, passerons-nous jamais dans ce tableau qu'a peint mon esprit, ce tableau qui te ressemble?» (O.C. I, 303).

pas une pose romantique, mais une posture symbolique de l'écriture où il s'enferme pour tout voir de haut et ne plus rien considérer qu'en esprit. Dans la nuit du monde où le plongent *voluptueusement et chastement* les signes, Baudelaire bâtit des «palais» où vivent des figures féeriques parmi lesquelles il s'apparaît lui-même transfiguré en «poète».

III

L'ARTISTE IMAGINAIRE

En s'efforçant malgré lui de réhabiliter un «art hiératique» qui aurait été peu à peu refoulé et remplacé par «l'art pur», Baudelaire tend à revaloriser et promouvoir une forme d'*art* qui rime avec *barbare*. L'art hiératique lui apparaît barbare dans la mesure où il procède à des «abréviations» qui tendent à réduire la scène représentée à ses grandes lignes, à croquer le réel jusqu'à l'os. Dans ce sens, les croquis de «l'artiste imaginaire» qu'est M.G., dans *Le Peintre de la vie moderne*, sont autant d'exemples implicites de ce à quoi devrait tendre «l'artiste philosophe». L'essai sur Constantin Guys est le complément indispensable de *L'Art philosophique*. On y trouve par exemple, dans la cinquième section consacrée à «l'art mnémonique», une définition du mot «barbarie» qui aide à comprendre comment les «barbares conventions de l'art hiératique» peuvent constituer un idéal artistique. A l'anarchie d'une esthétique mimétique qui force le regard à rester impartial et objectif, soumis aux lois de la nature visible, Baudelaire oppose la barbarie d'une modernité dont le regard mnémonique «synthétique et abréviateur» ne retient de la nature que ses grands traits:

> «Je veux parler d'une barbarie inévitable, synthétique, enfantine, qui reste souvent visible dans un art parfait (mexicaine, égyptienne ou ninivite), et qui dérive du besoin de voir les choses grandement, de les considérer surtout dans l'effet de leur ensemble.»[1]

Non sans paradoxe, la barbarie est comme l'ébauche de la perfection artistique, ébauche encore visible au sein des formes où l'art triomphe de la nature. Loin d'assurer le retour de certains

---

[1] *Le Peintre de la vie moderne*, O.C. II, 699.

instincts naturels irrépressibles, cette barbarie inévitable témoigne au contraire d'un instinct spirituel qui nous porte à voir grandement, d'une façon synthétique. A travers elle s'affirme la perennité d'un besoin à la fois primitif et civilisé de reformer la nature pour échapper à son anarchique tyrannie.

C'est à la tyrannie du détail que l'artiste barbare doit échapper. Il lui faut se défaire de «la volonté de tout voir»[2] et se prémunir contre la multitude anarchique des détails, «qui tous demandent justice avec la furie d'une foule amoureuse d'égalité absolue»[3]. Pour cela, il se détourne de son modèle afin d'en prendre une vue d'ensemble que seule sa mémoire peut lui donner. La barbarie consiste ainsi à «dessiner de mémoire»[4], à oblitérer le visible pour n'en retenir que la trace synthétique laissée dans l'esprit. «Le peintre de la vie moderne» travaille les yeux fermés, pour ainsi dire, à grands coups de pinceaux qui sont autant de coupes violentes infligées aux choses pour qu'en ressorte l'ossature invisible. A travers M.G., Baudelaire propose une esthétique qui consiste à peindre non les choses mais «l'impression produite par les choses sur l'esprit»[5]. Cette même idée revient comme en écho sous la plume de Mallarmé, lorsqu'il prescrit à son tour de «peindre, non la chose, mais l'effet qu'elle produit»[6]. Il reste que «l'effet» produit par l'esthétique mallarméenne est d'une nature intime et ténue qui tranche radicalement avec l'aspect «synthétique et sculptural»[7] de l'impression recherchée par Baudelaire. L'esthétique de ce dernier a surtout en vue des images spectrales, des croquis qui soient à leurs modèles vivants ce que les spectres sont aux corps vifs. La «mnémonique si despotique»[8] qui s'impose à «l'artiste imaginaire» le rend hystérique en le mettant hors de lui, livré malgré lui à un monde d'images-fantômes. Elle lui impose des images synthétiques et sculpturales qu'il lui faut peindre

---

[2] Id., p. 698.
[3] Id., pp. 698-99.
[4] Id., p. 699.
[5] Id., p. 698.
[6] Lettre à Cazalis, octobre 1864.
[7] *Le Peintre de la vie moderne*, O.C. II, 699.
[8] Id., p. 698.

avec une «fureur» hystérique et barbare inspirée par «la peur [...] de laisser échapper le fantôme avant que la synthèse n'en soit extraite et saisie»[9].

Le mot «synthèse» revient souvent sous la plume de Baudelaire. Dans la seule section consacrée à «l'art mnémonique», par exemple, on le rencontre quatre fois en l'espace de trois pages. C'est dire combien ce mot est obsédant, tout comme le mot «barbarie» qui l'accompagne souvent et dont la fréquence excessive, loin d'échapper au poète, fait au contraire l'objet de sa réflexion: «Ce mot *barbarie*, qui est venu peut-être trop souvent sous ma plume, pourrait induire quelques personnes à croire qu'il s'agit ici de quelques dessins informes [...]»[10]. Craignant d'être mal compris, Baudelaire met en garde contre la tentation d'assimiler à une complaisance dans l'informe la barbarie dont il veut parler. Non sans ironie, «beaucoup de gens» pourtant ignorants ou mal intentionnés ne s'y sont pas trompés, qui «ont accusé de barbarie tous les peintres dont le regard est synthétique et abréviateur, par exemple M.Corot [...]»[11]. La barbarie apparaît donc comme l'art de la synthèse, l'art de donner forme à ce qui n'en a pas. Le geste ultime du peintre barbare, on vient de le voir, consiste à *faire la synthèse du fantôme*, à parfaire sur la toile ou le papier, à l'aide d'une épure, l'ébauche encore imparfaite qu'il a en mémoire, ébauche qui est déjà elle-même le produit d'une première synthèse opérée sur les choses par son regard abréviateur. La synthèse apparaît double: elle s'opère en deux temps qu'il convient de distinguer. Dans un premier temps, le regard procède à une *synthèse mnémonique* qui transforme les choses en leur «fantôme» (ou image mentale). Dans un deuxième temps, une *synthèse artistique* s'efforce de donner forme, sur la toile, aux fantômes relativement informes encore qui peuplent la mémoire du peintre.

Non sans surprise, cette double synthèse se trouve illustrée dans «Une Charogne», au détour d'une strophe apparemment déplacée et pourtant centrale pour la pleine compréhension du poème:

---

[9] Id., p. 699.
[10] Id., p. 697.
[11] Id., p. 698.

«Les formes s'effaçaient et n'étaient plus qu'un rêve,
Une ébauche lente à venir,
Sur la toile oubliée, et que l'artiste achève
Seulement par le souvenir.»[12]

En s'effaçant au profit d'un rêve, les formes en décomposition décrivent très bien la *synthèse mnémonique* par quoi le modèle s'efface lui aussi pour n'être plus à la mémoire qu'un fantôme. La décomposition du corps par la nature est une métaphore de la mémorisation du modèle par l'artiste. De même que les formes corporelles se dissolvent au soleil, de même les formes visuelles se défont au regard de la mémoire. Mais la décomposition, dans les deux cas, est aussi bien recomposition, «ébauche lente à venir» qui renvoie au travail de la nature comme à celui de l'artiste. La charogne qui se découvre «au détour d'un sentier»[13] est métaphorique elle-même de cette «toile oubliée» que l'artiste redécouvre et achève par le souvenir. En se réduisant peu à peu à son ossature (elle est en train de «moisir parmi les ossements»[14]), la charogne est le lieu d'une lente et laborieuse ébauche qui décrit très bien la *synthèse artistique* par quoi le souvenir-fantôme cristallise lentement sur la toile avant de prendre une forme achevée.

«L'artiste» dont il est brièvement question dans «Une Charogne» est une première version, synthétique, de «l'artiste imaginaire» analysé dix ans plus tard dans *Le Peintre de la vie moderne* [15]. Que son œuvre soit lente à venir n'exclut pas que cet artiste soit lui aussi possédé, «comme tous les grands artistes»[16], par «la peur de n'aller pas assez vite, de laisser échapper *la charogne* avant que *la forme divine* n'en soit extraite et saisie»[17]. Bien qu'elle ne soit pas

---

[12] *Les Fleurs du mal*, O.C. I, 32.

[13] O.C. I, 31, v. 3.

[14] O.C. I, 32, v. 44.

[15] «Une Charogne» est publiée pour la première fois en 1853. *Le Peintre de la vie moderne* paraît dix ans plus tard dans *le Figaro* (en novembre et décembre 1863).

[16] *Le Peintre de la vie moderne*, O.C. II, 699.

[17] Id., p. 699. Pour souligner le parallèle entre les deux textes, je reprends une formule (déjà citée) du *Peintre de la vie moderne*, y substituant *charogne* à «fantôme» et *forme divine* à «synthèse».

expressément mentionnée dans le poème, la «fureur» panique propre à l'artiste moderne y apparaît pourtant d'une façon indirecte et antithétique, à travers «l'inquiétude» d'une «chienne» qui a été dérangée dans ses œuvres:

> «Derrière les rochers une chienne inquiète
> Nous regardait d'un œil fâché,
> Epiant le moment de reprendre au squelette
> Le morceau qu'elle avait lâché.»[18]

La chienne inquiète sert ici de repoussoir à l'artiste, dont elle est le pendant négatif. Elle est inquiète car elle a peur de laisser échapper le morceau qu'elle a dû lâcher, tout comme l'artiste a peur de laisser inachevée la toile qu'il a dû oublier. Mais à la différence de l'artiste, la chienne ne convoite que la chair corrompue et corruptible, non le squelette imputrescible qui survit à la décomposition. La charogne est ainsi l'enjeu d'une dispute qui s'avère fausse puisque les prétendants au cadavre n'en revendiquent pas les mêmes morceaux. Là où la chienne en veut dévorer la matière, l'artiste n'en veut retenir que la «forme», ainsi qu'il apparaît à la dernière strophe où l'on s'aperçoit en outre d'un glissement par lequel le poète s'est substitué à l'artiste, comme pour en tirer à son profit la leçon:

> «Alors, ô ma beauté! dites à la vermine
> Qui vous mangera de baisers,
> Que j'ai gardé la forme et l'essence divine
> De mes amours décomposés!»[19]

Par ses baisers corrupteurs, la vermine provoque une pourriture qu'elle réduit à mesure en la mangeant. En dévorant ce que le poète ne veut pas garder de ses amours décomposés, elle aide celui-ci à en composer une forme plus pure. A la fois rivale et complice, elle est comme la chienne qui, en nettoyant le squelette de ses chairs putrides, contribue au travail de l'artiste tout en s'y opposant. Ainsi, la vermine est au poète ce que la chienne est à l'artiste. Toutes deux

---

[18] O.C. I, 32.

[19] Id., p. 32.

défigurent la face humaine de la «beauté», effaçant du même coup le détail à la tyrannie duquel le poète comme l'artiste sont soumis[20].

Dans la dernière strophe, la débauche de la vermine aide à l'ébauche du versificateur. Celui-ci se réjouit d'avoir gardé dans ses vers la forme et l'essence divine de ses amours décomposés par les autres vers. Mais cela ne s'est peut-être pas passé. Se projetant dans l'avenir au point où celle qui l'accompagne ne sera plus elle-même qu'une charogne, le poète se réjouit par avance seulement, sans qu'on sache s'il a déjà lieu de le faire. Par rapport à l'impératif «dites», projeté au futur, le passé composé «j'ai gardé» désigne un temps antérieur qu'on a du mal à situer par rapport au présent de l'écriture. Au moment où il écrit, le poète a-t-il achevé ou simplement ébauché son projet? En donnant au passé composé une valeur de futur antérieur, Baudelaire crée dans cette strophe un temps poétique ambigu où l'accompli se distingue mal de l'inaccompli. Hésitant entre le passé et l'avenir, le temps se fige à la fin dans un suspens qui convient bien à la forme désincarnée et flottante qu'y prennent le poète et ses amours. Par son verbe ambigu, le poète cherche à figer et conserver «(sa) beauté», il cherche à lui donner une «forme divine» dont il puisse lui aussi se draper. Car le poète «a gardé» lui aussi, pour lui-même, la «forme divine» que ses vers ont extraite. L'écriture fait non seulement la «synthèse» de l'objet aimé, mais également du sujet lyrique, qui aime se voir lui aussi immortalisé par la beauté qu'il immortalise.

En cherchant à s'auréoler de l'immortalité même qu'il confère à celle qu'il aime, Baudelaire reprend un ancien *topos* qu'on rencontre par exemple chez Ronsard, dans le célèbre sonnet pour Hélène: «Quand vous serez bien vieille, au soir à la chandelle,»[21]. Dans ce poème, le «bruit de Ronsard» rejaillit en «louange immortelle» sur le nom d'Hélène, alors que c'est plutôt l'inverse qui se produit dans «Une Charogne», où la «beauté» immortalisée par Baudelaire lui confère à lui aussi en retour une «essence divine». Baudelaire inverse les rôles que Ronsard assigne au couple du poète et de sa

---

[20] Dans un poème du *Spleen de Paris*, le poète se retranche dans sa chambre pour écrire et échapper ainsi à «la tyrannie de la face humaine» (cf. «A une heure du matin», O.C. I, 287).

[21] *Sonnets pour Hélène* (Livre II), XXIV, in *Les Amours*, Classiques Garnier, pp. 431-32.

dame. Il fait mourir sa belle avant lui pour se flatter de l'avoir fait survivre par ses vers, alors que Ronsard se laisse mourir («Je seray sous la terre...») pour inspirer à son Hélène le regret de n'avoir pas vécu («Vivez, si m'en croyez...»). Les deux poètes ont des desseins diamétralement opposés. Là où Ronsard convoite le corps de celle qu'il incite à se laisser séduire, Baudelaire laisse la vermine «manger de baisers» celle dont il ne veut retenir que «la forme divine».

Dans «Une Charogne», une inversion savante suffit à renouveler et subvertir un vieux cliché poétique. Mais un autre tour plus savant encore contribue à moderniser radicalement ce même cliché. Dans le contexte de la dernière strophe, la forme divine que le poète a gardée est sans aucun doute celle de sa compagne. Mais dans le contexte du poème tout entier, c'est aussi et surtout celle de «l'artiste» dont Baudelaire a retenu l'exemple. Dans cette figure exemplaire qui est la quintessence de plusieurs artistes encore vivants, Baudelaire voit ceux qu'il aime se décomposer et se recomposer en une «essence divine» qui les transcende tous. Et son essence propre de poète lui apparaît à travers cette figure synthétique qu'il partage avec d'autres et où lui aussi perd sa forme particulière. «Mes amours décomposés», au-delà de la femme aimée, ce sont les artistes vivants que le poète aime et qu'il décompose ici en une forme synthétique: celle de «l'artiste» qui lui tient lieu de figure. Celui qui dit «je» à la fin du poème apparaît pour dire qu'il a reçu et «gardé» de son poème une «essence» qui lui donne un *moi synthétique* différent de son *moi biographique*. Ce «je» n'apparaît dans le poème qu'à la fin, pour désigner non Baudelaire mais le poète qui y prend forme à la suite et à l'image de «l'artiste» qui en est la figure auto-allégorique.

IV

LE SOLDAT ARTISTE

Dans *Le Peintre de la vie moderne*, la qualité littéraire du talent de Constantin Guys apparaît surtout dans les dessins consacrés à la guerre. Dans la sixième section, consacrée aux «Annales de la guerre», Baudelaire nous dit avoir «compulsé ces archives de la guerre d'Orient»[1] que sont à ses yeux les dessins de M.G.. En qualifiant ces dessins d'archives ou d'annales, Baudelaire leur confère un statut textuel que l'appellation de «poème» vient plus loin confirmer et renforcer. En constituant à eux tous un «poème fait de mille croquis»[2], ces dessins retracent «tous les détails douloureux» de la guerre, mais avec une «ampleur» digne d'une «grande épopée»:

> «Je puis affirmer que nul journal, nul récit écrit, nul livre, n'exprime aussi bien, dans tous ses détails douloureux et dans sa sinistre ampleur, cette grande épopée de la guerre de Crimée.»[3]

Mieux qu'aucun document écrit, les croquis parviennent à transformer une guerre particulière (comme celle de Crimée) en épopée universelle. Cette dimension épique est d'autant plus frappante et surprenante qu'elle ressort d'œuvres prises sur le vif. Au bas d'un croquis de la bataille d'Inkermann, Baudelaire remarque en effet que l'artiste a pris soin de «griffonner» les mot suivants: «*Canrobert on the battle field of Inkermann. Taken on the spot*»[4].

---

[1] *Le Peintre de la vie moderne*, O.C. II, 700.
[2] Id., p. 702.
[3] Id., p. 701.
[4] Id., p. 702.

Parmi ces légendes qui viennent souligner et redoubler l'aspect littéraire des scènes dépeintes, il en est deux qui retiennent tout particulièrement l'attention de Baudelaire. Craignant sans doute de passer inaperçu, non sans raison, M.G. précise en anglais, à deux reprises, qu'il s'est représenté lui-même au sein de son tableau. A «l'hôpital de Péra», une «bizarre légende» (*«My humble self»*) nous indique que c'est lui qu'on voit, «causant avec deux sœurs de charité», sous les traits d'«un visiteur au costume négligé»[5]. Dans un autre dessin au bas duquel, «dans un coin, se font lire ces mots: *Myself at Inkermann*», il prend l'aspect d'un «cavalier aux moustaches blanches [...] qui, la tête relevée, a l'air de humer la terrible poésie d'un champ de bataille»[6]. Ces bizarres légendes ont plusieurs fonctions. Elles nous rappellent d'abord indirectement que M.G. devait peindre avec «une main de soldat artiste»[7], obligé qu'il était d'assister, sinon de participer aux batailles qu'il croquait à vif. Contraint à une abnégation que lui dicte sa profession, ce «soldat artiste» n'en est pas moins soucieux de partager humblement le sort de ses sujets. L'humble artiste participe donc doublement, physiquement et moralement, aux scènes qu'il dépeint.

Par force et par choix, M.G. épouse son sujet au point de devenir qui il peint. Il a donc deux bonnes raisons de se peindre. Mais il ne peut le faire sans contrevenir aux règles du genre. S'il veut croquer sur le vif, il doit peindre d'après un modèle dont il est par nécessité exclu. Dans le feu de l'action, il ne peut être à la fois artiste et soldat, devant et derrière son tableau. Il doit choisir entre le pinceau ou l'épée, «la palette ou le glaive»[8]. C'est après la bataille, après avoir croqué son «tableau vivant», que l'artiste peut seulement se représenter en soldat. Lorsqu'il se peint sous les traits d'«un cavalier», M.G. n'est plus devant son modèle, il est devant une image (de soi). Il n'est plus en train de représenter ce qu'il voit *sur le*

---

[5] Id., p. 703.

[6] Id., p. 702.

[7] Id., p. 703.

[8] L'expression vient de «Compensation», poème de Théophile Gautier que Baudelaire cite en entier dans *L'Exposition universelle (1855)* à propos d'«Eugène Delacroix» (cf. O.C. II, 591).

champ («on the spot»), il est en train de signifier ce qu'il pense après coup. En tirant son portrait en «cavalier», M.G. tire une leçon de la bataille. Il en retient l'idée que la peinture aussi est une bataille, une lutte, un duel. Le feu de l'action s'avère métaphorique du feu de la création. Dans «L'Art mnémonique», cinquième section du *Peintre de la vie moderne*, Baudelaire décrit le talent de M.G. à l'aide de mots qui évoquent aussi les rigueurs et les passions de la guerre. L'exécution martiale du peintre se signale à ses yeux par «un feu, une ivresse de crayon, de pinceau, ressemblant presque à une fureur»[9]. Et il revient avec insistance et admiration sur cette exécution magistrale qui se rapproche selon lui de «l'exécution idéale» où «les ordres de l'esprit ne (sont) altérés par les hésitations de la main»[10]. Dans le passage déjà cité[11] où M.G. est décrit au travail, il apparaît là encore «penché sur sa table, dardant sur une feuille de papier le même regard qu'il attachait tout à l'heure sur les choses, s'escrimant avec son crayon, sa plume, son pinceau, [...]»[12], comme si les moyens de la création étaient des instruments de mort.

La fureur violente du peintre s'exerce à l'encontre de sa toile ou de son papier, auxquels il porte des *touches* (de peinture) et des *coups* (de pinceaux) par quoi son art s'apparente à une escrime. La métaphore de l'escrime prolonge celle de la guerre et revient souvent sous la plume de Baudelaire. Dans «Le *Confiteor* de l'artiste», «l'étude du beau» est décrite comme une escrime fatale, «un duel où l'artiste crie de frayeur avant d'être vaincu»[13]. Dans ce petit poème en prose, la référence au duel a quelque chose de théâtral et de grandiloquent (pour ne pas dire tragi-romantique) qui est complètement absent de la réflexion plus positive sur «le peintre de la vie moderne». Dans la mesure où ce peintre doit s'attacher à la circonstance présente *et* s'abstraire du modèle qu'il a sous les yeux, son art est un «duel» permanent entre deux tendances dont l'antagonisme est pourtant fructueux:

---

9 *Le Peintre de la vie moderne*, O.C. II, 699.

10 Id., p. 699.

11 Cf. ci-dessus, le chapitre intitulé «Le Peintre-poète».

12 Cf. *Le Peintre de la vie moderne*, O.C. II, 693.

13 *Le Spleen de Paris*, O.C. I, 279.

> «Il s'établit alors un duel entre la volonté de tout voir, de ne rien oublier, et la faculté de la mémoire qui a pris l'habitude d'absorber vivement la couleur générale et la silhouette, l'arabesque du contour. Un artiste ayant le sentiment parfait de la forme, mais accoutumé à exercer surtout sa mémoire et son imagination, se trouve alors comme assailli par une émeute de détails, qui tous demandent justice avec la furie d'une foule amoureuse d'égalité absolue. Toute justice se trouve forcément violée; toute harmonie détruite, sacrifiée; mainte trivialité devient énorme; mainte petitesse, usurpatrice. Plus l'artiste se penche avec impartialité vers le détail, plus l'anarchie augmente.»[14]

La dualité qui travaille l'artiste moderne — dualité opposant son regard et sa mémoire, etc. — est ici figurée par un duel intérieur qui s'élargit peu à peu à d'autres termes martiaux pour prendre finalement les proportions d'une guerre civile ou émeute populaire. Pour faire œuvre d'art, l'artiste moderne doit *se garder de* son modèle et n'en retenir que les formes les plus représentatives. Pour cela, il lui faut repousser «une émeute de détails» qui tous, «avec la furie d'une foule amoureuse d'égalité absolue», demandent à être démocratiquement représentés.

Les croquis de la guerre d'Orient gardent la marque sanglante de ce duel lui-même épique entre le peintre et son modèle. «Sur quelques centaines de pages», des «déchirures» et des «maculatures» sont là qui «disent, à leur manière, le trouble et le tumulte au milieu desquels l'artiste y déposait ses souvenirs de la journée»[15]. Comme des taches de sang versé par les blessures ou «déchirures» du papier, les «maculatures» témoignent encore des nombreuses pertes que les détails, sous les coups d'un pinceau impitoyable, ont essuyées dans la bataille. «L'exécution» des détails est d'autant plus réussie que leurs pertes sont plus grandes. Mais les pertes se retournent en profits. La mise à mort du modèle est une mise au monde du dessin. Si les détails sont sacrifiés, c'est pour faire naître un «contour», pour (re)susciter une «silhouette». Dans l'exécution de M.G., Baudelaire est frappé par deux choses dont l'une est «une contention de

---

[14] *Le Peintre de la vie moderne*, O.C. II, 698-99.
[15] Id., p. 703.

mémoire résurrectionniste, évocatrice, une mémoire qui dit à chaque chose: 'Lazare, lève-toi'»[16]. Pour aider les choses à se (re)lever, la mémoire leur porte des coups qui les transforment en images. Sur la toile ne se lèvent que des fantômes, dans une «fantasmagorie» qui, on l'a vu, «a été extraite de la nature»[17]. Mieux que le pinceau ou le crayon, la mémoire du peintre est l'instrument d'une synthèse «résurrectionniste», synthèse mortelle *et* vitale qui ne relève des choses que leurs grands traits.

Dans le croquis où M.G. se donne l'allure d'un «cavalier», Baudelaire remarque implicitement que ce «cavalier» a lui-même l'air d'un poète, puisqu'il «a l'air de humer la terrible poésie d'un champ de bataille»[18]. Dans ce soldat où M.G. aime voir son image, Baudelaire découvre une image du poète. La figure du soldat cesse alors de faire cavalier seul, si l'on peut dire, pour renvoyer à deux images distinctes à la fois: l'artiste et le poète. Ce court-circuit de deux images au sein d'une même figure provoque l'éclair d'une révélation. Dans ce «soldat artiste» où il voit un poète, Baudelaire se découvre à travers une nouvelle figure. Cette figure du «soldat artiste» prend forme, mais d'une façon encore latente, dès les *Conseils aux jeunes littérateurs*. Dans la section où les deux métiers du peintre et de l'écrivain se confondent dans de brusques et fréquentes interférences lexicales[19], Baudelaire adresse aux jeunes écrivains un conseil impersonnel que tout destine d'abord, par la lettre, à un «soldat artiste» implicite:

> «Aujourd'hui, il faut produire beaucoup; — il faut donc aller vite; — il faut donc se hâter lentement; il faut donc que tous les coups portent, et que pas une touche ne soit inutile.»[20]

Si l'on s'en tient à la lettre, le conseil ici adressé ne porte pas sur l'art d'écrire. A l'aide de l'impératif «il faut», quatre fois répété, un

---

[16] Id., p. 699.

[17] Voir ci-dessus le chapitre intitulé «L'Artiste philosophe».

[18] Le Peintre de la vie moderne, O.C. II, 702.

[19] Du type: «La toile doit être couverte--en esprit--au moment où l'écrivain prend la plume pour écrire le titre», *Conseils aux jeunes littérateurs*, O.C. II, 17.

[20] Id., p. 17.

sentiment d'urgence est communiqué à une figure anonyme et ambiguë dont les gestes («coups» et «touche» renvoient simultanément à l'escrime et à la peinture) sont ceux d'un «soldat artiste» en puissance. Le littérateur, lui, ne procède pas par «touches» et par «coups», sinon par *figures* qui sont précisément la marque de son art. Le conseil littéraire s'exprime ainsi dans un détour étrange et pourtant familier de ceux auxquels il s'adresse. En leur parlant d'une façon *littéraire*, Baudelaire encourage les «jeunes littérateurs» à mobiliser leur talent sans demeure: dès le déchiffrement du message qu'il leur communique. Baudelaire retient d'abord pour lui-même ce conseil qu'il adresse à d'autres: devenir écrivain, pour lui aussi et surtout, c'est apprendre à se voir dans des figures étrangères à la littérature.

A la lumière des champs de bataille dont M.G. fait des croquis où il se peint parfois en soldat, Baudelaire découvre qu'il lui faut croquer l'agitation parisienne dans des «tableaux» où il apparaisse souvent en artiste. Dans le combat de l'artiste, il découvre et articule le duel propre au poète. Pour croquer la bataille, l'artiste doit y être et s'en abstraire à la fois. Pour faire des tableaux de la ville, de même, le poète doit en être à la fois proche et distant. Il lui faut «descendre dans les villes», comme il le dit dans «Le Soleil», *et* s'élever loin d'elles, comme il le fait dans «Paysage». Or ce n'est pas seulement loin des villes que le poète s'éloigne dans «Paysage». C'est aussi bien, on l'a vu, loin du ciel et des saisons naturelles. Il cherche un point de vue d'où son regard voie tout non pas «en beau», comme dans «Le Mauvais vitrier», mais *en allégorie*: la ville en «Emeute» et la nature en «Printemps». Dans «Paysage», le poète exerce sur la nature un droit de regard allégorique qu'on retrouve dans «Le Soleil». Dans ce deuxième volet d'une espèce de tableau-diptyque, le soleil apparaît en effet comme la figure du poète:

> «Quand le soleil cruel frappe à traits redoublés
> Sur la ville et les champs, sur les toits et les blés, [...] (v. 3-4)
>
> «Ce père nourricier, ennemi des chloroses,
> Eveille dans les champs les vers comme les roses; [...] (v. 9-10)
> Et commande aux moissons de croître et de mûrir
> Dans le cœur immortel qui toujours veut fleurir!

> Quand, ainsi qu'un poète, il descend dans les villes,
> Il ennoblit le sort des choses les plus viles,[...]» (v. 15-18)[21]

Si l'on substitue ici «saisons» à «moissons», les vers quinze et seize renvoient au poète tel qu'il apparaît dans «Paysage». Pour satisfaire aux exigences de son cœur — «cœur immortel qui toujours veut fleurir» — , le poète transforme son regard en un organe qui, ainsi qu'un «soleil de son cœur», commande aux choses de se transformer en fleurs de rhétoriques.

A la chaleur de ce regard, «*seul œil* de son cœur», la ville comme la nature se transforment en figures. Dans «Le Soleil», l'astre brille là encore «Sur la ville et les champs, sur les toits et les blés». Comme le poète de «Paysage», il frappe sans discrimination sur tout ce qu'il domine, sans faire de détails, à grands traits qui redoublent pour tomber à la fois sur la ville et sur la campagne. «Père nourricier», le soleil n'en est pas moins «cruel». Par l'effet d'une cruauté nourricière qui rappelle la barbarie inévitable de l'artiste imaginaire[22], il donne vie à des «roses» *et* aux «vers» qui détruiront ces roses: il fait «mûrir» et mourir à la fois. La figure implicite du soleil-poète repose en partie sur un jeu de mots, sur une homonymie qui permet au soleil et au poète de produire tous deux, chacun à sa façon, des vers. Pour faire mûrir fleurs et moissons, le soleil s'y prend à «traits redoublés», flèches à la fois fertiles et mortelles qui désignent ses rayons. Mais rapportés au poète, l'image souligne les vers qui forment sur la page de longs «traits» horizontaux, «redoublés» par les exigences de la rime. L'écriture poétique ramène tout à ses grandes lignes, à de grands traits qui s'unissent par leur(s) dernière(s) syllabe(s). «Le Soleil» ne s'écrit pas autrement. Les vers s'y accouplent deux par deux, par des rimes où l'on reprend pied à intervales réguliers, au terme de longs traits où l'on trébuche entretemps sur les mots:

> «Quand le soleil cruel frappe à traits redoublés
> Sur la ville et les champs, sur les toits et les blés,

---

[21] *Les Fleurs du mal*, O.C. I, 83.

[22] Cf. ci-dessus le chapitre consacré à «l'artiste imaginaire».

> Je vais m'exercer seul à ma fantasque escrime,
> Flairant dans tous les coins les hasards de la rime,
> Trébuchant sur les mots comme sur les pavés,
> Heurtant parfois des vers depuis longtemps rêvés.»[23]

La rime est l'escrime propre au poète, vérité qui se dévoile ici par hasard, par «le hasard de la rime». Etant nécessairement duelle, la rime relève d'une fantasque escrime, d'un duel d'autant plus bizarre et surprenant que le poète peut s'y exercer seul, sans adversaire. Si ce duel est monologique, c'est qu'il se joue surtout entre les mots, c'est qu'il tient à la dualité que pose et suppose, à la rime, l'attraction de mots qui pourtant se repoussent. Pour rimer ensemble, les mots doivent se fondre l'un dans l'autre mais en partie seulement, car ils ne peuvent s'unir à la finale qu'en se distinguant à l'initiale.

Cette union qui vient terminer une différence reflète en miniature, au sein du poème, la façon dont le soleil et le poète en viennent à terminer leur différend. S'ils convergent vers une même figure (celle d'un soleil-poète), c'est *in extremis*, dans les derniers vers, au moment où le soleil finit par ressembler à «un poète». Au début, ils semblent se tourner le dos, s'ignorer l'un l'autre, suivre des voies parallèles mais opposées. Le poète est d'abord sans adversaire, mais il n'est pas sans rival. S'il est «seul» à «s'exercer», c'est à l'image du soleil qui l'invite à suivre son exemple. L'escrime solitaire du poète est inspirée par le désir de rivaliser avec un astre sans rival. N'étant pas à la hauteur, le poète rivalise mal avec ce «soleil cruel» qui frappe tout sans exception ni rémission, y compris le poète. Là où l'astre cruel frappe à coups sûrs et «redoublés», avec force et assurance, le poète hésitant et gauche ne fait que «heurter», «parfois» et «au hasard», d'un geste faible et «trébuchant». La solitude du poète tient en partie à la défaite morale que lui inflige un rival hors pair. Non content de l'accabler de coups bien réels, le soleil «redouble» de cruauté en l'atteignant aussi au moral, en l'écrasant de toute sa supériorité. Pitoyable et défait, rampant comme un vers (comme un de ses vers), le poète en est réduit à faire piètre figure, à ne renvoyer du soleil qu'une image renversée et caricaturale.

---

23 *Les Fleurs du mal*, O.C. I, 83.

Victorieux et superbe, l'astre n'a aucun mal à assumer sa solitude. Celle du poète, par contre, lui pèse d'autant plus qu'il est humilié et dégradé. Mais sa solitude tient aussi à un isolement physique qui lui est dicté et comme imposé par sa «fantasque escrime» littéraire. Lorsque le soleil apparaît au début du poème, celui qui dit «je» semble descendre dans la ville lui aussi, à l'exemple du «poète» anonyme qui sert d'image au soleil dans la dernière strophe. Mais ce poète *indéfini* descend dans des villes abstraites et plurielles qui n'ont rien à voir avec celle où le «je» se trouve au début. Dans la première strophe, le soleil ne descend pas «dans les villes»: il laisse tomber ses traits «sur la ville» où le «je» s'enferme alors dans sa chambre pour s'exercer seul, loin de la foule, à un duel avec les mots. Loin de descendre affronter son rival dans la rue, dans un *duel au soleil* où il trébucherait sur les pavés, il reste bien plutôt dans sa chambre à trébucher sur les mots en attendant de heurter parfois des vers. Frapper juste et bien, pour le poète, c'est «heurter des vers» qui riment. Le poète est rendu «fantasque» par un autre démon familier — le démon de la rime — qui le pousse à s'enfermer dans sa chambre pour lutter avec les mots. De même que le mot «rime» appelle le mot «escrime», le besoin de rimer conduit à s'escrimer avec les mots. *Les besoins de la rime*, comme on dit, sont avant tout ceux qu'en a le poète, qui ne peut les satisfaire qu'à la table où il écrit. Ecrire, c'est s'escrimer à fixer, à grands coups toujours doubles, des rimes dont on flaire «les hasards» aux quatre «coins» du papier.

Les rigueurs du «soleil cruel», pour Baudelaire, sont une source d'humiliation mais aussi d'inspiration. Influencé par un astre qui le frappe et le stimule, le poète redouble d'effort, en particulier à la rime où le redoublement des finales syllabiques vient refléter poétiquement les «traits» du soleil. L'astre incite le poète à se tourner non pas vers lui mais vers la rime. Il ne provoque pas un héliotropisme, mais ce qu'on pourrait appeler un *homéotropisme*, réflexe qui fait attendre le retour d'un même son dans un autre vers, de la même finale à la fin du vers suivant. Au lieu d'être conduit vers le soleil par son écriture, le poète est conduit par le soleil à rimer. Loin d'être un tyran implacable, le roi du ciel est un maître pédagogue qui enseigne par l'exemple, offrant ses gestes à l'émulation du disciple. Modèle à suivre, il ne demande pas qu'on le suive hors des mots mais dans les mots, auxquels il renvoie le poète. Grâce au soleil, ce dernier est éclairé sur son propre travail, sur la façon dont il doit composer: à l'aide de traits où le même revient dans l'autre, où les mêmes syllabes redoublent dans un mot différent. A grands «traits redoublés», accouplant ses vers de façon rigoureuse et cruelle, deux à deux, le poète tire de son poème un soleil dont il tire une leçon. Leçon d'escrime qui est aussi bien leçon de rime.

Baudelaire prenait des leçons d'escrime. Il nous le confie lui-même à travers une anecdote qu'il relate dans ses *Conseils aux jeunes littérateurs*, au chapitre «des sympathies et des antipathies»:

> «Un jour, pendant une leçon d'escrime, un créancier vint me troubler; je le poursuivis dans l'escalier à coups de fleuret. Quand je revins, le maître d'armes, un géant pacifique qui m'aurait jeté par terre en soufflant sur moi, me dit: «Comme vous prodiguez votre antipathie! un poète! un philosophe! ah fi!» — J'avais perdu le temps de faire deux assauts, j'étais essoufflé, honteux, et méprisé par un homme de plus, — le créancier, à qui je n'avais pas fait grand mal.»[24]

De sa leçon d'escrime, Baudelaire tire une autre leçon qui porte moins sur la morale que sur l'économie. A l'issue de son algarade manquée, il est certes honteux: il se reproche d'être désormais méprisé par un homme qu'il a blessé au cœur. Or le coup au cœur a porté par défaut, à défaut du corps. Baudelaire a honte surtout de n'avoir atteint son adversaire qu'au moral. Comme il en fait lui-même la remarque générale, dans le commentaire qui précède l'anecdote, «un coup qui ne porte pas n'en blesse pas moins au cœur le rival à qui il était destiné»[25]. La blessure morale apparait ainsi comme un pis-aller, un moindre mal qui ne fait qu'humilier davantage celui qui a raté son coup. L'apprenti-escrimeur se sent d'autant plus méprisé par son créancier qu'il ne lui «(a) pas fait grand mal». Il souffre moralement non du mal qu'il a fait mais du

---

[24] *Conseils aux jeunes littérateurs*, O.C. II, 16.
[25] Id., p. 16.

mal qu'il n'a pas fait. Il s'en veut de s'être essoufflé en vain, d'avoir inutilement prodigué une antipathie dont il aurait dû «être avare»[26], d'avoir œuvré «sans bénéfice et sans profit»[27]. Pour décrire ses sentiments, Baudelaire utilise un langage qui tend à ramener la morale à l'économie, comme s'il cherchait à faire l'économie de la morale. La honte provient chez lui d'un mauvais calcul. Alors qu'il s'escrimait vainement, il a perdu le temps de faire avec son maître d'armes deux assauts qui lui auraient permis de mieux s'escrimer. Obsédé par cette faute stratégique, Baudelaire ne se pardonne pas d'avoir mal calculé son coup. Il se pardonne d'autant moins qu'il a aussi perdu l'occasion, dans le cours de cette vaine dépense, de faire montre d'une retenue qui eût donné à son créancier l'impression — à défaut de la preuve — qu'il était économe et donc solvable.

Par contraste avec son élève, le «maître d'armes» fait preuve d'une belle retenue. En restant «pacifique», ce «géant» fait l'économie d'une force dont il a pourtant à revendre, puisqu'il pourrait d'un souffle renverser son élève. S'il est avare de sa force, il ne l'est pas de ses conseils, qu'il s'épargne pourtant la peine de trop formuler, préférant les porter à l'aide de touches elliptiques ponctuées seulement de grands traits exclamatifs: «Comme vous prodiguez votre antipathie! un poète! un philosophe! ah fi!»[28]. La leçon d'escrime est l'occasion d'une leçon d'économie littéraire dont Baudelaire tire immédiatement profit en reprenant à son compte, dans ses propres «conseils aux jeunes littérateurs», le langage même — sinon le ton — de son maître: «Il faut donc que tous les coups portent, et que pas une touche ne soit inutile»[29]. Le souci d'une frappe efficace et concise est la marque de l'escrimeur — que le rimeur fait sienne. En faisant siens les besoins de la rime, le poète se contraint à ne pas gaspiller ses mots, à leur faire partager plutôt les mêmes sons ou syllabes à la fin des vers. Ce souci d'économie recoupe un souci didactique qui, on l'a vu, consiste à attendre de la rime certaines révélations du hasard. Mais ce n'est pas seulement par

---

[26] Id., p. 16.
[27] Id., p. 16.
[28] Id., p. 16 (déjà cité).
[29] Id., p. 17.

la rime que le poète se montre avare de ses mots. L'escrime ne profite pas qu'à la rime. La leçon du «maître d'armes» n'est pas séparable de la façon elliptico-exclamative dont elle se formule, formulation que Baudelaire fait sienne dans bon nombre de ses poèmes, en particulier dans les *Tableaux parisiens*. Dans ce vers des «Petites vieilles», par exemple: «Ruines! ma famille! ô cerveaux congénères!»[30], le poète fait alterner touches et coups, syntagmes elliptiques et points d'exclamation, tout comme le fait son «maître» dans le conseil qu'il lui donne.

Le message du «maître d'armes», tout comme le message poétique, ne gagne pas en clarté ce qu'il perd en longueur. Loin d'apporter de la précision, la concision est ici responsable d'une certaine indécision quant au sens. Le maître d'armes peut vouloir dire plusieurs choses qui demeurent suspendues aux nombreux points d'exclamations qui coupent court au discours. Veut-il dire que le poète, en bon «philosophe» qu'il est aussi, devrait prodiguer sa sympathie plutôt que son antipathie? N'encourage-t-il pas plutôt Baudelaire à manifester son antipathie, mais par des moyens propres au poète, non par l'épée mais par la plume? Mais son indignation peut signifier aussi qu'un poète ne devrait jamais, en aucun cas, gaspiller son énergie créatrice à décharger sa haine sur des choses ou des personne triviales. La poésie, pas plus que l'escrime, n'est faite pour se quereller avec ses créditeurs, se décharger de ses soucis quotidiens ou se parer contre les coups de l'existence.

De ces trois possibilités, Walter Benjamin retient surtout la deuxième[31]. Non qu'il commente nulle part ce passage en précisant le sens qu'il faut lui donner. Mais ses réflexions sur Baudelaire l'ont engagé tout le premier, non sans mérite, à voir dans l'escrimeur une métaphore du poète. Dans *Le Paris du Second Empire chez Baudelaire*, par exemple, il remarque très bien que «Baudelaire s'est peint lui-même aux prises avec une 'fantasque escrime' de ce genre dans la première strophe du 'Soleil', et c'est probablement le seul passage des *Fleurs du mal* qui nous le montre en plein travail poé-

30 *Les Fleurs du mal*, O.C. I, 91, v. 81.

31 Implicitement, bien sûr, car Benjamin ne mentionne nulle part cette anecdote de la leçon d'escrime.

tique»[32]. Selon Benjamin, l'image de la fantasque escrime convient très bien au «véritable Baudelaire», c'est-à-dire à «celui qui se consacre à son œuvre»[33]. A la différence du «flâneur» dont l'activité consiste à observer et reproduire mimétiquement et fidèlement ce qu'il voit dans la rue, «l'escrimeur» ne retient de la grande ville que des «descriptions révélatrices»[34]. Au réalisme photographique de l'un, Benjamin oppose le réalisme impressionniste de l'autre. Si le premier cherche à ne garder en esprit que «l'empreinte des choses», le second s'efforce au contraire de mettre «sur les choses l'empreinte de son esprit»[35]. En bon escrimeur, le poète touche à ce qu'il voit, il laisse sa marque sur ce qu'il désigne de sa plume. Non content de voir, il touche et retouche inlassablement les choses à l'aide de mots qu'il manie comme une lame. Autant dire qu'il ne voit qu'en esprit, ce que Benjamin remarque très bien lorsqu'il souligne que ces descriptions révélatrices «sont le fait de ceux qui ont traversé la ville en état d'absence, perdus dans leurs pensées ou leurs soucis»[36].

On reconnaît les poètes à ce qu'ils traversent la ville «en état d'absence», perdus dans des «pensées» qui leur viennent moins de hautes considérations spirituelles que d'incessants «soucis» quotidiens. Ce que Baudelaire a dans l'esprit, selon Benjamin, ce sont des tracas qui s'opposent à l'activité de son esprit. Mais en empêchant la pensée, ces tracas font l'objet d'une pensée poétique qui constitue la matière même du lyrisme moderne. Les démêlés avec l'existence précèdent et expliquent les démêlés avec les mots. Si Baudelaire s'exile loin des hommes (pour écrire), c'est qu'il se sent exilé parmi eux. Il ne chante jamais mieux que dans la rue, là où son chant est menacé par le vacarme de la modernité, ainsi qu'il apparaît très bien dans «A une passante», dès le premier vers:

---

[32] Walter Benjamin, *Le Paris du Second Empire chez Baudelaire*, in *Charles Baudelaire, un poète lyrique à l'apogée du capitalisme*, trad. Jean Lacoste, Paris, Petite Bibliothèque Payot, p. 100.

[33] Id., p. 101.

[34] Id., p. 102.

[35] Cf. pp. 102-103. La formule que cite Benjamin est de Chesterton et s'applique à Dickens: «Dickens ne retint pas dans son esprit l'empreinte des choses; il mit plutôt sur les choses l'empreinte de son esprit».

[36] Id., p. 102.

> «La rue assourdissante autour de moi hurlait»[37].

Pour Benjamin, la rue est le lieu non seulement du chant mais aussi de l'écriture. Il cite plusieurs témoignages de 1845 (Prarond, Banville) qui nous présentent Baudelaire «arrêtant au vol des vers le long des rues» (Prarond) plutôt que de les écrire à une table, sur du papier, avec un crayon[38]. Benjamin s'appuie sur ces témoignages pour valoriser la «rue» aux dépens du «bureau»:

> «Dans les premières années de sa vie d'écrivain, quand il habitait l'hôtel Pimodan, des amis purent admirer la discrétion avec laquelle il avait banni toutes les traces de travail — à commencer par le bureau. Il était à cette époque, symboliquement parlant, parti à la conquête de la rue. Plus tard, à mesure qu'il abandonnait un élément après l'autre de sa vie bourgeoise, la rue devint de plus en plus pour lui un refuge.»[39]

Plus tard encore, «dans les dernières années de sa vie», n'ayant plus souvent «la possibilité de parcourir en promeneur les rues de Paris»[40], Baudelaire se serait retranché dans une escrime poétique tendant à mimer par l'écriture les chocs existentiels reçus auparavant dans la rue.

Selon Benjamin, Baudelaire reste un poète lyrique, «poète lyrique à l'apogée du capitalisme»[41]. A la façon du «cygne», le poète chante d'autant mieux qu'il agonise sans fin sous les chocs et les coups d'un matérialisme triomphant. Les «descriptions» de la grande ville, chez Baudelaire, sont «révélatrices», c'est-à-dire *expressives* des «soucis» matériels qui l'accablent et l'empêchent d'y flâner. Par son escrime propre, le poète cherche à reproduire

---

[37] *Les Fleurs du mal*, O.C. I, 92.

[38] Pour un compte-rendu plus complet de ces divers témoignages, cf. *Le Paris du Second Empire chez Baudelaire*, op. cit., p. 103.

[39] *Le Paris du Second Empire chez Baudelaire*, op. cit., pp. 103-104.

[40] Id., p. 103.

[41] Selon le titre complet du livre que Benjamin projetait de consacrer à Baudelaire.

(transposer) dans sa prosodie la lutte qu'il ne cesse de mener contre un environnement hostile que symbolise la grande ville:

> «Baudelaire, poète, reproduit dans les feintes de sa prosodie les chocs et les coups que ses soucis lui donnaient, comme les cent trouvailles par lesquelles il les parait. Il faut, si l'on veut considérer sous le signe de l'escrime le travail que Baudelaire consacrait à ses poèmes, apprendre à les voir comme une succession ininterrompue de minuscules improvisations.»[42]

Terme d'escrime, la «feinte» n'en désigne pas moins aussi «l'art du poète», comme l'indique déjà Littré[43]. La prosodie est pleine de «feintes», fictions qui reproduisent les chocs de l'existence tout en produisant aussi leurs parades. Ces parades prosodiques conjurent les chocs existentiels par une simulation artificielle (symbolique) qui est aussi une dissimulation artistique. A coups d'inventions fulgurantes qui sont autant d'«improvisations», le poète *se pare* contre ses malheurs: il *s'orne* et *se protège* par des parades qui sont aussi bien des parures.

Pour séduisante qu'elle soit, cette thèse repose sur un présupposé qui mériterait d'être mis en question. Pour Benjamin, il ne fait pas de doute que Baudelaire reste un poète lyrique, c'est-à-dire un poète qui exprime «ses soucis» personnels à l'aide d'une parole propre à les conjurer symboliquement. Or ce ne sont pas «ses soucis» que Baudelaire demande à la poésie d'exprimer, mais bien plutôt ceux d'autrui. L'écriture lui est un moyen de se transformer en médium capable de revivre des «jours perdus» par d'autres, que ce soit «les petites vieilles», «Andromaque», «le cygne» ou «bien d'autres encore». Loin de se projeter dans ses «personnages», Baudelaire découvre à travers eux le personnage qu'il devient lorsqu'il écrit. Son goût des figures auto-allégoriques, on l'a vu[44], l'incline à écrire d'une façon telle qu'il *se* perd dans des pensées qui ne sont plus les siennes. Cette perte d'identité biographique advient dans nombre de poèmes, en particulier dans «Le Soleil», où s'accomplit une

---

[42] *Le Paris du Second Empire chez Baudelaire*, p. 103.

[43] Cf. Littré, deuxième sens du mot «feinte».

[44] Cf. deuxième partie, chapitre I.

disparition progressive qui s'avère être emblématique d'une dynamique propre à l'écriture auto-allégorique. Le «Je» fortement biographique de la première strophe n'est plus dans la seconde que «le cœur immortel» dont surgit pour finir, à travers «le soleil» qui lui sert de métaphore, «un poète» indéfini qui n'a plus rien à voir avec le «Je» du début. Loin d'aller vers les mots pour faire parade à (et de) ses tribulations existentielles, le moi de Baudelaire y est plutôt conduit pour faire abstraction de soi. En produisant des figures où il s'apparaît sur un autre mode que le mode personnel, le poète s'abandonne à une écriture qui le transforme lui aussi en figure.

Quatrième partie

LES MORTS BAUDELAIRE

I

CADAVRES EXQUIS

Dans *Fleurs du mal*, section qui donne son titre au recueil entier, les poèmes abondent en allégories, écloses à la chaleur de corps en rut ou en décomposition, dans des «lupanars» ou des «tombeaux», des bières ou des alcôves[1]. Placée sous le signe de Satan, cette section commence à juste titre, dans l'édition de 1868, par «L'Epigraphe pour un livre condamné»[2]. Dans l'herbier du Diable, le «rusé doyen» de cette «Epigraphe», les fleurs de rhétorique ne sauraient avoir un aspect plus sinistre que «le Démon» de «La Destruction»[3], «une Martyre»[4], «la Débauche et la Mort»[5], «Allégorie»[6], l'obscène «Béatrice»[7], le «ridicule pendu» d'«Un voyage à Cythère»[8], l'«Amour»[9] cruel et ces autres «vierges», «démons», «monstres» et «martyrs» que sont les «Femmes damnées»[10]. A travers toutes ces figures, la rhétorique inspirée par Satan fait son œuvre: elle produit un «livre condamné» que son auteur, *dès l'épigraphe*, nous exhorte à jeter sans plus attendre, pour nous sous

---

1 «Les Deux bonnes sœurs», O.C. I, 114-15, v. 7 et 9.

2 *Les Fleurs du mal*, Poèmes apportés par la troisième édition, 1868, O.C. I, 137. Pour une discussion de ce poème, voir ci-dessus, deuxième partie, chapitre I.

3 *Fleurs du mal*, O.C. I, 111.

4 Id., «Une Martyre», pp. 111-13.

5 Cf. «Les Deux bonnes sœurs» et «Allégorie», O.C. I, 114-15 et 116.

6 *Fleurs du mal*, O.C. I, 116.

7 Id., pp. 116-17.

8 Id., pp. 117-19.

9 Id., «L'Amour et le crâne», pp. 119-20.

10 Id., pp. 113-14, v. 21.

traire à ses charmes[11]. Les poèmes de «Fleurs du mal» semblent signifier que le livre entier, ici contenu en abyme, est condamné d'avance, dès l'avertissement au lecteur qu'est le premier poème[12], par les allégories qu'il met en scène et qui, comme autant de Démons, s'agitent sans cesse auprès de leur auteur:

> «Sans cesse à mes côtés s'agite le Démon; [...]»[13]

Si la rhétorique a trait au mal, c'est qu'elle donne au mal des traits concrets, ceux par exemple de ces «deux bonnes sœurs» que sont, dans le poème ainsi nommé, la Débauche et la Mort. Tant qu'il reste abstrait, le mal est sans visage, sans corps ou forme par quoi il puisse nous tenter. Mais dès qu'il s'incarne en des figures personnifiées auxquelles la majuscule confère comme un nom propre, le mal respire et prend vie: il s'accomplit en puissance par l'acte même qui, lui donnant un corps propre, en fait un objet sensible, désirable ou repoussant. Pratiquer l'allégorie, c'est donc contribuer à l'œuvre de chair présidée et encouragée par Satan. Mais l'ironie baudelairienne veut que cette œuvre s'accomplisse en des figures qui y ont renoncé. En devenant «deux bonnes sœurs», les idées de débauche et de mort revêtent une forme sensible, une chair qui pourtant se refuse à tout contact, du moins avec leur auteur. Au moment où elles deviennent tangibles et palpables, ces idées gardent leur distance, comme si elles ne voulaient et ne pouvaient être manipulées que de loin, à la façon de marionnettes.

Avec la Débauche et la Mort, le mal prend forme mais en tant que représentation que l'auteur se donne et dont il reste, par conséquent, détaché. Grâce à ces deux allégories, «de terribles plaisirs et d'affreuses douceurs» nous sont offerts à «nous» aussi, mais en spectacle seulement, sans que nous y prenions part

---

[11] Cf. la deuxième strophe où le poète s'adresse au lecteur (O.C. I, 137, v. 5-8):
«Si tu n'as fait ta rhétorique
Chez Satan, le rusé doyen,
Jette! tu n'y comprendrais rien,
Ou tu me croirais hystérique.»

[12] Du moins dans l'édition posthume de 1868.

[13] «La Destruction», O.C. I, 111, v. 1.

autrement que sur le mode d'une interrogation optative qui suspend comme indéfiniment le désir (et le poème):

> «Et la bière et l'alcôve en blasphèmes fécondes
> Nous offrent tour à tour, comme deux bonnes sœurs,
> De terribles plaisirs et d'affreuses douceurs.
>
> Quand veux-tu m'enterrer, Débauche aux bras immondes?
> O Mort, quand viendras-tu, sa rivale en attraits,
> Sur ses myrtes infects enter tes noirs cyprès?»[14]

Rivales, les deux sœurs n'en sont pas moins complices, inséparablement jumelées[15], conjointes comme ces «femmes damnées» dont elles prennent le relais[16]. En donnant corps à la Débauche, le poète ne peut faire qu'il n'évoque aussi la Mort, la première menant fatalement, pour des raisons physiologiques et théologiques, à la seconde. Mais l'évocation de la Mort, réversiblement, (re)conduit et incite à la Débauche, comme en témoigne «Une Martyre»[17], mais aussi «A celle qui est trop gaie» ou même «Une Charogne».

«Aimables», les deux «filles» le sont pour le poète, qui les désire d'autant mieux qu'il ne peut en jouir qu'en esprit, dans une projection que souligne, par son futur, la dernière interrogation (v.13). Mais c'est aussi et surtout à leurs propres yeux que ces deux filles sont «aimables». En bonnes «femmes damnées», elles se «prodiguent» l'une à l'autre des «baisers» qui, par nature inféconds, ne sauraient entamer leur virginité:

> «La Débauche et la Mort sont deux aimables filles,
> Prodigues de baisers et riches de santé,

---

[14] «Les Deux bonnes sœurs», O.C. I, 115, v. 9-14.

[15] Comme le signale très bien, au-delà de l'ironie, leur *titre* de «bonnes sœurs».

[16] Dans les trois éditions des *Fleurs du mal*, en 1857, 1861 et 1868, «Les Deux bonnes sœurs» vient juste après celui des deux «Femmes damnées» qui ne fut pas condamné en 1857.

[17] Cf. par exemple la douzième strophe (v. 45-48):

> «L'homme vindicatif que tu n'as pu, vivante,
> Malgré tant d'amour, assouvir,
> Combla-t-il sur ta chair inerte et complaisante
> L'immensité de son désir?»

Dont le flanc toujours vierge et drapé de guenilles
Sous l'éternel labeur n'a jamais enfanté.»[18]

«Allégorie», dans le poème éponyme, est elle aussi «vierge inféconde», comme si les rapports entre allégories étaient des rapports lesbiens, c'est-à-dire des rapports auxquels l'auteur ne peut qu'assister, «de loin tendrement»[19], dans un détachement d'entremetteur qui lui permet de mieux se rapporter lui-même à celles qu'il rapproche. A propos des «petites vieilles», on a vu comment Baudelaire endosse à distance, comme ici, une sensibilité étrangère à la sienne[20]. Mais les ruines humaines que sont les «petites vieilles» font place ici à de franches et vivantes allégories. La Débauche, par exemple, en vertu de la majuscule qui en fait un archétype universel, est condamnée à un «labeur» érotique de tous les instants, labeur qui, pour être «éternel», n'en est pas plus fécond, bien au contraire. Condamnée aux labeurs de la chair comme à des travaux forcés, elle souffre la mort, une Mort à son image, en compagnie de qui elle partage des «plaisirs» qui sont «terribles», des «douceurs» qui sont «affreuses». Portant la Mort dans son flanc, au «flanc toujours vierge» qu'elle partage avec cette «sœur» siamoise, la Débauche n'est «féconde» qu'«en blasphèmes», dirigés sans doute contre les familles que son infécondité lui fait prendre en horreur. Or «le poète sinistre» est lui aussi «ennemi des familles» (v. 4). Il se découvre en ces femmes que leur refus de se reproduire condamne à vivre comme mortes. Pour mieux voir et goûter leurs jeux stériles, le poète reste à distance de celles qui lui ressemblent comme des sœurs; il entretient avec elles un commerce infécond qui le damne à n'être lui aussi qu'un mort-vivant.

«Ennemi des familles», le poète n'en revendique pas moins une famille, on l'a vu[21], celle qu'il découvre dans les «ruines» qu'il met en scène, «cerveaux congénères» de celui qu'il devient lorsqu'il vit

---

[18] «Les Deux bonnes sœurs», O.C. I, 114, v.1-4

[19] «Les Petites vieilles», O.C. I, 91, v. 73.

[20] Cf. première partie, chapitre deux.

[21] Cf. première partie, chapitre deux, à propos du vers 81 des «Petites vieilles»: «Ruines! ma famille! ô cerveaux congénères!»

avec ses figures. Par l'écriture, le poète s'expose à des créatures doubles, à la fois désirables et repoussantes, dangereuses et familières, comme ce monstre à deux têtes que sont «les deux bonnes sœurs». Si ces «aimables filles» ont un tronc commun, un même «flanc toujours vierge», c'est qu'elles apparaissent à travers des mots. En accolant flanc à flanc deux mots qui renvoient l'un à l'amour, l'autre à la mort, Baudelaire crée des «cadavres exquis» avant la lettre[22], des créatures siamoises mi-coquettes mi-squelettes, des monstres hybrides offrant le spectacle de «terribles plaisirs» et d'«affreuses douceurs». Sur le plan rhétorique, ce spectacle est celui de l'accouplement d'un substantif évoquant l'amour («plaisirs», «douceurs») et d'un adjectif renvoyant à la mort («terribles», «affreux»). La même attraction des contraires est sensible dans «cadavres exquis», mais en chiasme, dans une inversion qui prête à une réalité macabre une qualité positive qui la rend désirable. Cette ressource grammaticale n'échappe pas au poète qui, dans un projet de préface aux *Fleurs du mal*, souligne lui-même l'expressivité d'un tel «accouplement»:

> «que la poésie se rattache aux arts de la peinture, de la cuisine et du cosmétique par la possibilité d'exprimer toute sensation de suavité ou d'amertume, de béatitude ou d'horreur par l'accouplement de tel substantif avec tel adjectif, analogue ou contraire;»[23]

Dans «Le Poème du hachisch», première partie des *Paradis artificiels*, Baudelaire revient sur cette idée, comparant cette fois la poésie à la drogue, du moins implicitement. «L'intelligence de l'allégorie», «genre» qui «nous» est recommandé «en passant», y est mise en rapport avec «l'intelligence illuminée par l'ivresse», pour souligner leurs effets convergents:

---

22 C'est le surréalisme qui, à la lettre, a créé et cultivé ces «cadavres exquis» aux membres disparates, tant sur le plan pictural que grammatical. Mais Baudelaire en produit déjà, à sa façon, à travers des oxymorons. Pour le rôle que joue l'oxymoron chez Baudelaire, on se reportera à l'article de Léon Cellier intitulé «D'une rhétorique profonde: Baudelaire et l'oxymoron», pp. 3-14.

23 *Projets de préfaces*, III, O.C. I, 183.

> «L'intelligence de l'allégorie prend en vous des proportions à vous-mêmes inconnues; nous noterons en passant que l'allégorie, ce genre si *spirituel*, que les peintres maladroits nous ont accoutumés à mépriser, mais qui est vraiment l'une des formes primitives et les plus naturelles de la poésie, reprend sa domination légitime dans l'intelligence illuminée par l'ivresse.»[24]

Sous l'effet de cette ivresse, lit-on peu après, il n'est pas jusqu'à la grammaire, «l'aride grammaire elle-même», qui ne devienne «quelque chose comme une sorcellerie évocatoire»:

> «La grammaire, l'aride grammaire elle-même, devient quelque chose comme une sorcellerie évocatoire; les mots ressuscitent revêtus de chair et d'os, le substantif, dans sa majesté substantielle, l'adjectif, vêtement transparent qui l'habille et le colore comme un glacis, et le verbe, ange du mouvement, qui donne le branle à la phrase.»[25]

Au delà ou en deçà des effets du hachisch, ce passage décrit très bien la façon dont les allégories donnent elle-mêmes le branle au langage poétique, animant et incarnant des abstractions revêtues d'une chair substantielle, celle de substantifs personnifiés eux-mêmes revêtus d'un manteau d'adjectifs aux couleurs de la vie.

Méditant plus loin sur ces «deux idées toujours connexes» que sont l'espace et le temps, Baudelaire parle des «années profondes», dans un alliage grammatical qui, à nouveau, assigne à tel substantif tel adjectif de sens contraire:

> «Je crois avoir suffisamment parlé de l'accroissement monstrueux du temps et de l'espace, deux idées toujours connexes, mais que l'esprit affronte alors sans tristesse et sans peur. Il regarde avec un certain délice mélancolique à travers les années profondes, et s'enfonce audacieusement dans d'infinies perspectives.»[26]

En qualifiant spatialement une période de temps, «les années profondes» donnent l'idée concrète d'un espace-temps où profon-

---

[24] *Paradis artificiels*, O.C. I, 430.

[25] Id., p. 431.

[26] Id., p. 432.

deur et longueur s'interpénètrent, où «la profondeur de l'espace» est une «allégorie de la profondeur du temps»[27]. «L'intelligence de l'allégorie», dans «le poème du hachisch» comme dans les autres poèmes de Baudelaire, tient à des alliances de mots qui, en abolissant certaines cloisons conceptuelles (entre le temps et l'espace, le plaisir et la peur, l'amour et la mort, etc.) ouvrent à l'esprit de nouvelles perspectives. Avec les «années profondes», qui plus est, les années ne s'ouvrent pas seulement à une profondeur spatiale. Si on les considère comme des figures personnifiées, ce qui devient possible en prenant «profondes» au sens figuré, elles revêtent une «majesté substantielle» qui leur confère aussi une dimension spirituelle. C'est ce qui apparaît encore mieux dans «Recueillement», où «les défuntes Années», portant majuscules et «robes surannées», se penchent «sur les balcons du ciel», d'où leurs regards, avec une mélancolie là encore délicieuse, s'abîment dans une profondeur spatiale reflétant celle du temps:

> «Ma Douleur, donne-moi la main; viens par ici,
>
> Loin d'eux. Vois se pencher les défuntes Années,
> Sur les balcons du ciel, en robes surannées; [...]»[28]

C'est à sa Douleur que Baudelaire demande ici de voir les défuntes Années. Il demande à une allégorie d'en voir une autre. Il rapproche des figures qui, en «bonnes sœurs» qu'elles sont, là encore, lui offrent le spectacle de la Mélancolie. La mélancolie ainsi mise en scène n'est pas celle de Baudelaire, mais celle de sa Douleur. Par le moyen de l'allégorie, un certain jeu ou décalage est introduit dans la représentation que le poète se fait de son propre deuil. Chargée comme ici d'une majuscule qui lui donne un poids universel, la douleur n'est plus propre à personne: elle se prête désormais à tous. L'intention du poète, dans «Recueillement», n'est pas de se recueillir, par figures interposées, sur un passé personnel dont la perte le rendrait triste. Par son verbe allégorique, il ne tente

---

[27] Id., pp. 430-31.
[28] Cf. O.C. I, 141, v. 8-10.

pas de faire revivre les années de sa jeunesse: il tente de faire vivre des Années abstraites. Ayant vécu sa jeunesse dans la douleur, comme il le rappelle à sa mère le 6 mai 1861[29], il ne saurait être triste d'avoir perdu sa jeunesse. Bien qu'il s'épanche avec nostalgie, dans cette même lettre, sur «le bon temps des tendresses maternelles»[30], il n'a pas l'habitude de se pencher ainsi sur son propre passé. Au début de son émouvante confidence, il doute de pouvoir jamais s'ouvrir à nouveau de cette façon: «Qui sait si je pourrai une fois encore t'ouvrir toute mon âme»[31]. Et pour finir, se retournant sur ce qu'il vient d'écrire à sa mère, il craint qu'elle ne s'en étonne et s'en étonne lui-même tout le premier:

> «[...] Tu étais à la fois une idole et un camarade. Tu seras peut-être étonnée que je puisse parler avec passion d'un temps si reculé. Moi-même j'en suis étonné. C'est peut-être parce que j'ai conçu, une fois encore, le désir de la mort, que les choses anciennes se peignent si vivement dans mon esprit.»[32]

Intrigué par une nostalgie qui n'est pas son fait, Baudelaire en propose une explication générale qui renverse l'ordre des causes. Selon l'habitude, les idées noires nous viennent d'un passé qu'on se représente comme perdu[33]. Le sentiment d'une perte existentielle expliquerait le désir de se perdre soi-même dans le néant, pour

---

29 «Plus tard tu sais quelle atroce éducation ton mari a voulu me faire; j'ai quarante ans et je ne pense pas aux collèges sans douleur» (Lettre à Madame Aupick, Paris, le 6 mai 1861, Cor. II, 153).

30 «Il y a eu dans mon enfance une époque d'amour passionné pour toi; écoute et lis sans peur. Je ne t'en ai jamais tant dit. Je me souviens d'une promenade en fiacre; tu sortais d'une maison de santé où tu avais été reléguée, et tu me montras, pour me prouver que tu avais pensé à ton fils, des dessins à la plume que tu avais faits pour moi. Crois-tu que j'aie une mémoire terrible? Plus tard, la place Saint-André-des-Arcs et Neuilly. De longues promenades, des tendresses perpétuelles! Je me souviens des quais, qui étaient si tristes le soir. Ah! ç'a été pour moi le bon temps des tendresses maternelles.» (Lettre à Madame Aupick, Paris, le 6 mai 1861, Cor. II, 153).

31 Id., p. 153.

32 Id., p. 153.

33 Dans notre culture, temps passé et temps perdu sont synonymes, comme en témoigne le célèbre titre que Proust donne à sa «Recherche».

surmonter ce sentiment de perte. Or Baudelaire, contre toute attente, explique sa nostalgie par des idées noires qui lui semblent premières et qui d'habitude, sinon ici, lui peignent le passé sous des couleurs *vives.* «Une fois encore», même si cette fois n'est pas coutume, le désir de la mort restitue les choses anciennes dans leur présence vive, dans l'oubli qu'elles (se) sont passées, en oblitérant la conscience de leur perte. Ainsi évoqué «dans (l')esprit» (et non par la mémoire, qui garderait le sens d'une perte), le passé *se présente* «vivement», dans un horizon universel transcendant l'expérience personnelle. Dans «Le Cygne», déjà[34], la vision s'opère «en esprit», mêlant souvenirs vécus et mythes littéraires, transposant dans l'imaginaire des scènes présentes et passées, personnelles et impersonnelles. Pour vivre ainsi «en esprit», comme Baudelaire aime le faire, il lui faut désirer la mort, une mort qui lui apparaisse comme une «bonne sœur», autrement dit une «bonne Mort», telle qu'il la rencontre par exemple chez Rethel[35].

Par sa pratique de l'allégorie, cet «artiste philosophe» qu'est Rethel courtise lui aussi, comme le poète, une bonne mort qui préside à la vie de l'esprit, selon un paradoxe qu'on rencontre déjà chez Hegel:

> «Ce n'est pas cette vie qui recule d'horreur devant la mort et se préserve pure de la destruction, mais la vie qui porte la mort, et se maintient dans la mort même, qui est la vie de l'esprit.»[36]

Dans l'expérience philosophique, «la vie qui porte la mort et se maintient dans la mort même» provient du concept. En poésie, par contre, elle provient de l'allégorisation, processus qui, dans un premier temps[37], répond au désir de sacrifier les choses (présentes

---

[34] Cf. deuxième partie, chapitre II.

[35] Cf. troisième partie, chapitre II.

[36] Hegel, *La Phénoménologie de l'esprit*, «Préface», traduction de jean Hyppolite, Paris, Aubier, Editions Montaigne, Vol. I, p. 29.

[37] Selon la distinction que fait Starobinski entre deux types d'allégorie: «Il faut remarquer, toutefois, que l'allégorie, dans l'usage qu'en fait Baudelaire, se manifeste d'une double manière. D'une part elle consiste (disons-le sommairement) dans la possibilité d'attribuer un sens 'spirituel' à une scène de la vie ordinaire, à une

ou passées), mais pour qu'elles revivent en esprit dans un présent universel. En transposant ainsi les choses, anciennes ou non, le processus allégorique abolit leur forme particulière (à un individu, une époque, etc.) et leur donne ainsi une seconde mort qui les fait paradoxalement vivre en tant que types, selon un mouvement dialectique tout hégélien. Parallèlement à cette mort et résurrection des choses à travers leur allégorisation, le sujet disparaît en tant que personne pour renaître en tant que poète, type universel de niveau avec les figures qu'il produit. En disparaissant ainsi dans son écriture, le sujet parvient à déjouer ou plutôt à devancer symboliquement son suicide. Joué d'avance, ce suicide est en effet déjoué, dans une scène mentale où les choses «anciennes» et donc mortes, se peignant à l'esprit sous une forme «vivement» allégorique, lui permettent de voir la Mort et donc d'en concevoir le désir. Dans ce deuxième temps de l'allégorisation[38], la mort se lève et prend corps, un corps imaginaire qui ne s'en laisse pas moins désirer d'une façon sensible et concrète.

Reprenant l'idée de Hegel, Benjamin définit «le Triomphe de l'allégorie» comme «la vie qui signifie la mort»:

> «La femme chez Baudelaire: le butin le plus précieux dans le «Triomphe de l'allégorie» — la vie qui signifie la mort. Cette qualité appartient de la façon la plus inaliénable à la prostituée. C'est la seule qu'on ne puisse lui acheter bon marché, et pour Baudelaire c'est cela seul qui importe.»[39]

---

rencontre apparemment banale dans sa littéralité contingente; d'autre part, selon la voie inverse, elle confère à des entités 'abstraites' une figure matérialisée, incarnée, quasi visible. Dans le premier cas, la chose vue, le cygne échappé de sa cage, se laisse lire de surcroît come une figure de la nostalgie et du sentiment d'exil; dans le second cas, la 'Douleur', recevant la majuscule, devient 'une bonne louve', par traduction imageante et réminiscence mythologique. Dans les deux types d'allégorisation, nous assistons à un redoublement de sens.» (*La Mélancolie au miroir*, Julliard, 1989, pp. 73-74).

38 Voir la note précédente.

39 Cf. *Zentralpark*, in *Charles Baudelaire, un poète lyrique à l'apogée du capitalisme*, Petite Bibliothèque Payot, traduction Jean Lacoste, p. 223.

La prostituée est citée en exemple pour sa valeur absolue, inaliénable. Figure typique de l'allégorie baudelairienne, elle est une femme concrète dotée d'une valeur marchande abstraite: une femme qui, à elle seule, incarne et humanise la marchandise convoitée par le bourgeois. *Femme qui signifie la marchandise*, la prostituée est, par excellence, «la vie qui signifie la mort». Cette conception benjaminienne recoupe très exactement le premier type d'allégorie qui, selon Starobinski, consiste «dans la possibilité d'attribuer un sens 'spirituel' à une scène de la vie ordinaire, à une rencontre apparemment banale dans sa littéralité contingente; [...] Dans (ce) premier cas, la chose vue, le cygne échappé de sa cage, se laisse lire de surcroît comme une figure de la nostalgie et du sentiment d'exil; [...]»[40]. Cette première définition répond très bien au parti-pris existentiel informant la pensée de Benjamin: au départ du lyrisme poétique, il y a toujours «la chose vue», c'est-à-dire, au sens large de l'expression, l'expérience vécue. Dans cette optique socio-historique, le poète est un homme marqué par son temps et la syphillis. Désenchanté par «l'apogée du capitalisme»[41] dont il est le témoin impuissant, le «poète lyrique» qu'est Baudelaire n'aurait pas d'autre choix que de chanter son désenchantement, à la façon de son grand cygne. L'inspiration du poète, dans une société hautement capitaliste, c'est la douleur[42] que lui causent la catastrophe où court l'esprit, l'auto-destruction d'une humanité réifiée par ses propres produits, la mort qui imprègne toute vie — à commencer par la sienne, contaminée par des marchandises humaines malades de la syphillis.

En tant qu'allégorie, la prostituée mettrait en lumière le crépuscule qui menace les hommes, la décadence dont elle est à la fois le signal et l'agent, le soir dont elle profite pour sortir de l'ombre. Dans «Le Crépuscule du soir», par exemple, l'allégorie triomphe et brille de tous ses feux au moment où «la Prostitution», s'enflammant de tout le lustre de la marchandise, «s'allume dans les rue»:

---

[40] *La Mélancolie au miroir*, Paris, Julliard, 1989, pp. 73-74.

[41] L'ouvrage sur Baudelaire projeté par Benjamin devait s'intituler, on s'en souvient: «Un Poète lyrique à l'apogée du capitalisme».

[42] Cette douleur, pour Benjamin, est synomyme de «spleen» ou «taedium vitae» (cf. *Zentralpark* 2, op. cit., p. 212).

«A travers les lueurs que tourmente le vent
La Prostitution s'allume dans les rues;
Comme une fourmilière elle ouvre ses issues;
Partout elle se fraye un occulte chemin,
Ainsi que l'ennemi qui tente un coup de main;
Elle remue au sein de la cité de fange
Comme un ver qui dérobe à l'Homme ce qu'il mange.»[43]

A la différence d'un poème autobiographique comme «Une nuit que j'étais près d'une affreuse Juive»[44], par exemple, il n'est question ici d'aucune prostituée que Baudelaire aurait connue. Loin de s'inspirer d'une femme réelle dont il ferait une figure de la marchandise, comme le voudrait Benjamin, le poète part au contraire de «la Prostitution», type abstrait qu'il cherche à animer sur le mode d'une prosopopée, «figure de rhétorique qui prête de l'action et du mouvement aux choses insensibles, qui fait parler les personnes soit absentes, soit présentes, les choses inanimées, et quelquefois mêmes les morts». Cette définition de Littré recoupe très bien le deuxième type d'allégorie qui, à l'inverse du premier, selon Starobinski, «confère a des entités 'abstraites' une figure matérialisée, incarnée, quasi visible. [...] dans (ce) second cas, la 'Douleur', recevant la majuscule, devient 'une bonne louve', par traduction imageante et réminiscence mythologique»[45].

Dans le cas de la prosopopée, sous-allégorie spécialisée dans l'animation des choses ou personnes inanimées, il y a bien plus qu'une simple «traduction imageante» ou «réminiscence mythologique». Cette figure suscite un véritable théâtre; elle nous fait assister à un spectacle fantasmagorique. Avec «la Prostitution» qui «s'allume», par exemple, une pratique humaine prend la forme d'une de ses pratiquantes; un drame devient protagoniste dans une mise en scène[46] dont le décor urbain («les rues») est celui d'un

---

43 *Tableaux parisiens*, O.C. I, 95, v. 14-20.

44 *Les Fleurs du mal*, O.C. I, 34.

45 *La Mélancolie au miroir*, op. cit., pp. 73-74.

46 Fontanier dit très bien de la prosopopée qu'elle consiste à «*mettre* en quelque sorte *en scène*, les absens, les morts, les êtres surnaturels, ou même les êtres inanimés; [...]» (c'est moi qui souligne), in *Les Figures du discours*, Paris,

«tableau parisien» de fantaisie. Dans la mesure où elle rend quasi visible l'invisible, la prosopopée produit des hallucinations, à la façon d'un hallucinogène ou même d'une opération magique. Lorsqu'il parle «de la magie appliquée à l'évocation des grands morts», dans *Fusées*[47], Baudelaire a sans doute en esprit cette figure capable, entre autres choses, de réveiller les morts. Deux lignes plus bas, le rapprochement entre rhétorique et magie se confirme et se précise, lorsqu'il est question cette fois «de la langue et de l'écriture, prises comme opérations magiques, sorcellerie évocatoire»[48].

Tout comme les opérations magiques, les procédés rhétoriques ont parfois des ratés. Bien qu'elle cherche à s'incarner dans une prosopopée, la Prostitution du «Crépuscule du soir» n'y parvient qu'imparfaitement. Archétype anonyme, elle reste sans visage concret. Le seul geste dont elle soit capable, qui plus est, la fait ressembler surtout à un réverbère. En s'allumant, elle n'arrive pas à se personnifier et n'y parvient pas mieux par la suite en se laissant comparer à une «fourmilière» (v. 16), puis à un «ver» (v. 20). Au lieu de prendre un visage humain, la Prostitution prend deux masques métaphoriques qui en soulignent au contraire l'aspect animal. Loin d'être un accident, l'échec de la prosopopée contribue ici au sens. En échouant à prendre forme humaine, l'entreprise de prostitution se discrédite elle-même. Incapable de briller par l'esprit, elle ne peut s'allumer qu'à la façon d'un bec-de-gaz, revêtue d'un lustre matériel exemplaire d'une humanité tout entière prostituée à la matière, vendue au dieu du Progrès. A la différence de la prostitution, vieille comme le monde, le gaz d'éclairage est une invention contemporaine du poète. Mais cette invention moderne, à ses yeux, ne fait qu'aggraver elle aussi, tout comme la prostitution, «les traces du péché originel» — en nous donnant l'illusion que le progrès matériel nous bonifie: «Elle (la vraie civilisation) n'est pas dans le gaz, ni dans la vapeur, ni dans les tables tournantes, elle est dans la diminution des traces du péché originel»[49]. La critique sociale, dans

Flammarion, p. 404.

[47] *Fusées* XI, O.C. I, 658.

[48] Id., O.C. I, 658

[49] *Mon cœur mis à nu*, O.C. I, 697.

les *Journaux intimes*, s'exprime directement, d'autant plus que la rage s'y ramasse en des phrases compactes et fulgurantes comme des coups de poing. En poésie, par contre, cette même critique se fait par les moyens indirects d'une rhétorique savante. La Prostitution y est discréditée non comme mauvaise pratique, activité significative d'une idolâtrie[50] de la marchandise, mais en tant que mauvaise prosopopée, figure qui échoue à prendre des traits humains.

A la différence de la Prostitution des *Tableaux parisiens*, la Débauche de *Fleurs du mal* apparaît comme une bonne prosopopée. Bonne sœur de la Mort qui l'accompagne presque toujours, on l'a vu, ses traits féminins sont à la fois aimables et sinistres, terribles et doux, affreux et charmants. Avec la Débauche et la Mort, le mal prend forme humaine comme pour mieux perdre le poète. Pour mieux le séduire, ces deux filles cherchent à le confondre, à lui faire confondre le bien et le mal en lui rendant aimable ce qui est immonde. Pour mieux semer la confusion, elles commencent d'ailleurs par se confondre toutes deux avec une même figure, «la Destruction», qui donne son nom au poème introducteur de la section. «Pleins de confusion», les yeux du poète sont éblouis, dès ce premier poème, par un «Démon» qui, pour le séduire, prend la forme d'une femme superlative:

> «Sans cesse à mes côtés s'agite le Démon;
> Il nage autour de moi comme un air impalpable;
> Je l'avale et le sens qui brûle mon poumon
> Et l'emplit d'un désir éternel et coupable.
>
> Parfois il prend, sachant mon grand amour de l'Art,
> La forme de la plus séduisante des femmes,
> Et, sous de spécieux prétextes de cafard,
> Accoutume ma lèvre à des philtres infâmes.
>
> Il me conduit ainsi, loin du regard de Dieu,
> Haletant et brisé de fatigue, au milieu
> Des plaines de l'Ennui, profondes et désertes,

---

50 Ou «humanisation», comme dit Benjamin: «La marchandise cherche à se voir elle-même en face. Elle célèbre son humanisation dans la prostituée.» (*Zentralpark*, op. cit., p. 228)

Et jette dans mes yeux pleins de confusion
Des vêtements souillés, des blessures ouvertes,
Et l'appareil sanglant de la Destruction!»[51]

Le travail du Démon, ce «rusé doyen», consiste à tromper le poète par les moyens même de son «Art», qu'il «sait» mieux que personne, pour en être le maître[52]. L'Art du poète, que le Démon mime avec ruse en prenant forme humaine, c'est celui d'une rhétorique capable d'évoquer de façon concrète les esprits invisibles et impalpables qui, comme ce Démon lui-même, nagent sans cesse autour de lui. Par l'artifice de la prosopopée, le poète donne corps à ses hantises, il accoutume non seulement ses yeux mais sa lèvre à des fantasmagories qu'il met en scène, dans un drame qui se résume ici à la forme concrète qu'elles prennent chacune tour à tour. Au milieu de plaines profondes et désertes figurant l'Ennui, la plus séduisante des femmes — figure du Démon — jette aux yeux du poète l'appareil sanglant qui figure la Destruction. Le récit dramatique du poème, tel qu'il ressort de ce résumé schématique, est constitué par ce que Barbara Johnson appelle la «défiguration» du langage poétique[53], c'est-à-dire la transcription littérale et prosaïque des figures constitutives de la poésie versifiée. Si cette défiguration est bien constitutive d'un récit, comme on le voit ici, ce récit, par contre, n'est pas le privilège exclusif de la prose[54]. Loin d'être la marque spécifique des petits poèmes en prose, comme le voudrait Barbara Johnson, la mise en légende des allégories poétiques, comme en témoigne très bien «La Destruction», est au travail dans et dès les poèmes versifiés.

En vers comme en prose, Baudelaire est obsédé par la destruction, une destruction qui le poursuit inlassablement, ainsi qu'il le confesse dans Dans *Mon cœur mis à nu*:

---

[51] «La Destruction», O.C. I, 111.

[52] C'est ce qu'on a vu à plusieurs reprises à propos de «L'Epigraphe pour un livre condamné».

[53] Cf. *Défigurations du langage poétique*, Paris, Flammarion, 1979.

[54] Pour une réhabilitation du récit en poésie, on se reportera à l'ouvrage essentiel de Dominique Combe: *Poésie et récit, une rhétorique des genres*, Paris, Corti, 1989.

> «Mon ivresse en 1848.
> De quelle nature était cette ivresse?
> Goût de la vengeance. Plaisir *naturel* de la démolition.
> Ivresse littéraire; souvenir des lectures.
> Le 15 mai. — Toujours le goût de la destruction. Goût légitime si tout ce qui est naturel est légitime.»[55]

Un rapport est ici suggéré entre l'ivresse littéraire et l'ivresse sanguinaire, mais sans plus, sans qu'on sache si le «souvenir des lectures» enflamme ou calme au contraire les passions meurtrières. Dans la mesure où le goût de la destruction est «naturel», il devrait se passer d'un adjuvant comme la lecture ou même l'écriture. Dans *Fleurs du mal* pourtant, ce goût s'exprime à travers des figures artificielles qui le dénaturent, qui en font autre chose qu'un instinct naturel. A propos de ces figures, Benjamin suggère que «les allégories sont les lieux où Baudelaire expiait sa pulsion de destruction»[56]. En parlant d'expiation, Benjamin considère implicitement l'écriture comme un calvaire, un chemin de croix dont les stations seraient le moyen d'un salut, opinion qui se trouve corroborée, quelques pages plus haut, par cette précision que «les allégories sont les stations sur le chemin de croix du mélancolique»[57]. Dans cette perspective d'une rédemption, la figuration allégorique du mal serait un moyen de s'en délivrer et de s'en purger. S'il en était ainsi, pourtant, les allégories devraient disparaître progressivement de l'œuvre à mesure que celle-ci, en bon chemin de croix, s'approche de son terme rédempteur. Or on assiste au contraire à leur prolifération, comme en témoigne assez la section intitulée *Fleurs du mal*. Loin d'être une ascèse conduisant par paliers au salut (c'est-à-dire à la disparition de toute représentation du mal), l'écriture ne cesse de produire de plus en plus de figures qui raniment le désir et, avec lui, la conscience d'une faute. «Eternel et coupable» (v. 4), le «désir» du poète lui est bien inspiré par un Démon, mais qui relève moins de la religion que de la rhétorique: démon familier qui n'est autre que celui de l'allégorie.

---

55 O.C. I, 679.

56 *Zentralpark*, op. cit., p. 226.

57 Id., p. 219.

Avec l'éternel retour du désir revient aussi la conscience d'une faute que signalerait, selon Benjamin, une *Melencolia* déprimée par l'éternelle contemplation du squelette qui lui fait face:

> «il a pris comme viatique sur ce chemin une vieille et précieuse pièce de monnaie tirée du trésor accumulé de cette société européenne. Cette pièce porte côté face un squelette et côté pile une *Melencolia* plongée dans ses méditations. Cette pièce était l'allégorie.»[58]

Sur le chemin de croix du mélancolique, l'allégorie est cette fois définie, non plus comme une étape («station»), mais comme une pièce («viatique») destinée à alléger et soulager — sans expier — le calvaire. «Calvaire», qui vient de l'hébreu *Golgotha*, lieu de la crucifixion, c'est le lieu du «crâne» (*cauvaire*) que ne cesse de se représenter le pénitent qui refait symboliquement le chemin du Christ. Pour le poète, le crâne et le squelette sont également des lieux, mais des *lieux communs* ambigus qui lui permettent simultanément d'*expier* un désir coupable et d'*épier* des figures qui excitent ce même désir.

Tout en étant d'une seule pièce, le squelette et la mélancolie s'opposent, ou plutôt l'allégorie les oppose, les arrache à leur face à face morbide pour les renvoyer dos à dos. En animant le squelette humain, la prosopopée le secoue et le soustrait à la fascination mélancolique dont il est *naturellement* l'objet. Par un artifice rhétorique, le sujet s'arrache à une contemplation mortifère qui le paralyse. Avec les morts qu'il réveille, il se réveille lui-même de la stupeur mélancolique où nous plonge toute pensée abstraite, c'est-à-dire à vide, de la mort. Méditer sur une mort sans visage et sans vie provoque la mort du sujet, le paralyse dans une indifférence qui lui ôte toute conscience de soi et donc tout désir, y compris celui de la mort. Pour désirer la mort, et non s'abîmer en elle, il faut lui donner vie, lui «prête(r) de l'action et du mouvement» (comme dit Littré), c'est-à-dire produire des prosopopées. Si l'allégorie, sur l'une de ses faces, implique la mélancolie, c'est en tant que repoussé ou

---

[58] Id., p. 243.

repoussoir. Repoussant sans cesse la mélancolie, l'allégorie lui fait pièce, combat la fascination morbide qu'exerce sur nous la pure pensée de la mort.

En commerçant avec la Débauche, la Mort et la Destruction, le poète ne recherche pas «la vie qui signifie la mort», mais bien plutôt *la mort qui prend vie.* Avec «l'appareil sanglant» qu'il évoque, il goûte une Destruction en acte, comme le soulignent très bien les «blessures *ouvertes*» que provoque cet «appareil *sanglant*»[59]. Dégouttante, c'est-à-dire encore vivante, c'est ainsi que la Destruction réveille le désir, un désir qui, parce qu'il est «coupable», inspire un ennui profond, voisin de la mélancolie. Mais parce qu'il est aussi «éternel», ce désir protège sans cesse de l'ennui mortel qu'il inspire en lui donnant vie sous les traits d'une figure, «l'Ennui». L'ennui mélancolique du poète se trouve ainsi conjuré par le spectacle allégorique qu'il s'en donne, sous la forme concrète de «plaines [...] profondes et désertes». Humeur voisine de la mélancolie, l'ennui n'est pourtant pas l'indifférence. Il se caractérise ici par une fatigue physique (v. 10) accompagnée de confusion morale (v. 12). Dans son ennui, le poète est confus, confondu par un goût de la destruction qui lui inspire du dégoût. Tout se passe comme si «la plus belle des femmes», comme «celle qui est trop gaie», excitait ici une pulsion sadique qui finit par la défigurer et la transformer elle-même en «appareil sanglant», c'est-à-dire en la figure même de la Destruction dont elle est victime. Avec ses «vêtements souillés» et ses «blessures ouvertes», la Destruction est à la fois séduisante (comme Eros) et repoussante (comme Thanatos). Elle apparaît ainsi comme une troisième bonne sœur. De même que les deux autres, elle offre tour à tour «De terribles plaisirs et d'affreuses douceurs».

«Philtre infâme», l'allégorie est un *pharmakon*, un mal contenant en lui-même son propre remède. A travers elle, le mal devient séduisant mais en tant que figure, c'est-à-dire en tant qu'autre chose qui s'en distingue et le repousse pour mieux le représenter. Ainsi repoussé par autre chose qui le met pourtant en relief, qui le fait ressortir, le mal apparaît à la fois attirant et repoussant. Il est tenu à

---

59 C'est moi qui souligne.

distance (dans une distance qui permet la conscience morale) par le jeu même d'une représentation qui permet ainsi de s'en rapprocher pour le goûter concrètement, sinon réellement. En produisant des allégories ou prosopopées qui sont des figures-spectacles, si l'on peut dire, le poète peut se donner la jouissance imaginaire de ce qui dans le même temps, mais ailleurs, à distance, à un autre niveau de l'expérience, lui inspire le plus grand dégoût.

Dans la brasserie où Baudelaire aurait dit un jour: «Ça sent la destruction» (et non pas «la choucroute» ou «la femme qui a un peu chaud», comme ses amis tentaient de l'en persuader pour le rassurer), il s'inquiétait sans doute d'autant plus qu'il ne parvenait pas à la voir sous une forme concrète[60]. Pour se rassurer, il a besoin d'écrire, afin de sentir cette fois la Destruction, corps ou appareil effrayant qui intensifie la peur mais sous une forme imaginaire qui rassure à la fois celui qui, maître du jeu, en reste conscient. Ludwig Binswanger, citant ce poème dans son livre *Der Mensch in der Psychiatrie*[61], y voit une illustration de «la vraie nature de la manie de la persécution et de cette forme de délire qui résulte de la dégradation de la communication avec les autres êtres, à savoir la destruction de [...] l'amour»[62]. Cette dégradation de la communication, elle est à l'œuvre dans la brasserie où les amis du poète s'inquiètent à juste titre de son inquiétude, qui l'empêche de communiquer ce qu'il sent. Dans sa chambre, pourtant, Baudelaire travaille à rétablir la communication, avec lui-même et les autres. Avec sang-froid, il joue ou rejoue les délires qui lui chauffent le sang, à l'aide de figures symboliques insensibles qui n'en agissent que mieux sur sa sensibilité.

---

[60] L'anecdote est un propos de Marcel Schwob rapporté par Jules Renard dans son *Journal*, en janvier 1892 (elle est citée par Crépet-Blin et par Pichois, O.C. I, 1058): «Baudelaire, dans une brasserie disait: «Ça sent la destruction.»--«Mais non, lui répondait-on. Ça sent la choucroute, la femme qui a un peu chaud.» Mais Baudelaire répétait avec violence: «Je vous dis que ça sent la destruction».»

[61] Ludwig Binswanger, *Der Mensch in der Psychiatrie*, Pfullingen, 1957, p. 31.

[62] Je cite le compte-rendu que Pichois donne de ce livre (cf. O.C. I, 1057-58).

II

LE SANG DU POÈTE

A propos de «Recueillement», on a vu que «Les défuntes Années» séduisent en tant que figures désirables de ce qui est défunt. Ce «défunt» qui fascine, Baudelaire en fait mainte fois l'expérience, à travers des figures de veuves sur lesquelles il se penche à sa table, lorsqu'il écrit. Dans «Les Veuves» du *Spleen de Paris*, le poète[1] est fasciné par une première veuve, «tout à fait seule», sans enfant, avec laquelle il s'identifie d'autant mieux qu'elle lui ressemble par ses «habitudes de vieux célibataire», par «le caractère masculin de ses mœurs», mais aussi et surtout par sa passion de la lecture:

> «Je la suivis au cabinet de lecture; et je l'épiai longtemps pendant qu'elle cherchait dans les gazettes, avec des yeux actifs, jadis brûlés par les larmes, des nouvelles d'un intérêt puissant et personnel.»[2]

Si le poète traque cette veuve, c'est pour la surprendre en train de lire des nouvelles qui, sur le plan personnel, n'intéressent qu'elle. Ignorant tout de ces nouvelles, il ne peut que se livrer à d'«avides conjectures»[3] sur leur teneur. Or il ne nous en dit rien, nous forçant ainsi à d'avides conjectures concernant les siennes. Dans cette parabole des aveugles où nous sommes entraînés, nous ne pouvons

---

[1] Le narrateur de ce poème en prose s'identifie au poète dont il nous dit au début qu'il aime épier, dans les jardins publics, des «éclopés de la vie», des «âmes tumultueuses et fermées» au nombre desquelles ces veuves dont il voudrait percer le secret: «Ces retraites ombreuses sont les rendez-vous des éclopés de la vie. C'est surtout vers ces lieux que le poète et le philosophe aiment diriger leurs avides conjectures [...]» (O.C. I, 292).

[2] «Les Veuves», *Le Spleen de Paris*, O.C. I, 293.

[3] Id., p. 292.

que supputer ce que conjecture le poète: que la veuve est penchée sur un journal qui lui évoque son défunt mari. Par l'intermédiaire d'une veuve, le poète communique avec un mort qui pour lui, sinon pour elle, reste sans visage, silencieux et anonyme. A la façon d'une allégorie, ce Mort présente un intérêt d'autant plus puissant qu'il reste impersonnel.

En pensant à Andromaque comme il le fait dans «Le Cygne», le poète se prend et se surprend là encore à regretter un mort qu'il n'a pourtant jamais connu. Bien plus, il voit Hector avec les yeux de celle qui n'en a pas fait son deuil, comme s'il voulait (et pouvait ainsi) désirer lui aussi le défunt héros. Nul doute que Baudelaire ne cherche ainsi à éprouver un peu d'amour pour celui qu'il n'a pas eu le temps de connaître, ce père trop tôt disparu qui ne cesse de le hanter, même lorsqu'il est «seul, sans amis, sans maîtresse, sans chien et sans chat»[4], sous la forme d'un portrait «toujours muet» qui l'incite à parler:

> «Je veux tout dire aujourd'hui. Je suis seul, sans amis, sans maîtresse, sans chien et sans chat, à qui me plaindre. Je n'ai que le portrait de mon père, qui est toujours muet.»[5]

La confession amoureuse du fils à la mère se fait par dépit, pourrait-on dire, dépit de ne pouvoir adresser directement son amour à son père, mais aussi et surtout dépit de ne plus pouvoir aimer sa mère. Celle-ci, s'étant remariée, a cessé d'aimer son premier mari et donc cessé de mériter l'amour de son fils. Si Charles en veut à sa mère de ne plus aimer François Baudelaire, c'est par égoïsme, parce qu'il voudrait être aimé de nouveau comme au «bon temps des tendresses maternelles». Or ce bon temps passé correspondait à l'époque d'un veuvage actif où la mère reportait sur son fils l'amour qu'elle ne pouvait plus adresser à son défunt mari. Baudelaire s'excuse auprès de sa mère du malentendu plein d'ironie qui, il s'en aperçoit rétrospectivement, a présidé à leur bonheur passé: «Je te demande pardon d'appeler *bon temps* celui qui a été sans doute

---

[4] Lettre à Madame Aupick, Paris, le 6 mai 1861, Cor. II, 152.
[5] Id., p. 152.

mauvais pour toi»[6]. Il a beau s'excuser d'avoir été heureux du malheur de sa mère, il n'en voudrait pas moins qu'elle le rende à nouveau heureux de la même façon, ou presque, en lui sacrifiant Aupick. Si Baudelaire se détourne d'Aupick, c'est qu'il voudrait en détourner sa mère. Car il comprend, ou imagine comprendre, au vu de son bonheur passé, qu'il ne sera jamais pour elle qu'un pis-aller. Pour être aimé d'elle, comme au bon vieux temps, il faut qu'elle soit veuve, afin qu'elle l'aime par défaut, à défaut du défunt. Souffrant de ce qu'on pourrait appeler un complexe d'Astyanax, il voudrait que sa mère reste fidèle à la mémoire de son père, mais par amour pour lui. S'il est attaché au portrait de son père, lorsqu'il écrit sa confidence, c'est qu'il cherche peut-être à rejouer symboliquement, en l'intériorisant, l'amour que sa mère *leur* portait. En regardant son père avec les yeux de sa mère, il réactive en lui l'amour qu'elle portait à son défunt mari, et fait ainsi revivre l'amour qu'elle reportait sur lui.

Le plus souvent, au lieu de faire des confidences à sa mère, Charles préfère penser à des veuves comme Andromaque, femme restée fidèle à son premier mari. Dans le triangle littéraire formé par Hector/Andromaque/Hélénus, on ne peut s'empêcher de voir le trio bourgeois formé par François Baudelaire (le père défunt)/Mme Aupick (la mère)/Aupick (le beau-père). A cette différence près que Mme Aupick, ayant trahi son premier époux, n'est pas à la hauteur d'Andromaque. Mais le rôle de l'imaginaire, chez Baudelaire, semble être de forcer sa mère à se conformer au triangle littéraire, pour la faire entrer en littérature et participer malgré elle à son monde à lui. Penser à Andromaque, c'est peut-être une stratégie pour voir la réalité se conformer à l'imaginaire, pour voir sa mère prendre les traits exemplaires de la veuve antique, pour la forcer symboliquement à assumer un veuvage qui lui fasse reporter sur l'enfant une partie de son amour. Par son «génie» littéraire, Baudelaire peut retomber en enfance, ou du moins «retrouver à volonté»[7] un épisode heureux qu'il ne revit pas seulement dans sa

[6] Id., p. 153.

[7] On aura reconnu, appliquée à la littérature, la célèbre définition du génie: «Le génie, c'est l'enfance retrouvée à volonté».

lettre du 6 mai 1861, mais qu'il rejoue souvent en fiction, à travers certaines figures capables d'un dévouement maternel entier et exclusif.

Avec Andromaque, le travail de l'imagination symbolique consiste à transformer Madame Aupick en *grande veuve à l'enfant*, telle qu'elle apparaît à nouveau, avec l'enfant cette fois, dans «Les Veuves»:

> «C'était une femme grande, majestueuse, et si noble dans tout son air, que je n'ai pas souvenir d'avoir vu sa pareille dans les collections des aristocratiques beautés du passé. Un parfum de hautaine vertu émanait de toute sa personne. Son visage, triste et amaigri, était en parfaite accordance avec le grand deuil dont elle était revêtue.»[8]

De même qu'Andromaque, cette veuve est «grande» en elle-même, par la noblesse dont elle est revêtue, par le parfum de hautaine vertu dont elle est toute vaporisée. Mais elle est grande aussi, on le découvre à la fin avec le poète, par l'enfant qui l'accompagne et aux besoins duquel elle sacrifie tous ses plaisirs:

> «Mais en passant curieusement auprès d'elle, je crus en deviner la raison [de sa pauvreté]. La grande veuve tenait par la main un enfant comme elle vêtu de noir; si modique que fût le prix d'entrée [au concert public], ce prix suffisait peut-être pour payer un des besoins du petit être, mieux encore, une superfluité, un jouet.
> Et elle sera rentrée à pied, méditant et rêvant, seule, toujours seule; car l'enfant est turbulent, égoïste, sans douceur et sans patience; et il ne peut même pas, comme le pur animal, comme le chien et le chat, servir de confident aux douleurs solitaires.»[9]

La «grande veuve» est ici l'incarnation littéraire de cette mère que le poète confesse avoir eue *une fois*, quand il était lui-même égoïste, incapable de «servir de confident aux douleurs solitaires» de celle qu'il accompagnait pourtant durant de «longues promenades» en

---

[8] «Les Veuves», *Le Spleen de Paris*, O.C. I, 294.

[9] Id., p. 294.

fiacre ou à pied, place Saint-André-des-Arcs et à Neuilly[10]. Dans la confidence épistolaire, l'enfant est capable pour sa mère d'un amour passionné et d'une camaraderie[11] qui le *grandissent* lui aussi et qui lui permettent de servir de «confident», rôle que le narrateur du poème, plus réaliste, lui dénie. Dans le poème en prose, à la différence de la lettre, le poète voit sans aucune complaisance l'enfant égoïste qu'il était, alors que la mère est au contraire apothéosée, grandie par la pauvreté qu'elle s'inflige pour satisfaire une créature qui n'est pas même capable d'apprécier ce sacrifice. Dans sa lettre, le poète idéalise l'enfant qu'il était pour attendrir à nouveau sa destinatrice. Dans son poème, il idéalise au contraire sa mère, qu'il fait s'attendrir sans plus attendre, par figure interposée. Par la littérature, Baudelaire se procure ce qu'il demande dans sa correspondance, comme si la fiction ne pouvait s'accommoder des lenteurs du courrier.

Par la littérature, certaines demandes peuvent être instantanément satisfaites, certains désirs deviennent des ordres[12] et l'insatiable curiosité se repaît d'«avides conjectures». Ecrire, c'est passer «curieusement»[13] auprès de certains être fictifs sur lesquels on passe sa curiosité, c'est diriger ses «conjectures» vers des spectres dont on cherche à «deviner la raison» d'être. A la fin des «Veuves», cette curiosité *se passe* au futur antérieur («Et elle sera rentrée à pied [...]), temps qui anticipe un hypothétique futur et le fait advenir avant son heure. Indicatif du réel, le futur antérieur permet ici à une conjecture imaginaire de se réaliser dans le temps même de l'écriture, c'est-à-dire dans un présent imaginaire où se rencontrent et s'abolissent deux solitudes: celle du poète, qui *fait le mort* pour mieux revivre auprès de *sa* veuve, et celle de la veuve qui, ainsi accompagnée par une pensée amie, ne saurait être «seule». Par son

---

10 Cf. Lettre à Madame Aupick, Cor. I, 153.

11 Il résume très bien ses sentiments en lui disant: «Tu étais à la fois une idole et un camarade», O.C. I, 153 (déjà cité).

12 Comme dit à peu près Breton dans son premier *Manifeste du surréalisme*.

13 Aux deux sens du mot: *avec curiosité*, mais aussi *d'une façon curieuse et étrange*, la démarche du poète étant faite ici auprès d'une créature fictive évoluant dans un espace imaginaire.

verbe, l'auteur feint le mort pour mieux se rapporter à ses veuves, figures ruinées par une perte qu'il cherche à compenser par sa présence auprès d'elles.

Par cette feinte, Baudelaire cherche peut-être inconsciemment à être son père, à faire revivre en lui celui auquel il demeure attaché par le regard. A sa mère, le 4 mars 1858, il confie que le «malheureux portrait» de son père est «accoutumé comme (lui) aux déménagements»[14]. Sans attaches parisiennes, condamné à errer plus qu'à flâner au sein de la cité, il trouve en son père une attache fixe, un compagnon stable et fidèle qui, malgré les déménagements auxquels on l'accoutume, n'en offre pas moins l'image d'une force exemplaire, immuable et sereine, que son fils lui envie et qu'il lui demande chaque matin, dans une prière, de lui communiquer:

> «Faire tous les matins ma *prière à Dieu, réservoir de toute force et de toute justice*, à *mon père*, à *Mariette* et à *Poe*, comme intercesseurs; les prier de me communiquer *la force nécessaire* pour accomplir tous mes devoirs, et d'octroyer à ma mère *une vie assez longue* pour jouir de ma transformation; travailler toute la journée, ou du moins *tant que mes forces me le permettront*; [...]»[15]

Par un ascendant qui ne le cède ici qu'à l'autre Père, cette figure du père retient le poète à sa table, sinon à son domicile, table où il se confie à sa mère et au lecteur, comme on l'a vu, mais aussi à ce mort qui, au plus profond, semble être le destinataire ou encore le répondant secret de l'écriture poétique.

Dans la «Dédicace» des *Paradis artificiels*, Baudelaire s'interroge sur le sens même de cette dédicace et, au delà, sur le sens qu'il y a à écrire dans un sens personnel, en adressant son livre à «quelqu'un» de particulier:

> «Il importe d'ailleurs fort peu que la raison de cette dédicace soit comprise. Est-il même bien nécessaire, pour le contentement de l'auteur, qu'un livre quelconque soit compris, excepté de celui ou de celle pour qui il a été composé? Pour tout dire enfin, indispensable

---

[14] Cor. I, 477.

[15] *Journaux intimes, Hygiène*, O.C. I, 673.

> qu'il ait été écrit pour *quelqu'un*? J'ai, quant à moi, si peu de goût pour le monde vivant que, pareil à ces femmes sensibles et désœuvrées qui envoient, dit-on, par la poste leurs confidences à des amis imaginaires, volontiers je n'écrirais que pour les morts.»[16]

Pour le contentement de l'auteur, pour satisfaire la femme que cet être androgyne porte en lui, il suffirait et même il conviendrait qu'il n'écrive que pour des êtres imaginaires. Il se contenterait en somme de ne communiquer qu'avec les morts, s'il n'en était empêché par la nécessité de s'adresser à quelqu'un ou plutôt à quelqu'«une» qui n'est pas morte, ou du moins pas encore complètement:

> «Mais ce n'est pas à une morte que je dédie ce petit livre; c'est à une qui, quoique malade, est toujours active et vivante en moi, et qui tourne maintenant tous ses regards vers le Ciel, ce lieu de toutes les transfigurations.»[17]

Enigmatique, cette femme l'est par des initiales (J.G.F) qui se refusent à livrer leur secret, mais aussi et surtout par une condition intermédiaire et «crépusculeuse» qui la fait paraître active quoique malade, vivante quoique morte. Elle vit mais comme déjà transfigurée, déjà là où ses regards sont tournés. De plus, elle est «vivante en moi», dit Baudelaire, ce qui suggère qu'elle est morte d'une façon surtout symbolique, intériorisée par un poète jaloux qui la *trans*-forme en *figure,* sans attendre que le Ciel le fasse. La transfiguration se remarque ici à des majuscules qui ne retiennent du vivant que ses grands traits, à la façon dont opère le portrait. En J.G.F., Baudelaire découvre une figure de la femme, de même que le portrait lui révèle la figure du père. Ce n'est donc pas à une morte ni à un mort que le poète s'adresse, c'est à des figures où les vivants comme les morts apparaissent trans-figurés, morts et pourtant vivants.

Pour communiquer avec ces figures, Baudelaire descend souvent chez les morts. Sa vie est pleine de suicides manqués dont il aime à parler. Celui du 30 juin 1845 par exemple, qu'il relate avant coup dans une lettre à Ancelle datée du même jour. Au nombre des

---

16 O.C. I, 399-400.

17 Id., p. 400.

causes vraisemblables relevées par Claude Pichois et Jean Ziegler[18], il y aurait «la fatigue de vivre», une fatigue existentielle que le poète accuse tout le premier:

> «Je me tue parce que je ne puis plus vivre, que la fatigue de m'endormir et la fatigue de me réveiller me sont insupportables. [...] Au moment où j'écris ces lignes, je suis tellement bien doué de lucidité, que je rédige *encore* quelques notes pour M. *Théodore de Banville*, et que j'ai toute la force nécessaire pour m'occuper de mes manuscrits.»[19]

Non sans paradoxe, la fatigue de vivre s'accompagne ici de la force d'écrire, comme si celle-ci impliquait celle-là. A force d'écrire, Baudelaire perd le goût de vivre, ou plutôt il prend le goût de mourir. Le désir de la mort, encore une fois, n'est pas sans rapport à l'écriture, une écriture qui, dans cette lettre, se fait même l'instrument performatif du suicide. Au moment où il se tue, en effet, Baudelaire «rédige *encore*», il est conscient de se tuer en écrivant des lignes qui accomplissent ce qu'elles disent. En somme, il meurt d'écrire «je me tue», dans une agonie qui tient à la performance littéraire d'une mort indéfiniment réitérée[20].

Vivre de littérature, en rédigeant des notes critiques et en s'occupant de ses manuscrits, c'est se retrancher des vivants, mourir à soi et aux siens pour se mettre au service d'une seule «créature». Ainsi qu'il l'explique longuement à Ancelle, Baudelaire se tue pour sa dame, Jeanne Lemer (alias Duval), pour «servir une créature»[21] qui «n'a rien»[22] et à qui il laisse toute sa fortune, spoliant ainsi délibérément sa mère et son frère de leur part d'héritage. Pour se justifier indirectement auprès des siens, Baudelaire dit qu'ils n'ont pas besoin de lui. Pour sa mère, «elle a son *mari*»[23]. Et pour son

---

[18] Cf. *Baudelaire*, Claude Pichois et Jean Ziegler, Paris, Julliard, 1987, p. 208.

[19] A Narcisse Ancelle, Le 30 juin 1845, Cor. I, 124-25.

[20] Dans le seul paragraphe dont un extrait est cité ci-dessus, «je me tue» revient quatre fois en douze lignes.

[21] Lettre à Ancelle du 30 juin 1845, Cor. I, 126.

[22] Id., p. 125.

[23] Id., p. 125.

frère: « — il n'a pas vécu *en moi ni avec moi* — il n'a pas besoin de moi»[24]. En inversant le raisonnement que le poète fait à propos de son frère, on peut dire de Jeanne qu'elle a besoin de lui pour la raison qu'elle a vécu en lui et avec lui. Elle est sa famille car il la porte en lui, la sent «vivante en lui», tout comme déjà J.G.F. dans la «Dédicace» des *Paradis artificiels*. La reconnaissance du poète, dans cette «Dédicace» comme dans sa lettre testamentaire, s'adresse à «une» qui dépend de lui pour avoir vécu en lui, c'est-à-dire à «une» qu'il considère comme *sa* créature, prototype de toutes celles qu'il enfante par son verbe et dont il dit ailleurs, dans «Les Petites vieilles», qu'elles constituent «(sa) famille». Jeanne lui apparaît ainsi comme une maîtresse qui est aussi une matrice: *vivante* matrice des innombrables figures que le poète entretient — à l'aide de son sang.

Dans un poème de jeunesse adressé à Banville, Baudelaire note déjà très bien, mais en passant, que l'hémophilie est la condition même du poète: « — Poète, notre sang nous fuit par chaque pore —»[25]. Dans *Fleurs du mal*, il revient sur cette idée qui l'obsède, pour lui consacrer cette fois tout un poème, «La Fontaine de sang»:

> «Il me semble parfois que mon sang coule à flots,
> Ainsi qu'une fontaine aux rythmiques sanglots.
> Je l'entends bien qui coule avec un long murmure,
> Mais je me tâte en vain pour trouver la blessure.
>
> A travers la cité, comme dans un champ clos,
> Il s'en va, transformant les pavés en îlots,
> Désaltérant la soif de chaque créature,
> Et partout colorant en rouge la nature.»[26]

En écrivant ces lignes, le poète a de nouveau l'impression, sinon de se tuer du moins de mourir, dans un fantasme d'hémorragie qui découle de son écriture même. Implicitement rapporté à l'encre poétique, le sang coule avec «un long murmure» qui est celui du vers, scandé et ponctué par les «rythmiques sanglots» d'un mètre

---

[24] Id., p. 125.

[25] «A Théodore de Banville», in *Poésies de jeunesse*, O.C. I, 208, v. 9.

[26] O.C. I, 115, v. 1-8.

lyrique. Sur le plan prosodique, l'hémorragie signale un besoin lyrique de s'épancher, de se laisser vaporiser par un verbe nombreux. Rebondissant de rimes en rimes, de strophes en sprophes, les vers s'écoulent en longs murmures cadencés, en rythmiques *sang*lots irrépressibles comme le sang même qui rejaillit ici en eux, à la première syllabe, par besoin d'assonance. Dans la deuxième strophe, la métaphore auto-référentielle se poursuit avec les «pavés» qui, à la lumière de «Soleil», se rapportent aux mots poétiques eux-mêmes[27]. «Champ clos», de même, se rapporte à une cité dé-naturée par le verbe, colorée en rouge elle aussi, transposée en un «tableau» qui renvoie à l'espace clos du poème. Ne coulant d'aucune blessure naturelle (v. 4), le sang artificiel du poète s'en va désaltérer non des êtres réels mais «chaque créature» imaginaire vivant au sein du poème.

La condition du poète, ainsi qu'il apparaît dans les tercets, c'est de perdre sa substance au profit de «cruelles filles» qui se nourrissent de tous ses gestes, y compris ceux qu'il fait pour oublier sa condition:

> «J'ai demandé souvent à des vins captieux
> D'endormir pour un jour la terreur qui me mine;
> Le vin rend l'œil plus clair et l'oreille plus fine!
>
> J'ai cherché dans l'amour un sommeil oublieux;
> Mais l'amour n'est pour moi qu'un matelas d'aiguilles
> Fait pour donner à boire à ces cruelles filles!»[28]

Le vin et l'amour ne l'ayant pas réconforté, le poète se tourne alors vers la poésie, à laquelle il demande implicitement, en écrivant ce poème, d'apaiser la terreur qui le mine. Or cette terreur est provoquée par l'écriture même où le poète cherche à l'oublier. Pire que l'ivresse bachique ou érotique, l'ivresse poétique donne au sujet le

---

[27] Cf. «Le Soleil», O.C. I, 83, v. 5-7:

> «Je vais m'exercer seul à ma fantasque escrime,
> Flairant dans tous les coins les hasards de la rime,
> Trébuchant sur les mots comme sur les pavés,»

[28] O.C. I, 115, v. 9-14.

sentiment d'être vampirisé par celles qu'il abreuve de son sang, mis à mort par les filles mêmes qu'il a mise au monde.

La mise au monde se retournant ainsi en mise à mort, ce qui est positif apparaît simultanément négatif, dans une confusion qui ne fait qu'aggraver la terreur du poète en lui représentant son écriture, une nouvelle fois, comme un *pharmakon népenthès*[29], baume qui ravive la blessure, sommeil oublieux qui se retourne en matelas d'aiguilles. Alors même qu'il cherche à se représenter la mort sous des dehors aimables, afin d'en conjurer le spectre, cette mort vivante lui inspire une terreur encore plus grande. Le moyen d'oublier devient moyen de torture; le spectacle censé distraire ne fait qu'angoisser davantage. Autrement dit, les créatures auxquelles il donne vie s'avèrent être autant de Parques qui lui dérobent la sienne. Mais ces «cruelles» filles n'en sont pas moins «aimables», tout comme La Débauche et la Mort qui les encadrent, présentes dans «Les Deux bonnes sœurs» d'un côté et, de l'autre, dans «Allégorie». En tant que «fille» insensible elle aussi, Allégorie (c'est son nom) «rit à la Mort et nargue la Débauche» (v. 5), rivalisant ainsi avec ses propres sœurs. Proches parentes de leurs «cruelles» voisines, les deux bonnes sœurs sont également qualifiées de «filles», filles qui, pour être «aimables», n'en offrent pas moins elles aussi de «*terribles* plaisirs»[30].

Victime de ses propres créatures, le poète est tourmenté par des filles qui «aiment à infliger la mort»[31] en produisant à ses yeux le spectacle même de la mort. Or c'est lui, dans *Fleurs du mal*, qui mène la danse, incitant ses figures à prendre un aspect terrifiant; c'est lui qui, à travers elles, aime à se représenter la mort sous une forme vive. Dans un «théâtre de la cruauté» propre à la poésie, Baudelaire aime mettre en scène la mort, il aime lui donner vie afin de mieux la mettre en sang. Dans «Une Martyre», cette mort vivante prend la forme macabre d'un cadavre décapité mais vivant, véritable fontaine d'où jaillit le sang:

---

[29] Cf. *Paradis artificiels*, O.C. I, 465.

[30] C'est moi qui souligne.

[31] Définition de «cruel» selon Littré.

«Dans une chambre tiède où, comme en une serre,
L'air est dangereux et fatal,
Où des bouquets mourants dans leurs cercueils de verre
Exhalent leur soupir final,

Un cadavre sans tête épanche, comme un fleuve,
Sur l'oreiller désaltéré
Un sang rouge et vivant, dont la toile s'abreuve
Avec l'avidité d'un pré.»[32]

Nous assistons ici à une mort en acte, à un cadavre sans tête mais non pas sans vie puisqu'il épanche toujours, en mourant, un sang qualifié de «vivant». A l'arrière-plan, accompagnant cette agonie sanglante, des bouquets meurent eux aussi, dans un dernier soupir qui leur confère, *in extremis*, des traits humains. Comme un chœur tragique mimant les gestes du protagoniste (le cadavre), ces fleurs humaines se sacrifient elles aussi, elles expirent dans un lieu d'autant plus favorable à la mort que l'air semble lui-même s'y raréfier. Construits en verre, les cercueils laissent voir la mort, ils nous donnent d'assister à son vivant spectacle, comme font au même moment les vers que nous lisons. Dans *Fleurs du mal*, Baudelaire anime des figures pour mieux les faire mourir, il leur donne le souffle pour mieux les voir expirer, «bouquets mourants» dans des *recueils de vers*.

Dans la chambre tiède où il écrit, oppressé lui aussi par un air dangereux et fatal émanant de son écriture, le poète a parfois l'impression, on l'a vu, que son sang coule à flots, tout comme celui d'«une Martyre». Avec cette morte vivante, Baudelaire produit une allégorie de celui qu'il devient à sa table, lorsqu'il se laisse martyriser par des filles cruelles qui s'abreuvent de son sang. Or ce sang n'est pas perdu puisqu'elles le perdent à leur tour au profit cette fois d'une toile qui s'en imprègne avec l'avidité d'un pré. Dans «La Fontaine de sang», le sang du poète colore en rouge la nature, comme fait ici celui d'une de ses filles. «Toile» dénote ici l'étoffe de l'oreiller, qui prend bizarrement vie lui aussi en se désaltérant à cette fontaine macabre qu'est le cadavre sans tête. Mais rapporté au sous-

---

[32] O.C. I, 112, v. 5-12.

titre du poème, «dessin d'un maître inconnu», ce même mot connote le dessin dont Baudelaire s'inspire pour brosser en vers sa propre «toile». Par cadavre interposé, le poète abreuve de son sang un tableau où il voudrait passer et vivre, conformément au désir qu'il exprime dans «L'Invitation au voyage» en prose: «vivrons-nous jamais, passerons-nous jamais dans ce tableau qu'a peint mon esprit, ce tableau qui te ressemble?»[33]. Sur le mode macabre, le cadavre d'«Une Martyre» satisfait le désir du poète en s'endormant à ses côtés dans le «tombeau» du poème. Comme dans «L'Invitation au voyage» en vers cette fois, Le poème est un reposoir où les amants souhaitent «aimer et mourir»[34], dans un «pays» qui, se colorant de leur sang, se transforme en leur tombe.

Dans «Une Martyre», le voyage se fait au pays du sommeil, sommeil profond comme la tombe où les époux célèbrent leurs noces de sang:

> «Dors en paix, dors en paix, étrange créature,
> Dans ton tombeau mystérieux;
>
> Ton époux court le monde, et ta forme immortelle
> Veille près de lui quand il dort;
> Autant que toi sans doute il te sera fidèle,
> Et constant jusques à la mort.»[35]

Au moment de refermer son cercueil de vers, dans un ultime fantasme qui rappelle la fin d'«Une Charogne», le poète semble se féliciter d'une union mystique trouvée au sein du poème, dans des vers qui le sacrifient, lui et sa maîtresse, mais pour en garder la «forme immortelle», «l'essence divine»[36]. Mais le poème, par son ambiguïté, est aussi «mystérieux» que le tombeau qui lui sert de métaphore. En lui gisent des créatures dont l'étrangeté est liée à la

---

[33] O.C. I, 303. Dans le chapitre intitulé «L'Artiste philosophe», on a vu que «Paysage» vient déjà satisfaire, à sa façon, un tel désir (cf. troisième partie, chapitre II).

[34] Cf. «L'Invitation au voyage», en vers cette fois, O.C I, 53, v. 5.

[35] O.C. I, 113, v. 55-60.

[36] Cf. «Une Charogne», O.C. I, 32, v. 47.

mort vivante qu'elles encourent, soit par définition, en tant que prosopopées, soit par représentation, en tant qu'images où la mort apparaît dans ses œuvres vives. Mais l'ambiguïté du poème tient aussi et surtout à sa finalité. Fait pour «aimer et mourir», ce tombeau est aussi une «alcôve», sinon un «lupanar» (ainsi qu'il apparaît, on l'a vu, dans «Les Deux bonnes sœurs»[37]). Dans ce lieu de tous les paradoxes, une «étrange créature» dort tout en veillant, par sa forme immortelle, sur un époux qui semble y dormir lui aussi, tout en courant le monde. Dans cette parabole qui termine le poème, la prosopopée se désigne comme une «étrange créature» capable de veiller tout en dormant, morte-vivante dont la «forme immortelle», figée dans le sommeil primordial des archétypes, s'anime et veille pourtant auprès de celui qui, fidèlement endormi à ses côtés, n'en continue pas moins à courir le monde, infidèle, à la poursuite d'autres créatures aussi étranges. Fidèle et infidèle aux figures qu'il produit — puisqu'il lui faut sans cesse en créer d'autres, tout en s'attardant auprès de chacune — le poète est l'époux sage et volage du poème. En tant que tel, il se voit à la fois avec son épouse et loin d'elle, en train de l'observer «de loin tendrement».

Parallèlement à cette distanciation d'avec son épouse, il se dissocie de lui-même en lui parlant de «(son) époux», comme si celui-ci était un tiers, une troisième personne différente de lui. Ainsi qu'il apparaît dans le sonnet à Banville, cette aptitude à se dissocier de soi s'avère être le lot du «Poète», être *singulier* dont le sang n'en est pas moins *pluriel*:

« — Poète, notre sang nous fuit par chaque pore — »

Loin de désigner seulement Banville, «Poète» évoque ici une abstraction exsangue dont le sang nombreux n'en finit pourtant pas de couler «par chaque pore», jaillissant de plusieurs sources. En perdant son sang, non sans paradoxe, cette étrange créature prend vie, dans une prosopopée qui lui fait dire «nous». Poète générique parlant au nom de tous les poètes, il vient dire que sa condition est de se couler en une multitude de créatures où il se retrouve,

---

37 O.C. I, 114-15, v. 7 et 9 (cf. le chapitre précédent).

multiplié par celles qu'il irrigue de son sang. Son être tient ainsi à des êtres qu'il tient pourtant bien en main, les manipulant selon ses désirs, leur faisant jouer toutes les comédies, y compris celle de la mort. Jouissant d'un droit de regard qui se retourne contre lui, le poète sacrifie parfois ses propres filles, c'est-à-dire son sang, dans un spectacle qui lui permet d'assister à sa propre mort. En faisant souffrir ses créatures, il se découvre lui-même mort vivant, assistant paisiblement à l'écoulement de son sang, souffrant un martyre dont il se dissocie, cherchant à garder la tête froide, coupée (pour ainsi dire) des émotions qu'il se donne.

Dans le sonnet à Banville, Baudelaire anime une prosopopée où il voit son image, ou plutôt celle du poète qu'il devient lorsqu'il écrit. Cette «image» se retrouve dans «Un Voyage à Cythère», pendue à un «gibet symbolique» où se tient toujours «debout» lui aussi, d'une certaine façon, un «pauvre diable au souvenir si cher»:

> «Devant toi, pauvre diable au souvenir si cher,
> J'ai senti tous les becs et toutes les mâchoires
> Des corbeaux lancinants et des panthères noires
> Qui jadis aimaient tant à triturer ma chair.
> [...]
> Dans ton île, ô Vénus! Je n'ai trouvé debout
> Qu'un gibet symbolique où pendait mon image.....»[38].

Dans ce «pauvre diable», il est tentant de reconnaître Gérard de Nerval, à qui le poème aurait sans doute été dédié, s'il n'était mort pendu le 26 janvier 1855, cinq mois avant la parution du poème dans la *Revue des Deux Mondes*[39]. Et pourtant, au moment où le poème s'écrit, c'est-à-dire avant 1852[40], Nerval est bien vivant. Le «ridicule pendu», par conséquent, ne saurait faire allusion à sa mort

---

[38] O.C. I, 119, v. 49-52 et 57-58.

[39] Les deux manuscrits existants, datés de l'époque où Gérard de Nerval était encore vivant, font très précisément allusion à ce poète. L'un d'eux, celui de la collection Daniel Sickles (*ms*), lui est même dédié et, au dire de Pichois, lui fut peut-être adressé (cf. O.C. I, 1069-70 et 1073-74).

[40] «Entre septembre 1851 et le début de janvier 1852», selon Pichois (cf. O.C. I, 1069).

ni, à travers elle, à une vie qui apparaîtrait ainsi exemplaire du *poète victime de la malédiction qui pèse sur l'amour*[41].

La référence à Nerval porte moins sur sa vie que sur ses écrits, comme en témoigne cette intention exprimée par Baudelaire, dans le manuscrit *ms.*, juste en-dessous de la dédicace: «Ici mettre en épigraphe quelques lignes de prose qui m'ont servi de programme et que je crois avoir lues dans *L'Artiste*»[42]. Ce projet étant resté sans suite, on ne saurait quelles lignes ont servi de programme au poème, n'étaient les patientes recherches qui ont fait retrouver à Pichois le passage suivant, dans *L'Artiste* du 11 août 1844:

> «Pendant que nous rasions la côte, [...] j'avais aperçu un petit monument, vaguement découpé sur l'azur du ciel, et qui, du haut d'un rocher, semblait la statue encore debout de quelque divinité protectrice... Mais, en approchant davantage, nous avons distingué clairement l'objet qui signalait cette côte à l'attention des voyageurs. C'était un gibet à trois branches, dont une seule était garnie. Le premier gibet réel que j'aie vu encore, c'est sur le sol de Cythère, possession anglaise, qu'il m'a été donné de l'apercevoir!»[43]

Malgré ses allures de récit vécu, récit de voyage qui rase parfois de fort près le présent de narration (par exemple, avec «nous avons distingué...»), ce passage ne relate en fait aucun moment du «voyage en Orient» entrepris par Nerval en 1843, et publié en 1851 sous forme de récit. Le poète n'ayant jamais fait escale à Cérigo (nom anglais de Cythère), il se trouve contraint d'imaginer cette île, comme dit très bien Pichois, «à coup de lectures»[44].

Tout se passe donc *en littérature*, à travers des textes qui se relaient les uns les autres, au long d'une chaîne où l'écriture alterne avec la lecture. Baudelaire imagine Cythère dans un poème qu'il écrit en lisant une prose où Nerval avait lui-même imaginé cette île

---

[41] Comme le voudrait l'opinion reçue.

[42] La même résolution--qui restera pieuse--se retrouve dans l'autre manuscrit (*DP*) où l'on peut lire, à droite du titre: «Le point de départ de cette pièce est quelques lignes de Gérard (*Artiste*) qu'il serait bon de retrouver.»

[43] Cf. *L'Artiste* du 11 août 1844 (cité par Pichois, O.C. I, 1070).

[44] Cf. O.C. I, 1070.

«à coup de lectures». Pris de vertige devant cet abyme, Baudelaire semble même s'oublier, aux vers 25-28, dans une identification à distance qui lui fait suivre presque littéralement le passage de Nerval:

> «Mais voilà qu'en rasant la côte d'assez près
> Pour troubler les oiseaux avec nos voiles blanches,
> Nous vîmes que c'était un gibet à trois branches,
> Du ciel se détachant en noir, comme un cyprès.»[45]

La côte que Baudelaire nous dit avoir rasée «d'assez près», c'est un texte en prose, texte qu'il incorpore au sien mais qui, restant celui d'un autre, le fait parler à la première personne du pluriel. Avec «Un voyage à Cythère», Baudelaire se trouve embarqué dans un voyage imaginaire auquel l'invite un texte de Nerval, texte où l'écriture, déjà, s'enlace à une lecture, dans une aventure qui est déjà celle d'un «nous» (dans le texte de départ, en effet, Nerval parle déjà à la première personne du pluriel, comme si son expérience transcendait sa personne). Pour écrire *son* poème, Baudelaire a besoin d'un compagnon de voyage qui l'ait précédé dans la même aventure. Il s'appuie donc sur une écriture autre qui, s'ajoutant à la sienne, renvoie à un sujet pluriel. Même quand il dit «je», le poète est un «nous» implicite dont l'expérience reprend et prolonge celle d'autres poètes. Au vers 27, le «nous» devient explicite au moment où Baudelaire rejoint *littéralement* Nerval en le citant, lui volant un syntagme pour en faire un hémistiche: «Nous vîmes que c'était *un gibet à trois branches*»[46]. Devant ce «gibet symbolique» où les attendent deux branches encore libres, un même destin se découvre aux deux poètes, destin où il est difficile de démêler le tien du mien. La prose de l'un servant de programme à la poésie de l'autre, ce dernier se découvre *l'un dans l'autre*, indifféremment lui-même et un autre qui, lui-même, déjà, était indifféremment lui-même et un autre, *ad infinitum*.

---

[45] O.C. I, 118, v. 25-28.

[46] C'est moi qui souligne l'expression de Nerval reprise par Baudelaire.

L'identité plurielle du poète tient à une écriture où il s'incorpore non seulement d'autres poètes, mais aussi ses propres créatures, tel ce pendu dont les douleurs deviennent les siennes:

> «Ridicule pendu, tes douleurs sont les miennes!
> Je sentis, à l'aspect de tes membres flottants,
> Comme un vomissement, remonter vers mes dents
> Le long fleuve de fiel des douleurs anciennes;
>
> Devant toi, pauvre diable au souvenir si cher,
> J'ai senti tous les becs et toutes les mâchoires
> Des corbeaux lancinants et des panthères noires
> Qui jadis aimaient tant à triturer ma chair.»[47]

En disant: «tes douleurs sont les miennes», le poète s'adresse non pas à Nerval, qui est toujours vivant, mais à un pendu qu'il a rencontré chez Nerval. Celui qui parle ainsi à un cadavre n'est plus Baudelaire, mais le «poète» qu'il devient en faisant dépendre son existence de cadavres qui dépendent de lui. Avec ses «membres flottants», le pendu apparaît symbolique des fantômes dont le poète tient et tire les ficelles pour qu'ils s'agitent en lui. Convulsé par ces corps étrangers qui le prennent à la gorge, le corps propre du sujet tend à les rejeter, dans un impossible «vomissement» qui lui découvre son hystérie. Cette hystérie du poète, on l'a vu, prend la forme d'une boule étrangère qui lui remonte à la gorge et l'étouffe, témoignant d'une altérité constitutive de son moi. Ici encore, le sujet est fasciné par une image qui l'opprime, non plus celle d'un grand cygne «ridicule et sublime», mais celle d'un petit mort inconnu, «ridicule pendu» dont il sent les douleurs anonymes lui remonter vers les dents comme une boule de «fiel».

Pour être ridicule, le pendu n'en est pas moins dépositaire de «douleurs anciennes» qu'il catalyse sans les ressentir. Induites par un médium anonyme, ces douleurs ne remontent pas d'un passé personnel mais bien plutôt d'un passé collectif: celui d'une humanité (chrétienne) pour qui l'amour est un péché. Pendu à une simple pomme qui provoque elle aussi le dégoût, le destin de l'amour

---

[47] O.C. I, 119, v. 45-52.

occidental tient à un arbre ici perçu *sous* l'aspect d'un gibet symbolique. Dans la mesure où il évoque aussi le péché originel, le souvenir du pendu provoque un haut-le-cœur (ou «vomissement») collectif dû à l'interdit qui pèse sur l'amour *vénérien*. C'est ce que vient préciser la prière finale:

> « — Ah! Seigneur! donnez-moi la force et le courage
> De contempler mon cœur et mon corps sans dégoût!»[48]

Par une ironie qu'il nous communique en parlant sur le mode collectif d'une prière, le poète cherche à guérir sa nausée en se tournant vers celui qui en est responsable. Le Seigneur ayant imposé le dégoût du corps, il ne saurait aussi le supprimer. La prière finale prend ainsi une tournure accusatrice et sacrilège à laquelle le lecteur, récitant lui aussi ces vers, est conduit à souscrire. En signant son poème d'une prière qu'il nous fait partager, Baudelaire nous signifie que ses griefs ne sont pas proprement les siens. Refluant d'un temps immémorial, le «long fleuve» des douleurs humaines investit un sujet qui se découvre ainsi dépassé et multiplié par son écriture. Sous l'effet de cet irrépressible flot, sa voix propre est étouffée par une parole qui monte du fond des âges.

Si le «souvenir» du pendu est «si cher» à Baudelaire, c'est en tant que rappel littéraire et culturel l'ayant transporté hors de lui, dans un espace où la pensée personnelle s'efface au profit d'une prière anonyme. Bien avant la fin, d'ailleurs, ce souvenir vécu est retracé sur le mode hyperbolique d'une fable mythique. La référence à un passé soi-disant personnel («jadis», v. 52) se charge de traits hyperboliques («*tous les* becs et *toutes les* mâchoires») qui lui donnent les couleurs d'une fabuleuse invention. Dès qu'il écrit, Baudelaire devient poète, il s'invente un «jadis» où sa chair était mortifiée par des animaux qui, dès le premier poème des *Fleurs du mal* («Au lecteur»), apparaissent comme des allégories de «*nos* vices»:

> «Mais parmi les chacals, les panthères, les lices,
> Les singes, les scorpions, les vautours, les serpents,

---

[48] O.C. I, 119 v. 59-60.

> Les monstres glapissants, hurlants, grognants, rampants,
> Dans la ménagerie infâme de nos vices,
>
> Il en est un plus laid, plus méchant, plus immonde!
> [...]
> C'est l'Ennui! — l'œil chargé d'un pleur involontaire,
> Il rêve d'échafauds en fumant son houka.»[49]

Dans ce bestiaire où figurent déjà des «panthères», le pire des animaux — «l'Ennui» — apparaît dans une prosopopée qui lui donne des traits humains. Pour être implicite, la leçon morale est claire: non seulement l'homme est un animal mais c'est le «plus laid, plus méchant, plus immonde» de tous.

Par delà cette vérité morale, on s'aperçoit en outre que l'Ennui possède trois attributs qui sont ceux du poète: il fume, rêve et pleure malgré lui. Absorbé par «le spectacle ennuyeux de l'immortel péché», ainsi qu'il apparaît dans un autre «Voyage»[50], le poète disparaît derrière le sentiment qui le consume, ou plutôt il s'apparaît dans une métonymie qui le résume à l'aspect dominant de son être. En se réduisant ainsi à son Ennui, il se détache de lui-même pour mieux se voir rêver d'échafauds, ou de potences. Sur ces «appareils sanglants» qui le fascinent, son existence lui apparaît suspendue à une image où son «cœur» propre est «enseveli», immolé dans le «suaire épais» d'un fantôme allégorique de celui qu'il devient lorsqu'il écrit:

> «Hélas! et j'avais, comme en un suaire épais,
> Le cœur enseveli dans cette allégorie.»[51]

Remué en retour par les émotions qu'il prête à celui dont il tient les fils, le poète se découvre manipulé par son propre pantin. Dans ce «pauvre diable» dont il agite les «membres flottants», il voit une allégorie des figures mêmes où il remue des émotions qui lui arrachent un «pleur involontaire». Cette allégorie qu'il croit

---

[49] O.C. I, 6, v. 29-33 et 37-38.

[50] Cf. «Le Voyage», O.C. I, 132, v. 88.

[51] O.C. I, 119, v. 55-56.

contrôler à la façon d'un «pauvre diable», c'est elle, en vrai «Diable» ou démon, «qui tient les fils qui nous remuent»[52].

[52] Cf. «Au lecteur», O.C. I, 5, v. 13: «C'est le Diable qui tient les fils qui nous remuent!».

III

COMÉDIE DE LA MORT

Pour communiquer avec son père, Baudelaire s'imprègne de son portrait, qu'il cherche à faire vivre en lui. Mais il cherche aussi à être père, à part entière cette fois, en devenant auteur. «Majeur le 9 avril 1842, il s'empressa de confirmer à ses parents son intention, sa volonté, de devenir 'auteur'»[1]. Au moment où il devient majeur et donc maître de sa vie, non sans paradoxe, il s'en détourne pour se tourner vers la littérature, où sa maîtrise cherche à s'affirmer sur d'autres vies que la sienne. En donnant vie à des créatures imaginaires dont il a la jouissance, il vit par l'entremise de fantômes, il se procure des émotions vives qui n'en sont pas moins celles de spectres. En bon père, l'auteur partage le statut existentiel intermédiaire de ces figures à qui il donne vie, il devient lui-même un mort-vivant. La poésie rejoint ici la comédie, comédie de la mort que Baudelaire se donne, aux deux sens du mot. Se donnant la comédie, en effet, il se donne la mort, disparaissant derrière des masques. Parmi les «fantômes» qui composent sa nouvelle «famille», dans «Les Petites vieilles», il y a une officiante dans les rites consacrés à la muse de la comédie, une «Prêtresse de Thalie, hélas! dont le souffleur / Enterré sait le nom; [...]»[2]. Comme J.G.F., cette prêtresse reste anonyme, simple figurante d'un drame qui se passe de noms, marionnette à qui la vie est soufflée artificiellement par un auteur lui-même sans nom et sans vie, «enterré» sous une scène où il disparaît pour renaître à travers celles qu'il anime. Faisant le mort pour donner vie à des figurines spectrales, Baudelaire disparaît en

---

[1] Claude Pichois et Jean Ziegler, *Baudelaire*, Collection «Les Vivants», Paris, Julliard, 1987, p. 156.
[2] O.C. I, 90, v. 38-39.

tant que tel pour devenir lui aussi anonyme, partageant l'existence précaire de ces «être frêles et fragiles»[3] sur qui pèse la mort, cette «griffe effroyable de Dieu»[4].

Figé lui-même en un théâtre d'ombres, le «fourmillant tableau» parisien est le cadre d'une comédie jouée par des «petites vieilles» qui sont entre la vie et la mort. Cette comédie s'ouvre sur un rideau aux «plis sinueux» où la scène se distingue encore mal des personnages qui vont la traverser:

> «Dans les plis sinueux des vieilles capitales,
> Où tout, même l'horreur, tourne aux enchantements,
> Je guette, obéissant à mes humeurs fatales,
> Des êtres singuliers, décrépits et charmants.»[5]

Drapées «dans les plis sinueux des vieilles capitales», les vieilles elles aussi «capitales» se détachent à peine, par leurs rides aux «plis sinueux», d'un tissu urbain qui leur sert aussi bien de suaire que de matrice. Dans ce décor où l'horreur tourne aux enchantements, la mort se retourne en vie, les «masques» sont «plus expressifs que le visage humain»[6]. Confessant ses «opinions sur le théâtre», dans *Mon cœur mis à nu*, Baudelaire exprime sa préférence, bien avant Artaud ou Jarry, pour un théâtre où brille l'artifice: « [...] je voudrais que les comédiens fussent montés sur des patins très hauts, portassent des masques plus expressifs que le visage humain, et parlassent à travers des porte-voix»[7]. Une telle conception implique que la mise en scène soit une mise en pièces, une dislocation du réel qui transforme les êtres, ici féminins, là masculins[8], en «monstres disloqués», en «monstres brisés, bossus ou tordus»:

---

[3] Id., v. 41.
[4] Id., v. 84.
[5] Id., v. 1-4.
[6] *Mon cœur mis à nu*, O.C. I, 682.
[7] Id., p. 682.
[8] Cf. par exemple «Les Sept vieillards».

> «Ces monstres disloqués furent jadis des femmes,
> Eponines ou Laïs! Monstres brisés, bossus
> Ou tordus, aimons-les! ce sont encor des âmes.»[9]

Sacrifiées par une mise à mort qui en fait des «marionnettes» (v. 13), ces femmes sont aussi bien mises au monde, transformées en «âmes» par un milieu artificiel qui n'en est pas moins matriciel. Issues d'entrailles aux «plis sinueux», celles de capitales qui sont vieilles comme elles, les vieilles elles aussi capitales ressortent sur un fond où elles se fondent. L'ambiguïté du fond scénique provient ici d'une rhétorique profondément ambiguë. Parce qu'il se rapporte aux villes (en tant que substantif) comme aux femmes (en tant qu'adjectif), le mot «capitales» crée une ambiguïté qui nous fait prendre les personnages pour le décor, et réciproquement.

Un jeu est ainsi introduit, dans le poème, entre la distance et la proximité, jeu qui fait écho à la confusion qui existe aussi entre la vie et la mort, le cercueil et le berceau. Le poète en fait lui-même la remarque, au moyen d'une question rhétorique destinée à nous faire réfléchir:

> « — Avez-vous observé que maints cercueils de vieilles
> Sont presque aussi petits que celui d'un enfant?
> La Mort savante met dans ces bières pareilles
> Un symbole d'un goût bizarre et captivant,
>
> Et lorsque j'entrevois un fantôme débile
> Traversant de Paris le fourmillant tableau,
> Il me semble toujours que cet être fragile
> S'en va tout doucement vers un nouveau berceau;»[10]

Prises dans un mouvement perpépuel qui les fait ramper (v. 9), trotter (v. 13), se traîner (v. 14) ou danser (v. 15), les petites vieilles traversent en tous sens le poème, allant et venant de la bière au berceau, quittant le rôle principal (capital) qu'elles jouent au premier plan pour retourner se fondre, à l'arrière-plan, dans le

---

[9] «Les Petites vieilles», O.C. I, 89, v. 5-7.

[10] Id., p. 89-90, v. 21-28.

fourmillant tableau (ou berceau) d'où elles renaissent presque aussitôt. Le malin génie ou «Démon» (v. 16) qui les fait ainsi évoluer à travers les âges de la vie et de l'histoire, c'est le poète lui-même, qui les suit et s'attache à leurs «pas incertains», épousant à distance chacune des postures qu'il leur fait prendre:

> «Mais moi, moi qui de loin tendrement vous surveille,
> L'œil inquiet, fixé sur vos pas incertains,
> Tout comme si j'étais votre père, ô merveille!
> Je goûte à votre insu des plaisirs clandestins:
>
> Je vois s'épanouir vos passions novices;
> Sombres ou lumineux, je vis vos jours perdus;»[11]

Non sans s'émerveiller, l'auteur s'aperçoit qu'il produit des enfants plus âgés que lui. Dotés d'un capital de vieillesse qui donne du prix aux jours qu'ils ont reçus, ces enfants incitent leur père à profiter et jouir de leurs vies. En faisant vivre des créatures sur lesquelles il se retourne amoureusement, Baudelaire endosse des existences qui excèdent et multiplient la sienne. Dans un geste exempt de nostalgie, il se tourne vers le passé d'autrui pour en faire *son* présent. Mais ce qu'il cherche à vivre ainsi avec ses personnages, ce ne sont pas exactement leurs «jours perdus», tels qu'ils ont eu lieu en actualité, ce sont des jours que son imagination leur prête en esprit. En disant «je *vis* vos jours perdus»[12], Baudelaire précise implicitement qu'il *trouve* (c'est-à-dire invente) leur passé bien plus qu'il ne le revit. A proprement parler, ces jours qu'il vit n'ont jamais été perdus, puisqu'il les invente à mesure — à la mesure de l'écriture présente bien plus qu'à celle de l'existence passée. Dans l'écriture poétique, l'imaginaire du présent se nourrit d'un passé non moins imaginaire: le poète trouve à vivre dans des êtres au passé controuvé.

Avec les petites vieilles, Baudelaire vampirise non des êtres de chair mais des spectres décharnés: des «fantômes débiles» (v. 25) et des «êtres frêles» (v. 41) ou «fragiles» (v. 27). Ce qui fragilise ces

---

[11] Id., v. 73-78.

[12] C'est moi qui souligne.

«débris d'humanité», c'est moins le passage du temps que l'absence de réalité. Comme celle «Que Tivoli jadis ombragea dans sa fleur» (v. 40), elles se sont rendu célèbres par un air «évaporé» (v. 39) qu'elles ont toujours, d'une certaine façon, puisqu'elles sont désormais l'«ombre ratatinée» (v. 69) de ce qu'elle furent — qui n'était déjà qu'une ombre légère. Baudelaire ne regrette pas avec elles leur célébrité évaporée: il est étourdi par des existences légères (celles de spectres) qui ne cessent de se dissiper et de s'évaporer, vaporisées en essences immuables qui «toutes (l')enivrent»:

> «De Frascati défunt Vestale enamourée;
> Prêtresse de Thalie, hélas! dont le souffleur
> Enterré sait le nom; célèbre évaporée
> Que Tivoli jadis ombragea dans sa fleur,
>
> Toutes m'enivrent! mais parmi ces êtres frêles
> Il en est qui, faisant de la douleur un miel,
> Ont dit au Dévouement qui leur prêtait ses ailes:
> Hippogriffe puissant, mène-moi jusqu'au ciel!»[13]

Le passé de ces «êtres frêles» a toujours été évaporé, si l'on peut dire, il n'a jamais eu de contenu autre que générique ou typique de l'espèce particulière que chacune représente: «Mères au cœur saignant, courtisanes ou saintes, / Dont autrefois les noms par tous étaient cités»[14]. Elles ont beau avoir perdu leurs noms, elles n'en sont pas moins célèbres, aux yeux du poète, par l'essence (de vice ou de vertu) en quoi leur nom s'est évaporé, et qu'elles continuent de porter comme une auréole. Certaines n'ont même jamais eu d'autres noms, autrefois, que ceux de «grâce» ou de «gloire», qui désignent non des personnes mais des types:

> «Vous qui fûtes la grâce ou qui fûtes la gloire,
> Nul ne vous reconnaît! [...]»[15]

---

[13] «Les Petites vieilles», O.C. I, 90, v. 37-44.

[14] Id., v. 63-64.

[15] Id., v. 65-66.

Incarnant soit «les vices», soit «les vertus» (v. 79-80), ces créatures s'allègent et s'évaporent en essences légères, sur le modèle de celles à qui le «Dévouement» «prête ses ailes». Un ange allégorique hante ces fantômes qui hantent eux-mêmes le poète. Si celui-ci *se* (re)trouve en eux, c'est qu'ils vivent en lui, sous forme d'allégories qu'il a composées pour qu'elles composent sa famille:

> «Ruines! ma famille! ô cerveaux congénères!»[16]

En bonnes «fleurs du mal», les allégories prospèrent surtout dans les ruines. C'est ce que Walter Benjamin suggère dans un fragment de *Zentralpark*, quand il dit que «l'allégorie s'attache aux ruines»[17]. Mais les ruines où fleurit l'allégorie baudelairienne doivent être prises au sens figuré. Elles ne dénotent pas des vestiges historiques où peut se lire, pour un esprit mélancolique, la présence toujours vivante du passé. Elles disent ce qui advient de la réalité (présente ou passée) quand l'écriture la transpose en figure. Qu'elles soient mortes ou vivantes, les petites vieilles de Baudelaire sont des abstractions qu'il anime et poursuit en esprit, à sa table, sur une scène mentale où toutes sont Prêtresses de Thalie, figurantes de comédie. Ce théâtre intérieur se joue au crépuscule, «heure» symbolique du moment où le «cœur» du poète est «multiplié» (v. 79) par les spectres familiers qu'il évoque, mais à l'aide de signes qui provoquent la mort du jour, font tomber le soleil et ensanglantent le ciel:

> «Ah! que j'en ai suivi de ces petites vieilles!
> Une, entre autres, à l'heure où le soleil tombant
> Ensanglante le ciel de blessures vermeilles,
> Pensive, s'asseyait à l'écart sur un banc,
>
> Pour entendre un de ces concerts, riches de cuivre,
> Dont les soldats parfois inondent nos jardins,
> Et qui, dans ces soirs d'or où l'on se sent revivre,
> Versent quelque héroïsme au cœur des citadins.

---

[16] Id., v. 81.

[17] *Charles Baudelaire, Un poète lyrique à l'apogée du capitalisme*, traduction de Jean Lacoste, Paris, Petite Bibliothèque Payot, p. 222.

Celle-là, droite encor, fière et sentant la règle,
Humait avidement ce chant vif et guerrier;
Son œil parfois s'ouvrait comme l'œil d'un vieil aigle;
Son front de marbre avait l'air fait pour le laurier!»[18]

Tout comme les concerts qu'on y donne, les soirs d'or sont riches aussi de cuivre, autre couleur du couchant. Dans ce décor plein d'un éclat minéralisé, les petites vieilles sont elles-mêmes pétrifiées, droites comme des statues, exhibant même, comme «celle-là», un front de marbre qui semble fait pour le laurier. Et pourtant, dans ce couchant symbolique d'une fin du monde, «on se sent revivre». Au moment où elle confronte héroïquement la mort comme un guerrier inflexible, «celle-là» fait «revivre» le poète en lui montrant un «front» où se découvre un même air de famille: «l'air fait pour le laurier». Au contact de celles dont il fait sa famille d'élection, Baudelaire s'oublie: il oublie ses parents naturels pour se transformer lui-même, à travers l'une d'elle, en allégorie du poète.

Tout comme l'allégorie qu'il cultive, Baudelaire s'attache lui-même à des ruines, sa tendresse se fixe sur des personnages que la mort laisse froides et qui, de ce fait, lui versent au cœur quelque héroïsme. Cet héroïsme consiste à se risquer dans des figures, «octogénaires» (v. 83) ou non, afin de se sentir revivre. «Multiplié» par l'écriture allégorique, le «cœur» est sans cesse investi ou «enseveli»[19] dans des allégories changeantes où il cesse à chaque instant de battre pour aussitôt renaître. En se découvrant toujours autre, à travers d'autres figures, le poète ne cesse de mourir à soi, mais pour aussitôt renaître. Avec ou sans majuscules, les petites vieilles participent toutes d'un même tableau, au sens théâtral du mot. Toutes sont prêtresses d'une comédie héroïque qui engage l'auteur à se multiplier indéfiniment, à fonder une famille toujours ouverte à d'autres membres, à recycler «pour l'éternité» (v. 72) tous ces «débris d'humanité» (v. 72) dont il est le père.

Avec Baudelaire, comme Benjamin l'a bien vu, le poète moderne se fait chiffonnier, il récupère les déchets humains («débris», «ruines») pour en faire une famille:

---

[18] «Les Petites vieilles», O.C. I, 90-91, v. 49-60.

[19] On l'a vu à propos d'«Un Voyage à Cythère» (cf. chapitre précédent).

> «Les poètes trouvent le rebut de la société dans la rue, et leur sujet héroïque avec lui. De cette façon, l'image distinguée du poète semble reproduire une image plus vulgaire qui laisse transparaître les traits du chiffonnier, de ce chiffonnier qui a si souvent occupé Baudelaire.»[20]

Ailleurs dans le même ouvrage, Benjamin dit des chiffonniers qu'ils «travaillaient pour des intermédiaires et représentaient une sorte de travail à domicile qui s'effectuait dans la rue»[21]. Si le chiffonnier travaille *à domicile dans la rue*, on pourrait dire inversement que le poète travaille *dans la rue à domicile*. Là où le premier trie et apprête chez lui ce qu'il a trouvé dehors, le second trie et apprête ce qu'il voit dehors selon ce qu'il a trouvé chez lui. Celles que Baudelaire rencontre dans ses promenades parisiennes ne lui servent pas de modèles: elles se modèlent au contraire sur les allégories qu'il rencontre dans ses tableaux parisiens. Lorsque Baudelaire descend dans la rue, il est déjà accompagné d'une famille d'allégories qui vont investir certains passants et se coller à leurs faces comme des masques. Si les petites vieilles lui apparaissent comme des «débris», c'est moins la faute du temps que celle de l'allégorie, qui ruine toute humanité. Humainement dévaluées (ruinées) par leur valeur allégorique, les petites vieilles n'en gagnent pas moins au change puisqu'elles sont alors — et alors seulement — prises en compte par le poète, *reconnues* par lui. A domicile *et puis* dans la rue, tout se passe «de loin tendrement», la distance allégorique provoquant un surcroît de tendresse réelle.

Dans la rue, Baudelaire mime ce qu'il a ressenti dans sa chambre. Tout comme son cœur, qui en est l'organe, sa tendresse est elle-même multipliée par les figures plurielles sur lesquelles il en fait l'essai. Selon qu'il s'attendrit sur des filles, des épouses ou des mères, il endosse différents personnages qui lui font vivre des émotions diverses et contrastées. Devant l'une des figures maternelles qu'il (pro)crée, par exemple, Baudelaire se voit devenir «celui que

---

20 Walter Benjamin, *Le Paris du second Empire chez Baudelaire*, traduction de Jean Lacoste, in *Charles Baudelaire*, op. cit. , p. 115.

21 Id., p. 33.

l'austère Infortune allaita» (v. 36), c'est-à-dire l'archétype du poète-enfant-du-malheur. Par l'écriture, le poète se découvre maudit, produit d'une «austère Infortune» dont les pleurs sont un lait nourricier. Allaitant le poète, l'Infortune lui tient lieu de mère, mais sous la forme allégorique d'une «bonne louve» moderne qui demeure une création poétique. Ici comme ailleurs, le poète est le fruit d'une figure qui est le fruit de son travail. Il se fait enfanter par celle(s) qu'il fait vivre. En «bonne louve» qu'elle est elle aussi, l'allégorie dédouble son fruit, scinde le poète en deux figures jumelles qui s'opposent. «Merveille» enfantée par le poète, cette *mère veille* sur un enfant qui n'est autre que le père qui veille sur elle.

Créateur créé par ses figures, le poète est un père-fils, une figure double dont l'hystérie est très bien articulée par le redoublement du «moi» au vers 73:

> «Mais moi, moi qui de loin tendrement vous surveille,
> L'œil inquiet, fixé sur vos pas incertains,
> Tout comme si j'étais votre père, ô merveille!
> Je goûte à votre insu des plaisirs clandestins:»[22]

Fixé sur des pas incertains dont son existence dépend, l'œil s'inquiète, mais sans se départir de sa vigilance. A la fois inquiet et vigilant, plein d'émotion et de sang-froid, le poète est rendu hystérique par cette duplicité qui le hante. «Moi, moi» dit toute l'angoisse lucide de celui dont l'existence tient à des figures qui dépendent de lui. Sous l'influence de son Démon familier, celui de l'allégorie, Baudelaire dépend des «marionnettes» qu'il manipule et qui «dansent, sans vouloir danser, pauvres sonnettes / Où se pend un Démon sans pitié!»[23]. De même que ce Démon dont il est lui-même la proie, le poète «se pend» à des figures dont au même moment il se détache froidement, «sans pitié», pour mieux les contrôler. S'il tient à elles comme un père, c'est qu'il comprend que son existence tient à la leur, comme celle d'un enfant. A la fois père et enfant de

---

[22] «Les Petites vieilles», O.C. I, 91, v. 73-76.

[23] Id., p. 89, v. 13-16.

ses figures, le poète est ici «fixé», «crispé comme un extravagant»[24] sur une double identité que son «œil inquiet», dans un calme vertige, lui fait entrevoir.

Le moi paternel du poète, à lui seul, est plein d'une duplicité qui lui est propre. Son «œil inquiet» est plein d'une sollicitude vertueuse qui lui fait tendrement surveiller ses filles. Mais il est plein aussi d'une convoitise incestueuse qui lui fait goûter des plaisirs clandestins. La «merveille», au sujet de ce Loth moderne et citadin, c'est qu'il est aussi bien veilleur que voyeur, vicieux que vertueux:

> «Je vois s'épanouir vos passions novices;
> Sombres ou lumineux, je vis vos jours perdus;
> Mon cœur multiplié jouit de tous vos vices!
> Mon âme resplendit de toutes vos vertus!»[25]

A travers ses figures adoptives, le poète-père se procure des «plaisirs clandestins» qui sont indifféremment des vices et des vertus. Par procuration, il vit des jours sombres ou lumineux; son cœur connaît tous les vices, son âme toutes les vertus. L'hystérie du poète vient ici de son identification simultanée à la courtisane et à la sainte[26], auxquelles il se donne *cœur et âme*, si l'on peut dire, dans une double posture marquée elle-même par une volonté hystérique de choisir la contrainte en obéissant à ce qui s'impose:

> «Je guette, obéissant à mes humeurs fatales,
> Des êtres singuliers, décrépits et charmants.» [27]

En obéissant à ses humeurs fatales, le poète se rend hystérique: il se soumet à une contrainte qui est aussi bien un choix; il fait siennes — comme en témoigne le possessif «mes» — des humeurs qui lui sont imposées par une force extérieure. Ce Démon étranger que le poète cherche à se rendre familier, il provient en fait de son écriture.

---

24 Cf. «A une passante», O.C. I, 92, v. 6.

25 «Les Petites vieilles», O.C. I, 91, v. 77-80.

26 Id., cf. v. 63.

27 Id., p. 89, v. 3-4.

A travers cette écriture qui lui est propre, il «guette» et «goûte» sans fin des allégories, des «êtres singuliers» et doubles («décrépits et charmants») en qui il ne cesse lui-même de se dédoubler.

Dans l'écriture poétique, le cœur est multiplié par des hyperboles («tous vos vices»; «toutes vos vertus», v. 79-80) où il trouve des satisfactions bien réelles. Loin de répondre à un souci de rédemption chrétienne, la rhétorique sert un besoin d'émotions qui restent humaines, même quand ce besoin excède les limites du vécu ou même du possible. Se nourrissant de vices et de vertus terrestres, cet appétit témoigne d'une insatiable curiosité pour toutes les formes de vie, y compris et surtout celles qu'on ne saurait se procurer par des moyens naturels. Défiant la nature bien plus que la morale, Baudelaire se procure des plaisirs ou des douleurs qui, étant ceux de pendus ou de lesbiennes, par exemple, ne sauraient être les siens. A travers les travestissements de sa rhétorique, il endosse des sentiments qui, autrement, lui seraient interdits. Dans «Femmes damnées», par exemple, son cœur est multiplié par d'autres «cœurs» où il puise, comme dans des «urnes», un amour clandestin:

> «Vous que dans votre enfer mon âme a poursuivies,
> Pauvres sœurs, je vous aime autant que je vous plains,
> Pour vos mornes douleurs, vos soifs inassouvies,
> Et les urnes d'amour dont vos grands cœurs sont pleins!»[28]

Par son verbe, Baudelaire se fait ici le chantre (l'Orphée) de lesbiennes dont il partage et poursuit l'expérience jusque dans leur enfer, lieu où il se risque pour apprendre à les aimer comme des sœurs, s'abreuvant de leurs soifs inassouvies, trempant sa plume dans ces urnes d'amour que sont les cœurs lesbiens.

La poésie s'offre ainsi comme un réservoir d'affects imaginaires où puiser des frissons nouveaux. Pour être ressentis sur une scène artificielle, ces frissons étrangers n'en sont pas moins réels, permettant ainsi au sujet d'épouser à distance d'autres sensibilités que la sienne. La distance nécessaire à cette poursuite affective s'accompagne d'un suspens du temps. Altéré, mis hors de lui (selon

---

[28] *Fleurs du mal*, O.C. I, 114, v. 25-28.

l'étymologie), le cœur bat dans un hors temps où la vie s'arrête, mais pour redoubler d'intensité. Ce temps à la fois mort et plein de vie est celui-là même de l'allégorie. Sur l'une de ses faces, l'allégorie fait vivre les morts. Mais sur son autre face, elle fait mourir les vivants. Pour cette raison, elle aime prendre l'aspect de la Mort, vivante entité qui fait mourir, ainsi qu'il apparaît très bien dans «Une gravure fantastique», poème de *Spleen et Idéal*[29]. Bien que la Mort n'apparaisse pas comme telle dans le poème, un «spectre singulier» (v. 1), chevauchant un «fantôme comme lui» (v. 5), en prend les traits implicites. En compagnie de sa «rosse apocalyptique» (v. 5), ce cavalier spectral prend vie pour supprimer toute vie, pour changer le monde en un

> « [...] cimetière immense et froid, sans horizon,
> Où gisent, aux lueurs d'un soleil blanc et terne,
> Les peuples de l'histoire ancienne et moderne.»[30]

De même que ce cavalier de l'apocalypse, l'allégorie est aveugle aux périodes de l'histoire. Sans hésiter ni discriminer, elle fait table rase de l'humanité toute entière. Sous ses coups destructeurs, le champ entier de l'histoire devient un cimetière où tous les peuples, anciens et modernes, se retrouvent au même point, point mort où prend vie leur alliance. L'allégorie est ainsi le lieu d'une hyperbolique u-topie: lieu vacant, absent (il est «sans horizon») où se lèvent pourtant tous les morts, où se télescopent tous les temps, où se juxtaposent tous les peuples. Chez Baudelaire «aussi», comme le remarque Benjamin à travers les gravures elles aussi fantastiques de Méryon, «l'antiquité et la modernité s'interpénètrent», dans une figure qui n'est autre que l'allégorie: «chez Méryon aussi on retrouve indiscutablement la forme propre à cette superposition, l'allégorie»[31].

---

[29] Cf. *Les Fleurs du mal*, O.C. I, 69-70.

[30] Id., O.C. I, 70, v. 12-14.

[31] Walter Benjamin, *Le Paris du Second Empire chez Baudelaire*, op. cit., pp. 126-27.

Lieu commun où se rassemblent les peuples, par delà la mort qu'elle leur inflige, l'allégorie fait également fonction de tronc commun (ou mannequin) se revêtant sans cesse de nouveaux traits où le poète se retrouve. Pour la plupart[32], ces traits restent anonymes ou surnaturels, caractérisant la fable par opposition à l'histoire, où n'existent que des noms propres. Méditant sur ces derniers, à propos de Nietzsche, Deleuze écrit que

> «l'intensité a à voir avec les noms propres, et ceux-ci ne sont ni représentations de choses (ou de personnes), ni représentations de mots. Collectifs ou individuels, les présocratiques, les Romains, les Juifs, le Christ, l'Antéchrist, Jules César, Borgia, Zarathoustra, tous ces noms propres qui passent et qui reviennent dans les textes de Nietzsche, ce ne sont ni des signifiants, ni des signifiés, mais des désignations d'intensités sur un corps qui peut être le corps de la Terre, le corps du livre, mais aussi le corps souffrant de Nietzsche: tous les noms de l'histoire, c'est moi... Il y a une espèce de nomadisme, de déplacement perpétuel des intensités désignées par des noms propres et qui pénètrent les unes dans les autres en même temps qu'elle sont vécues sur un corps plein.»[33]

Inspiré par cette réflexion, on pourrait dire que les noms propres sont à l'histoire ce que les allégories sont à la fable. Tout comme leurs homologues, les allégories renvoient elles aussi à de pures intensités[34]. Citant ce même passage de Deleuze, dans son livre sur Char, Jean-Claude Mathieu écrit très bien que «(les) allégories sont des nœuds d'intensité plutôt que des figurations du sens»[35]. Cette vue s'oppose de façon radicale à l'opinion courante. Pour Gadamer, par exemple, l'allégorie se définit par la substitution du sens

---

32 Andromaque, dans «Le Cygne», est une exception. Figure de légende, elle se situe au carrefour de l'histoire et de la fable.

33 Gilles Deleuze, «Pensée nomade», in *Nietzsche aujourd'hui?* Vol. I, coll. 10/18, Union Générale d'Editions, p. 169.

34 Dans un cas limite, celui du poème intitulé «Allégorie» (O.C. I, 116), la figure prend force en prenant pour nom propre son propre nom (Allégorie), dérivant d'elle-même une intensité qui tient à son pouvoir de donner figure (y compris à elle-même).

35 Jean-Claude Mathieu, *La Poésie de René Char*, Vol. I, Paris, Corti, 1984, p. 254.

(Bedeutung) à l'être (Sein)[36]. Sensible aussi et surtout à l'être que cette figure est capable de produire, John Jackson corrige l'opinion de Gadamer en écrivant, à propos des «Petites vieilles»: «En vérité, la force poétique inégalée de ce texte, comme des autres grands poèmes des 'Tableaux parisiens', tient à la simultanéité de l'apparition concrète, de l''être' si l'on veut, et de sa signification, qui deviennent ici complémentaires au lieu de se contredire»[37].

Pour Jackson, qui le précise très bien lui-même, «le réalisme [des petites vieilles] est simultanément au service d'une pratique allégorisante qui transforme ces êtres en signes des figures du destin»[38]. Et pourtant, on l'a vu à plusieurs reprises, le réalisme de sa vie quotidienne n'est pas l'inspiration du poète. Loin de transformer des êtres réels en figures, comme le voudrait Jackson, l'allégorie donne aux figures un simulacre de présence: elle leur confère une «intensité» qui transcende le sens sans pour autant rejoindre l'être. Ecrire par allégorie, ce n'est pas donner sens au vécu, c'est charger le sens d'une intensité inédite (ou «frisson nouveau», comme dit Hugo) vécue au sein même de l'intellect. En dérivant des émotions du procès même de la signification, le poète apparaît tributaire des signes-forces qui se nouent dans ses poèmes. Comme autant de potences, ses poèmes exhibent des figures invitant leur auteur à se pendre à elles. De même que Deleuze fait dire à Nietzsche: «tous les noms de l'histoire, c'est moi», on pourrait faire dire à Baudelaire: *toutes les allégories de la fable, c'est moi.*

Le moi du poète est ainsi constitué de mille forces qui s'agitent et s'ajoutent sans cesse en lui. S'inscrivant sur un «corps plein» qui est indifféremment le sien et son corpus poétique, ces intensités poétiques «pénètrent» aussi bien «les unes dans les autres», dans un «déplacement perpétuel» où le temps est à la fois suspendu et agité, pris dans une «agitation figée» où Benjamin voit le travail même de l'allégorie: «L'allégorie s'attache aux ruines. Elle offre l'image de

---

36 Cf. H.G. Gadamer, *Wahrheit und Methode*, Tübingen, J.C.B. Mohr, 1960, pp. 66-77.

37 John Jackson, *La Mort Baudelaire*, Etudes Baudelairiennes-X, Neuchâtel, La Baconnière, 1982, p. 93.

38 Id., p. 92.

l'agitation figée»[39]. Que cette «agitation figée» se retrouve dans les traits de Baudelaire, comme Benjamin en fait ailleurs la remarque[40], cela montre bien que le poète est profondément marqué par ses allégories. La conclusion qu'il en tire est pourtant différente. Selon lui, cette agitation figée viendrait d'une «détresse» liée à un double manque. D'abord à un manque de connaissances, à une culture limitée («Les stéréotypes de Baudelaire, l'absence de médiation entre ses idées, l'agitation figée de ses traits suggèrent qu'il n'avait pas à sa disposition les réserves qu'une vaste culture et une vision globale de l'histoire procurent à l'homme»[41]); ensuite à un manque de conviction personnelle, à une identité mal assurée («Comme il n'avait pas de conviction personnelle, il endossait des figures toujours nouvelles. Le flâneur, l'apache, le dandy, le chiffonnier furent pour lui autant de rôles»[42]).

Pour renforcer ce jugement moral, plusieurs témoignages contemporains sont invoqués:

> «Lorsqu'il fait son portrait, Courbet se plaint de ce que Baudelaire change d'aspect chaque jour. Et Champfleury lui attribue le don de déformer l'expression de son visage comme un évadé du bagne. Dans un féroce article nécrologique qui révèle une assez grande pénétration, Vallès a dit de lui qu'il était un *cabotin*. Sous les masques qu'il utilisait, le poète, chez Baudelaire, préservait son incognito.»[43]

En souscrivant à l'opinion de Vallès, Benjamin prépare et annonce la critique de Sartre, pour qui Baudelaire est également coupable d'avoir abdiqué sa liberté en vivant masqué. Si le poète a soif d'altérité, c'est pour «se décharger sur d'autres hommes du soin de

---

39 Walter Benjamin, *Zentralpark*, trad. Jean Lacoste, in *Charles Baudelaire*, op. cit., p. 222. «Agitation figée», comme le rappelle Jean Lacoste, est la traduction de «erstarrte Unruhe», expression de Keller (cf. note 23, p. 275).

40 *Le Paris du Second Empire chez Baudelaire*, trad. Jean Lacoste, op. cit., p. 104 (cf. la citation qui suit).

41 Id., p. 104.

42 Id., p. 139.

43 Id., p. 140.

justifier son existence»[44]. Fuyant sa responsabilité existentielle, Baudelaire fuirait également la solitude qui le rappelle au devoir qu'il fuit. Et Sartre d'invoquer lui aussi le témoignage d'un contemporain, Asselineau, qui «rapporte qu'il (Baudelaire) ne pouvait demeurer une heure sans compagnie»[45]. En admettant même que cela fût vrai, le besoin de compagnie ne saurait être l'indice automatique d'une conscience qui se fuit. Et inversement, la solitude n'étant pas toujours bonne conseillère, l'on peut fort bien être de mauvaise foi tout seul dans sa chambre. Tel est précisément, aux yeux de Sartre, le vice profond de l'écriture poétique. Bien qu'elle s'effectue *en chambre*, loin de tout divertissement mondain, elle n'en témoigne pas moins d'un mauvais usage de la solitude. Loin d'engager le sujet dans un face à face lucide, elle lui procure un moyen supplémentaire d'échapper à la solitude — en s'entourant d'êtres imaginaires complices de sa mauvaise foi. Dans cette perspective existentialiste qui recoupe en partie celle de Benjamin, la poésie n'est qu'une comédie par laquelle le sujet préserve son incognito, se gardant d'être vu et connu, dissimulant son véritable moi derrière des masques[46].

Pour Benjamin, Vallès ou Sartre, l'incognito est la loi du poète[47], loi qui régit sa vie comme son œuvre. A la différence de la prose (autobiographique ou engagée, par exemple) où celui qui écrit fait un effort pour y voir clair dans sa vie et son temps, la poésie favoriserait une profonde complicité entre l'homme et le poète, encourageant le sujet à se dissimuler encore plus dans son œuvre, à se déguiser ses traits à soi-même comme au lecteur, son frère en hypocrisie. Sans nier la réalité de cet incognito, on pourrait pourtant en déplacer le lieu. Loin d'y voir la loi qui préside à la poésie, on pourrait y voir l'effet qui en procède. Dans cette autre perspective,

---

[44] Sartre, *Baudelaire*, Paris, Gallimard, Folio/Essais, 1947, p. 52.

[45] Id., p. 52.

[46] Pour Benjamin, à vrai dire, ce véritable moi n'existe pas. Par manque de conviction personnelle, Baudelaire ne parvient pas à se constituer un moi suffisamment visible pour pouvoir ensuite le dissimuler. Mais il n'empêche que le poète, selon Benjamin, chercherait à dissimuler le manque (de conviction) même qui caractérise sa personne.

[47] «Sous les masques qu'il utilisait, le poète, chez Baudelaire, préservait son incognito. [...] L'incognito était la loi de sa poésie», Benjamin, op. cit., p. 140.

Baudelaire n'écrit pas pour rester incognito, il devient incognito parce qu'il écrit. S'il change d'aspect chaque jour, comme Courbet le remarque en faisant son portrait, c'est qu'il est hanté par les figures successives qu'il produit *à sa table*, où ce portrait nous le montre, lisant ou écrivant[48]. Ce don de déformer l'expression de son visage, que remarque aussi Champfleury, lui vient avant tout de l'habitude qu'il a prise, à sa table, de *changer constamment de figure*. En changeant ainsi d'expression (aux deux sens du mot), le poète n'a rien à cacher: il a tout à découvrir. Le don qu'il manifeste est un signe non pas d'irresponsabilité mais de curiosité, affective et morale. Par son expression toujours changeante, Baudelaire travaille moins à disparaître qu'à s'apparaître autre. Dans un geste plein d'abnégation, «sainte prostitution de l'âme»[49], son visage s'efface au profit d'autres traits qui lui font vivre d'autres émotions et partager d'autres opinions. Au lieu de l'accuser d'avoir manqué de conviction, il faudrait dès lors le féliciter d'avoir voulu en avoir plus d'une.

Alors que Sartre ne s'intéresse qu'à l'homme hypothétique que Baudelaire aurait pu mais n'a pas voulu être, Benjamin, pour sa part, se penche un peu plus sur le poète que Baudelaire a été. Si l'homme manque de conviction personnelle, c'est que le poète *en lui* s'identifie aux autres, en particulier aux «apaches» qu'il regarde comme les héros de la modernité:

> «Un lumière ambiguë tombe sur la poésie des apaches. Les déchets de la société sont-ils les héros de la grande ville? Ou le héros n'est-il pas plutôt le poète qui construit cette œuvre avec ce matériau? La théorie de la modernité admet ces deux interprétations.»[50]

En célébrant «la poésie des apaches», c'est-à-dire l'aspect héroïque de certains types asociaux, Baudelaire est un poète épique qui donne «forme à la modernité». Mais dans la mesure où cette

---

[48] Ce portrait de 1847 est aujourd'hui au musée de Montpellier. On peut le voir aussi, par exemple, dans l'*Album Baudelaire*, Iconographie réunie et commentée par Claude Pichois, «Bibliothèque de la Pléiade», Paris, Gallimard, p. 76.

[49] Cf. «Les Foules», *Le Spleen de Paris*, O.C. I, 291.

[50] Walter Benjamin, *Le Paris du Second Empire chez Baudelaire*, trad. Jean Lacoste, op. cit., p. 116.

«poésie» est aussi la sienne (lui aussi étant un apache, à sa façon), il reste un poète lyrique. Plus encore que ceux ou celles qu'il met en scène, le poète moderne fait lui-même figure de héros:

> «A l'époque à laquelle il se trouvait appartenir, rien à ses yeux n'était plus proche de la 'tâche' du héros antique, des 'travaux' d'un Hercule, que celle qu'il avait choisie comme la sienne propre: donner forme à la modernité.»[51]

En bon chiffonnier, Baudelaire recycle les déchets humains qu'il côtoie, pour en faire des figures héroïques. Ce faisant, il devient lui-même, en tant que chiffonnier, l'un des rebuts qu'il s'efforce de transfigurer, dans des poèmes dont la «permanence» aide à fixer la précarité ressentie au sein de la cité: «Son sentiment de la précarité de la grande ville est à l'origine de la permanence des poèmes qu'il écrit sur Paris»[52]. Dans son effort pour arracher la cité moderne à la précarité qui la ruine, Baudelaire se transforme lui-même, par ses travaux, en un Hercule de la poésie. Mais cette figure du poète n'est pas plus permanente que les autres. L'héroïsme de cet Hercule, en effet, l'assimile à un Protée, qui se métamorphose en toutes les formes qu'il désire. Si le poète est un héros moderne, c'est qu'il se risque et même se prostitue dans des figures où l'intégrité de son moi est compromise. Par son écriture, le (mauvais) sujet ne rachète pas la précarité de ceux qui profitent comme lui de la cité: il rend précaire sa propre permanence, qui se perd au profit des figures qu'il produit[53].

Dans «Le Mort joyeux», autre avatar du poète, la mort est recherchée hors de tout tombeau, dans une «fosse profonde» qui peut se lire comme une métaphore du poème:

---

[51] Id., p. 118.

[52] Id., p. 121.

[53] En tant que *flâneur* et *homme des foules* (homme qui prostitue son âme à la foule), Baudelaire est certes un apache qui parasite la grande ville et accentue ainsi sa précarité. Mais il l'est aussi quand il écrit, en tant cette fois que *chiffonnier*. La «poésie des apaches», chez lui, consiste à devenir le chiffonnier de soi: à se perdre pour se recycler sans fin en des figures toujours nouvelles.

«Dans une terre grasse et pleine d'escargots
Je veux creuser moi-même une fosse profonde,
Où je puisse à loisir étaler mes vieux os
Et dormir dans l'oubli comme un requin dans l'onde.

Je hais les testaments et je hais les tombeaux; [...]
O vers! noirs compagnons sans oreille et sans yeux,
Voyez venir à vous un mort libre et joyeux; [...]»[54]

Dans cette fosse profonde qu'il creuse lui-même de ses mains, en écrivant, le sujet court joyeusement vers sa «ruine» (v. 12), il se laisse décomposer par des vers qui le recomposent autrement, par exemple en ce mort joyeux. En se donnant corps et âme (v. 14) à ses vers, noirs compagnons insensibles comme la matière (comme elle, ils sont sans oreille et sans yeux), Baudelaire cherche à dormir dans l'oubli de soi. De même que ces «escargots» bizarres du premier vers, vivant eux aussi dans la terre grasse du poème, les vers laissent traîner sur la page de longs traits d'encre dont l'ordre monotone et régulier, par ses vertus hypnotiques, induit lui-même un sommeil oublieux.

Charmé par ses propres «chants», bercé par ses propres rythmes, Baudelaire s'endort dans son poème[55], il y perd sa voix, sa conscience et même son sang, au profit de mille prosopopées qui se lèvent à sa place. L'une d'elles, «le mort joyeux», vient même jouer à ses yeux le drame par lequel il s'immole à des morts qui vivent de lui. Joué sur le mode burlesque, ce drame est celui d'une disparition qui se retourne en multiplication, dans un tombeau qui s'avère être un berceau, comme on l'a vu à propos des «Petites vieilles». Deux poèmes plus loin, dans «La Cloche fêlée», l'humeur s'assombrit. Le sommeil induit par l'écriture est agité soudain par un cauchemar qui reprend, en négatif cette fois, le rêve du «mort joyeux»:

---

[54] *Spleen et Idéal*, O.C. I, 70.

[55] Dans «L'Invitation au voyage» en vers, ce sont les «vaisseaux» et «le monde» qui s'endorment dans une chaude lumière émanant du poème «où tout n'est qu'ordre et beauté [...]». Mais la personnification d'une entité comme «le monde» indique assez que le poète s'est élargi aux proportions de l'univers, dont sa maîtresse, comme un soleil, occupe le centre (cf. O.C. I, 53-54).

«Moi, mon âme est fêlée, et lorsqu'en ses ennuis
Elle veut de ses chants peupler l'air froid des nuits,
Il arrive souvent que sa voix affaiblie

Semble le râle épais d'un blessé qu'on oublie
Au bord d'un lac de sang, sous un grand tas de morts,
Et qui meurt, sans bouger, dans d'immenses efforts.»[56]

Dès que le «Moi» veut chanter ses ennuis, son âme se fêle, sa voix propre s'affaiblit, son «gosier» (v.5) est étouffé par le «râle épais»[57] d'un blessé qui le représente, jouant pour lui, mais autrement, son propre drame. Alors même qu'il donne bénévolement et joyeusement son sang à des morts (ou prosopopées), Baudelaire est soudain pris de panique à l'idée d'être semblable à un «blessé qu'on oublie». Désiré par le «mort joyeux», l'oubli devient ici source de hantise. Le sang du poète, de même, lui apparaît désormais comme un lac stérile et stagnant. Ne coulant plus *de lui-même*, ne se donnant plus de tout cœur, ce sang est vampirisé par un grand tas de figures qui oppriment le «Moi» du poète.

Celui qui écrit «meurt sans bouger», à sa table, «dans d'immenses efforts» pour donner vie à des morts. Ce drame est l'objet de certains poèmes où il se joue sur un mode tantôt gai, tantôt sombre, mais toujours sous l'aspect paradoxal d'un repos travaillé par l'effort. Le travail poétique implique une «agitation figée» que décrit très bien, dans «Le Mort joyeux», l'image d'un requin au repos[58] ou encore, dans «La Cloche fêlée», l'oxymore syntaxique: «sans bouger, dans d'immenses efforts». La dernière phrase du poème, qui occupe tout le sizain, vient finalement s'immobiliser sur la page, où elle meurt elle-même «sans bouger», mais non sans «d'immenses efforts» que trahit l'accélération du rythme prosodique dans le tercet final (dans les trois derniers vers, les coupes augmentent progressivement, passant de zéro à deux). En

---

[56] *Spleen et Idéal*, O.C. I, 72, v. 9-14.

[57] Bloquant l'expression comme une boule, ce «râle épais» est un autre symptôme d'hystérie.

[58] Cf. v. 4. Le requin qui dort dans l'onde est une force explosive au repos, mal contenue même par l'immensité de l'océan.

s'épaississant, le râle se fait de plus en plus court, le vers de plus en plus coupé, l'agonie de plus en plus difficile. Si le blessé est oublié, c'est qu'il figure le «Moi» qui lui-même disparaît à son profit, oublié (et s'oubliant) derrière cette figure en qui il se métamorphose dans un râle épais.

Tout comme le protagoniste de la nouvelle de Poe intitulée *La Vérité sur le cas de M. Valdemar*, Baudelaire pourrait dire lui-même, du fond de son propre sommeil cataleptique: «maintenant, je suis mort»[59]. A la différence de M. Valdemar, qui n'est pas conscient de ce qu'il dit ni de ce qu'il fait, Baudelaire pourrait *se le* dire, se l'entendre dire, car il fait le mort à l'aide d'une écriture qui le tient en suspens (entre la vie et la mort). Réfléchissant lui aussi sur l'étrange cas de M. Valdemar, John Jackson y voit l'illustration même de la conscience de l'écrivain:

> «Cette réponse, qui contient la proposition impensable entre toutes puisque le fait de la mort exclut d'habitude la parole et vice versa, nous paraît figurer, plus qu'une simple gageure sur le plan de la fiction, le lieu paradoxal où Poe situe idéalement la conscience de l'écrivain. Conscience à la fois intérieure à la matière et extérieure à elle, comme Valdemar est à la fois mort et vivant, et qui représente, semble-t-il, une tentative ultime pour rendre la finitude du corps supportable. En ce sens, *dire* 'je suis mort', c'est affirmer l'identité subjective *contre* la dissolution de la mort telle que la décrit la fin de l'histoire.»[60]

Dans cette perspective somme toute hégélienne, la parole permettrait au sujet de triompher de la mort par la conscience linguistique qu'il en prend. Survivant à une épreuve dont elle vit[61], cette conscience affirmerait la transcendance du sujet et, du même coup, la permanence d'une «identité subjective». Chez Poe comme

---

[59] Benjamin remarque et décrit très bien ce qu'il appelle une «faculté de catalepsie» qui, selon lui, «se manifeste cent fois dans la poésie de Baudelaire comme une sorte de mimésis de la mort.» (cf. *Le Paris du Second Empire chez Baudelaire*, trad. Jean Lacoste, op. cit., p. 121).

[60] John Jackson, *La Mort Baudelaire*, Etudes Baudelairiennes-X, A La Baconnière, Neuchâtel, 1982, pp. 83-84.

[61] Voir ci-dessus la définition de l'esprit selon Hegel (quatrième partie, chapitre I).

chez Baudelaire, le triomphe de l'allégorie serait celui d'une subjectivité qui, pour la première fois, assume le discours allégorique de la mort:

> «En d'autres termes, la nouveauté que Baudelaire introduit dans la tradition poétique du discours allégorique de la mort ou sur la mort, c'est que celle-ci ne surgit le plus souvent dans ses poèmes qu'en rapport explicite avec le *je* qui l'interpelle ou qui en est interpellé. C'est sans doute cette subjectivation que Walter Benjamin avait en vue lorsqu'il notait dans le fragment qui nous sert d'épigraphe que là où 'l'allégorie baroque ne voit le cadavre que du dehors, Baudelaire le voit aussi du dedans'.»[62]

En se pénétrant de ses cadavres, Baudelaire partage leur condition et donne aux allégories macabres une tournure subjective qu'elles n'ont pas dans la tradition baroque. Mais pour Jackson et Benjamin, cette vision interne n'exclut pas la vision externe traditionnelle. Bien au contraire, elle s'y ajoute: «Baudelaire le voit *aussi* du dedans»[63]. Il en découle que le sujet voit double, à la fois «du dehors» et «du dedans», dans une vision problématique qui le met en crise.

Ainsi, au moment où une subjectivité apparaît dans le discours allégorique, elle est mise en question par ce discours même. Placé à distance et au cœur de ses figures, le sujet est rendu hystérique par cette dis-location qui le rend double, simultanément ici et là, l'un et l'autre, objectif et subjectif. Dans cet incessant va-et-vient qui l'agite, le sujet apparaît flou. Il perd sa netteté alors même qu'il se montre, réfracté entre le «je» manifeste et les figures qu'il devient. A propos de cette «fabuleuse simulatrice» qu'est la poésie de Char, Mathieu parle très bien d'un «mimétisme du sujet dissimulé dans l'écriture, 'réparti en théâtres', réfracté entre le 'je' manifeste et les figures allégoriques»[64]. Chez Baudelaire aussi, la poésie est le théâtre d'une disparition du sujet qui n'en reparaît pas moins à travers «l'affabulation allégorique»[65] dont le revêt son désir:

---

62 Id., p. 22.

63 C'est moi qui souligne.

64 Jean-Claude Mathieu, *La Poésie de René Char*, Vol. I, Corti, 1984, p. 246.

65 Id., p. 248.

«L'allégorie est interrogation du désirable, qui met en question le sujet. La relation ne s'établit pas d'une identité à une autre, mais l'oblique de la fable met en scène les simulacres du sujet sous les apparences d'un rapport du 'je' et de l'autre. [...] le privilège d'origine du 'je' qui énonce le récit, dont il est aussi un acteur, qui assemble et maîtrise les autres figures dans son discours, est corrodé dans ce va-et-vient de simulations et de dissimulations. De même que la figure allégorique n'a pas la plénitude d'un personnage, le poème ne peut se confondre avec un mythe achevé.»[66]

En se mettant en scène sous forme de simulacres, le sujet se met en question mais dissimule sa propre disparition derrière un nouveau simulacre: celui d'un clivage dialogique (entre un «je» et un autre). Loin d'être simplement divisé (par deux), le sujet est bien plutôt multiplié (à l'infini) par ses figures.

Pour Jackson, Baudelaire modernise l'allégorie à travers une subjectivation[67]. Pour nous, l'allégorie modernise (complique) la subjectivité à travers la représentation (multiple) qu'elle en donne. Lorsqu'il se voit dans une figure auto-allégorique comme celle de Poe, par exemple, Baudelaire devient hystérique en découvrant, avec «épouvante et ravissement», son identité propre dans celle d'autrui: «La première fois que j'ai ouvert un livre de lui, j'ai vu, avec épouvante et ravissement, non seulement des sujets rêvés par moi, mais des PHRASES pensées par moi, et écrites par lui vingt ans auparavant»[68]. Devant Poe, Baudelaire est fasciné par sa propre mort, c'est-à-dire par une vie qui consisterait à revivre exactement ce qu'un autre avant lui a déjà vécu. Or cette ressemblance entre les deux poètes n'est qu'une représentation: la figure d'un certain désir qui ne va pas sans crainte. A travers Poe, Baudelaire rêve d'un cauchemar: il rêve d'une existence qui lui serait soufflée (aux deux

---

[66] Id., p. 253.

[67] En fait, cette subjectivation de l'allégorie apparaît bien avant Baudelaire. A propos du *Roman de la rose* de Guillaume de Lorris, Daniel Poirion écrit par exemple que «les personnifications y constituent comme un inventaire de son univers moral et sentimental.» (cf. l'article «Allégorie» de l'*Encyclopedia Universalis*, p. 676).

[68] *Lettre à Théophile Thoré*, environ 20 juin 1864, Cor. II, 386.

sens du mot, à la fois donnée et volée[69]) par ses propres figures. Le poète moderne, dans cette perspective[70], n'aurait d'existence(s) qu'après et d'après celles qu'il se représente à l'aide de figures qui lui servent de modèles. A travers ces allégories qui sont autant d'«interrogations du désirable», comme dit si bien Mathieu, le poète fait l'essai de plusieurs existences qui deviennent les siennes. A la différence de Baudelaire, le poète n'a pas d'existence propre: il vit plusieurs existences par procuration. Dans ce sens, on peut bien dire que le poète «est celui qui est chez lui parmi les allégories»[71]. Non pas, comme l'entend Benjamin, en tant que «méditatif», sujet stable et unique capable de «mettre chaque fois l'image au service de (sa) pensée», mais au contraire en tant qu'«hystérique», sujet double et même multiple qui se découvre *chez lui* dans des figures toujours changeantes qui, sans cesse, le mettent *hors lui.*

---

[69] Dans le double sens où Derrida, à propos d'Artaud, parle de «la parole soufflée» (cf. *L'Ecriture et la différence*, chap. VI, Paris, Seuil, 1967).

[70] Cette perspective est proche de celle que Blanchot, à propos de Char, exprime ainsi: «Du poème naît le poète.» (cf. *La Part du feu*, Paris, Gallimard, 1949, p. 114).

[71] Walter Benjamin, *Zentralpark*, op. cit., p. 226: «Du méditatif (Baudelaire) a [...] l'aptitude à mettre chaque fois l'image au service de la pensée. Le méditatif, comme type historiquement déterminé de penseur, est celui qui est chez lui parmi les allégories».

CONCLUSION

En prose, qui dit «je» renvoie à un sujet qui n'est pas l'auteur, mais le narrateur. Désormais passée dans les mœurs littéraires, cette distinction est acceptée de tout lecteur un tant soit peu averti. Allant de soi en deça d'une certaine ligne de partage des genres littéraires, cette vérité première est erreur au delà. En poésie, en effet, on est prié de ne pas distinguer entre l'auteur et celui ou celle qui dit «je». Si les us et coutumes changent avec les pays, ils varient aussi selon les genres. Dans cette Arcadie qu'est la poésie, une écriture (ou lecture) naïve semble non seulement possible mais nécessaire, pour répondre à un besoin de transparence partout ailleurs déçu et contrarié. Dernier bastion de la sincérité, le lyrisme garantirait la présence à soi du sujet au sein de son discours. Loin de compliquer les choses (et les gens) à plaisir, comme font les autres langages, le langage poétique s'offrirait comme une réserve naturelle, un refuge où l'homme pourrait encore être lui-même, chez lui dans ses mots, sans ambages ni complications. Dès «Au lecteur», pourtant, Baudelaire nous met en garde contre l'habitude que nous avons prise de croire le poète sur parole, sans songer un instant qu'il puisse être hypocrite comme nous. Prenant le contre-pied radical et ironique d'un Hugo suppliant son lecteur de lui faire confiance («Insensé, qui crois que je ne suis pas toi!», *Les Contemplations*), Baudelaire nous invite au contraire à faire preuve envers lui de méfiance, inaugurant ainsi en poésie une «ère du soupçon»[1] qui n'y remportera pas le même succès qu'en prose.

En exergue à son analyse de «Chant d'automne», dans *Pour la poétique III*, Meschonnic met en parallèle deux citations qui, faisant dialoguer Hugo et Baudelaire, illustrent très bien le différend qui les sépare:

---

[1] Selon le titre du célèbre essai de Nathalie Sarraute.

«'Le poète ne peut aller seul, il faut que l'homme aussi se déplace.'
Lettre de V. Hugo à Baudelaire, le 6 octobre 1859.

'Quelle confusion comique entre l'auteur et le sujet!'
Lettre de Baudelaire à Ancelle, le 13 octobre 1864.»[2]

Dans sa lettre à Ancelle[3], Baudelaire entend «sujet» au sens de «matière» de ses *Fleurs du mal*, et non comme agent du discours. Mais si la matière d'un poème ne reflète pas son auteur, il faut bien qu'elle renvoie à quelqu'autre sujet, en l'occurence à celui qui dit «je» dans le poème. Pour Hugo, le poète est solidaire de l'homme. Tous deux vont de pair, l'un exprimant l'autre. Pour Baudelaire, au contraire, le sujet lyrique ne saurait se confondre avec l'auteur. Jaloux de son indépendance, ce sujet s'arroge le droit d'aller seul, se dissociant d'un auteur qui, de son côté et dans le même temps, revendique le droit de disparaître et s'en aller.

Parmi les droits de l'homme, en effet, «deux assez importants ont été oubliés, qui sont le droit de se contredire et le droit de *s'en aller*»[4]. En défendant ainsi le droit au suicide, à propos de Poe, Baudelaire cherche à légitimer l'alcoolisme suicidaire du poète américain. Mais en arguant que l'alcool lui était nécessaire pour retrouver son sujet (ses «visions»[5]), Baudelaire légitime du même coup le droit de l'auteur à disparaître dans son œuvre pour se retrouver autre, «sujet» de visions qu'il retrouve surtout dans les mots. Chez Poe, l'alcool est au service d'un suicide littéraire qui est

---

[2] Henri Meschonnic, *Pour la poétique III*, Collection *Le Chemin*, Paris, Gallimard, 1973, p. 277.

[3] Cf. Cor. II, 409.

[4] *Edgar Poe, sa vie et ses oeuvres*, O.C. II, 306.

[5] «[...] l'ivrognerie de Poe était un moyen mnémonique, une méthode de travail, méthode énergique et mortelle, mais appropriée à sa nature passionnée. Le poète avait appris à boire, comme un littérateur soigneux s'exerce à faire des cahiers de notes. Il ne pouvait résister au désir de retrouver les visions merveilleuses ou effrayantes, les conceptions subtiles qu'il avait rencontrées dans une tempête précédente; c'étaient de vieilles connaissances qui l'attiraient impérativement, et, pour renouer avec elles, il prenait le chemin le plus dangereux, mais le plus direct.» (*Edgar Poe, sa vie et ses oeuvres*, O.C. II, 315).

la finalité du poète, sa raison d'être et de disparaître pour rejoindre une «compagnie de fantômes»:

> « [...] on peut dire, sans emphase et sans jeu de mots, que le suicide est parfois l'action la plus raisonnable de la vie.-- Et ainsi se forme une compagnie de fantômes déjà nombreuse, qui nous hante familièrement, et dont chaque membre vient nous vanter son repos actuel et nous verser ses persuasions.»[6]

En disant «nous», Baudelaire porte à son *alter ego* d'Amérique une sympathie active qu'il confie au lecteur, faute de pouvoir l'exprimer directement au défunt. Mais à travers ce sujet pluriel, il devient aussi et surtout cette «compagnie de fantômes» qui les «hante familièrement», lui et Poe, en tant que poètes. Etre poète, c'est dire «nous», c'est avoir une «âme collective» que Baudelaire, dans *Réflexions sur quelques-uns de mes contemporains*, remarque jusque chez Hugo--du moins quand ce dernier, cessant de décrire ce qui est, s'engage à raconter le possible:

> «En décrivant ce qui est, le poète se dégrade et descend au rang de professeur; en racontant le possible, il reste fidèle à sa fonction; il est une âme collective qui interroge, qui pleure, qui espère, et qui devine quelquefois.»[7]

Outre cette «âme collective», le poète est constitué, on l'a vu, d'un «cœur multiplié» et d'un corps protéiforme. Ces trois organes composent un sujet lyrique qui prend pleinement vie dans les mots, revêtu d'un verbe qui le fait s'interroger aussi bien que pleurer, espérer ou même deviner. Par une alchimie dont Rimbaud sera lui aussi conscient, le verbe poétique produit des fantasmagories par lesquelles le sujet, endossant «plusieurs autres vies», se découvre «opéra fabuleux»:

---

[6] Id., p. 307.

[7] *Réflexions sur quelques-uns de mes contemporains, I, Victor Hugo*, O.C. II, 139.

> «Je devins un opéra fabuleux [...] A chaque être, plusieurs *autres* vies me semblaient dues.»[8]

Profitant d'un droit universel dont peu d'hommes ont conscience, le poète œuvre à sa métamorphose, partant du principe que «je est un autre». Ce droit à une altérité multiforme l'autorise à transformer le simple sujet qu'il est en une œuvre (*opera* en italien) lyrique où *se produisent* des figures fictives et fabuleuses. Par un suicide symbolique de son moi biographique, le poète exerce le droit de s'en aller et de s'altérer (droit qui rejoint celui de se contredire) à travers d'autres vies «dues» à l'alchimie de son verbe.

En voie d'auto-altération permanente, le sujet lyrique s'inscrit très bien dans l'œuvre même qui, selon Blanchot, est prise elle aussi dans un désœuvrement sans fin:

> « [...] le désœuvrement est toujours hors-d'œuvre, ce qui ne s'est pas laissé mettre en œuvre, l'irrégularité toujours désunie (la non-structure) qui fait que l'œuvre se rapporte à autre chose qu'elle, non parce qu'elle dit et énonce (récite, reproduit) cette autre chose--le «réel»--, mais parce qu'elle ne se dit elle-même, disant cette *autre* chose, que par cette distance, cette différence, ce jeu entre les mots et les choses, comme entre les choses et les choses, comme entre un langage et un autre langage.»[9]

Paraphrasant ce passage, on pourrait le ramener à notre sujet, et dire: *le sujet est toujours hors-sujet, ce qui ne se laisse pas identifier, l'altérité toujours hors d'elle-même qui fait que le sujet se rapporte à un Autre que lui, non parce qu'il dit et énonce cet Autre, mais parce qu'il ne se dit lui-même, disant cet Autre, que par cette distance, cette différence, ce jeu...* L'Autre ici proposé est une allégorie, c'est-à-dire le fruit d'un processus rhétorique qui tend à désœuvrer le «sujet» même qui s'y constitue en tant qu'œuvre (ou «opéra fabuleux»). Selon Blanchot, Breton aurait visé à «faire du

---

[8] *Une Saison en enfer, Délires II, Alchimie du verbe*, Edition établie, présentée et annotée par Antoine Adam, «Bibliothèque de la Pléiade», Paris, Gallimard, 1972, pp. 110-111.

[9] Maurice Blanchot, «Le Demain joueur», *André Breton et le mouvement surréaliste, La Nouvelle Revue Française*, avril 1967, p. 883.

surréalisme l'Autre de chacun»[10]. A propos de Baudelaire, on pourrait dire de même qu'il envisage l'allégorie comme l'Autre de lui-même. Par son écriture auto-allégorique, il est sans cesse porté à faux (et pour faux) par l'Autre qu'il devient sans jamais s'arrêter de le devenir, de sorte que le sujet qu'il devient ainsi, toujours déstabilisé et dynamisé, s'éprouve dans son *devenir autre* bien plus qu'en aucun des jalons de son déplacement.

En d'autres termes, le sujet lyrique n'a d'identité que dans la différence qui s'articule sans cesse entre lui-même et l'Autre qu'il devient. Il est constitué de «nœuds narratifs» (les allégories, selon Mathieu) où s'articulent et se nouent des intensités différentes. En ce sens, la poésie lyrique n'est jamais *pure*, non-contaminée de fiction narrative ou dramatique[11]. Loin d'énoncer les sentiments d'un individu qui se connaît et se raconte en toute bonne foi, avec toute la sincérité requise aussi de l'autobiographie, elle met en scène une action: le «drame» d'une subjectivité constamment en acte, toujours en cours de représentation. Dans ce drame d'une subjectivité suspendue à des nœuds qui se font et se défont au long d'une chaîne sans fin, la question de la sincérité perd toute pertinence[12]. Au lieu de se voir comme *une* personne dont il lui faudrait peindre avec

---

[10] Id., p. 866.

[11] C'est ce que montre très bien Dominique Combe dans *Poésie et récit*, Paris, Corti, 1989. Au chapitre VII de ce livre, on trouvera une excellente mise au point critique et théorique sur la question du «JE lyrique». Dès le chapitre III, cette question est formulée dans les termes suivants: «Faut-il considérer les actes illocutoires [raconter, décrire, commenter...] proscrits par les poètes comme actes réels, effectifs--le sujet de l'énonciation poétique étant identique à l'auteur--ou comme 'feints', de sorte que le sujet de l'énonciation est lui-même une figure déguisée, un personnage distinct de l'auteur réel?» (p. 42).

[12] Dans la perspective qui est la sienne, celle de «l'ambiguïté poétique», J.-D. Hubert nie lui aussi que l'expression renvoie à la subjectivité de «l'auteur»: «Nous ne pourrons plus affirmer dorénavant que les sentiments poétiques exprimés dans *Les Fleurs du mal* représentent les sentiments *personnels* de l'auteur ou que le *je* qu'on rencontre dans un si grand nombre de poèmes représente sa personnalité morale, sociale ou névrosée.» Et il ajoute: «Nous devrons regarder le *je* baudelairien simplement comme une espèce de point de repère, ou de lieu géométrique autour duquel se déroule l'action poétique. Bien entendu, il ne sera plus question de sincérité.» (*L'Esthétique des 'Fleurs du mal'*, Genève, Pierre Cailler, 1953, p. 24).

exactitude les sentiments intimes[13], sur le mode d'un auto-portrait fidèle, le sujet lyrique se découvre à travers des figures qui lui font vivre d'autres sentiments que les siens. Vivant ainsi par procuration, il n'a d'autre existence que celle ou plutôt *celles* des fictions dont il assume successivement les nombreuses postures.

Même lorsqu'il assume la posture du poète, comme on l'a vu à plusieurs reprises, le sujet ne coïncide pas avec lui-même, il ne rejoint pas une personne propre que son écriture, après la lui avoir fait perdre, lui permettrait de retrouver. Bien au contraire, comme le remarque Combe à propos des *Fleurs du mal*,

> «la figure du poète y est construite, dans la mesure où c'est toute la tradition de la poésie lyrique--et l'image topique du poète--qui y est investie. Chaque fois qu'il dit 'JE', le poète assume cette tradition, de sorte que, s'élevant à une certaine universalité, il désigne, outre sa personne propre, celle du Poète archétypique, devenu le personnage d'une fiction allégorique de la création poétique.»[14]

S'il en est ainsi, la personne propre (réelle) du poète ne peut que disparaître, absorbée par celle, fictive, qui lui sert de modèle linguistique. Sur la scène poétique où son existence est mise et même misée, Baudelaire s'efface devant et derrière un «Poète archétypique» qui renvoie à l'univers de la création poétique, univers où Baudelaire devient *en outre* celui qu'il désire devenir.

Dans son discours, «l'homme finit par ressembler à celui qu'il voudrait être»[15], le contenu de ses désirs (ou de ses craintes) s'actualisant dans des actes de parole qui, comme le pronom «je», constituent ce que Benveniste appelle des «indicateurs»[16]. Disant

---

[13] Selon la conception «romantique» énoncée par exemple par Madame de Staël dans *De l'Allemagne*: «La poésie lyrique s'exprime au nom de l'auteur même; ce n'est plus dans un personnage qu'il se transporte, c'est en lui-même qu'il trouve les divers mouvements dont il est animé» (cité par Dominique Combe, op. cit., p. 161).

[14] Dominique Combe, op. cit., pp. 162-163.

[15] *Le Peintre de la vie moderne*, O.C. II, 684.

[16] Au nombre de ces indicateurs, citons des mots comme ici, ceci, là, voilà, etc. Cf. Emile Benveniste, *Problèmes de linguistique générale*, «Bibliothèque des Sciences Humaines», Paris, Gallimard, 1966. (Voir surtout le chapitre V,

«je», Baudelaire ne renvoie pas à son moi biographique *tel qu'il est*, en vertu de son passé, hors de toute parole présente. Bien plutôt, il indique *ce* sujet qui existe au moment où, par sa plume, il se pose *ici*, sur la page[17]. Renvoyant d'une part à l'«image topique» du poète, image chargée d'une signification qui tient moins au discours qu'à l'histoire de la poésie, le «je» actualise d'autre part un sujet qui doit tout au discours, pronom chargé d'une intensité ponctuelle libérée par une parole singulière. Ainsi, comme l'écrit très bien Combe, «la référence au JE lyrique est essentiellement 'dédoublée'»[18]. Mais contrairement à ce qu'il suggère, ce n'est pas en tant que «mixte indécidable d'autobiographie et de fiction»[19], c'est en tant que *mixte indécidable de plusieurs fictions*.

Non content de se dédoubler toujours d'une fiction en une autre fiction, Baudelaire se dédouble aussi, on l'a vu, par le théâtre qu'implique cette représentation toujours double ou «dédoublée» de soi. Lorsqu'il passe pour telle ou telle figure (ou de telle à telle figure), il se voit faire: il reste à distance des pantins qu'il anime, non pour préserver sa subjectivité mais pour mieux s'animer avec eux, partager leurs émotions et sortir ainsi du domaine biographique. Par l'écriture, Baudelaire sacrifie sa personne à des figures qui lui servent de modèle et de leçon, au sens épistémologique des deux mots. A travers les grands archétypes qui naissent de sa plume, il apprend à sortir de soi pour vivre d'autres vies que la sienne.

«L'homme dans la langue», pp. 223-276).

[17] Comme le dit très bien Jean-François Lyotard, «le sens d'un 'indicateur' n'*est* pas, il ne peut qu'*exister*» (*Discours, Figure*, Klincksieck, Paris, 1985, p. 39).

[18] Dominique Combe, op. cit., p. 163.

[19] Id., p. 162. A vouloir faire la part de la fiction et celle de l'autobiographie au sein du JE lyrique, on se condamne à demeurer dans l'impasse, dans la mesure même où ce «mixte», au dire de Combe lui-même, est «indécidable». Si la réponse est impossible, c'est peut-être avant tout que la question est fausse. Dès lors, la difficulté n'est pas tant de savoir ce que le JE de Baudelaire doit à sa personne biographique, elle est bien plutôt de savoir ce que la personne de Baudelaire, quand il vit, doit aux figures qu'il devient quand il écrit. A cette redoutable question, nous n'avons pas pour l'instant de réponse. Pour y répondre, il convient de changer radicalement de perspective: expliquer le cabotinage du poète par son amour des figures; mettre ses déménagements perpétuels au compte de ses déplacements rhétoriques, etc. ... La question est ouverte.

A propos des nombreux énoncés baudelairiens du type: *Je suis + attribut* (par exemple, «je suis le sinistre miroir»; «je suis un cimetière»; «je suis un vieux boudoir»; «je suis la plaie et le couteau»; etc.), Starobinski note très justement que «l'allégorisation de soi, [...] sous couvert d'une déclaration d'identité («Je suis») multiplie les figures de l'altérité»[20]. A se voir allégorisé en des objets matériels (tel ce miroir), le moi baudelairien se transforme lui-même en un objet, en un «Je-miroir [...] figé dans son immobile et lisse solidité»[21]. A travers ces objets qui le reflètent passivement, le moi se figurerait sa propre passivité, «pure dépossession» qui serait «un aspect extrême de la mélancolie»[22]. Et pourtant, contrairement à cette thèse, le sujet est loin de se laisser médusé, pétrifié ou vitrifié par ces objets soi-disant allégoriques de sa mélancolie. Bien au contraire, il est dynamisé par les figures toujours nouvelles auxquelles il s'attache en disant «je suis...». En admettant même qu'il soit mélancolique, ces figures l'aident à sortir de sa dépression. S'il s'enchaîne ainsi à des figures libres, toujours changeantes, c'est pour se libérer de toute mélancolie, par une activité créatrice qui lui fait varier à l'infini les images de soi, l'empêchant ainsi de s'abîmer passivement dans aucune.

Dans cet assujettissement volontaire à des objets qui le galvanisent (en le projetant sans fin vers d'autres objets), le poète se découvre une nouvelle fois hystérique, opprimé par des images qui le rendent excessif et impuissant, avide de s'actualiser sans cesse en des objets où il perd cette liberté même dont il est avide, en tant que sujet. A la différence de la dépression, marquée par un ralentissement psychique généralisé[23], l'oppression du poète se signale en partie par un surcroît de vitalité, par un besoin excessif d'enchaîner des figures toujours nouvelles. Or cette «capacité d'enchaîner», selon

---

[20] Jean Starobinski, *La Mélancolie au miroir*, Julliard, 1989, p. 34.

[21] Id., p. 35.

[22] Id., p. 35.

[23] «Etre déprimé, c'est être emprisonné dans un système d'action, c'est agir, penser, parler selon des modalités dont le ralentissement constitue une caractéristique.» (Daniel Widlöcher, *Le Ralentissement dépressif*, P.U.F., 1983, p. 9).

Julia Kristeva, est la marque de l'état non dépressif: «Si l'état non dépressif était la capacité d'enchaîner (de «concaténer»), le dépressif, au contraire, rivé à sa douleur, n'enchaîne plus et, en conséquence, n'agit ni ne parle»[24].

Contrairement à cette douleur du dépressif, la douleur du poète, telle qu'elle apparaît par exemple dans «Recueillement», le conduit à deux actions conjointes: celles d'écrire et de parler. En écrivant, le sujet parle à sa Douleur, il l'engage à un recueillement qui est certes un ralentissement, mais un ralentissement contrôlé, au sein d'un dialogue concerté où il se tranquillise lui-même en tranquillisant sa Douleur: «Sois sage, Ô ma Douleur, et tiens-toi plus tranquille»[25]. Au dernier vers, de même, la Nuit est convoquée, *mobilisée* en tant que figure, afin de lever, par sa «marche», l'engourdissement douloureux provoqué par sa tombée:

> «[Vois] Le Soleil moribond s'endormir sous une arche,
> Et, comme un long linceul traînant à l'Orient,
> Entends, ma chère, entends la douce Nuit qui marche.»[26]

En faisant marcher la Nuit qui l'angoisse, le poète atténue lui-même sa douleur, de même qu'il la calme, au début, par une parole tranquillisante. Dans le poème, sinon dans la vie, la dépression est jouée afin d'être déjouée. En devenant spectacle, elle apparaît détachée, cessant d'avoir prise sur le sujet. Celui-ci transforme sa douleur (et les objets qui la provoquent, comme la nuit) en une prosopopée dont il remue les fils, la ralentissant à sa guise pour conjurer le ralentissement psychique qu'elle lui inflige.

En se donnant le spectacle de sa douleur, Baudelaire y participe. Il se voit lui-même à distance, objectivé en un personnage dont le rôle montre assez qu'il est maître de ses émotions. Autrement dit, il s'apparaît autre qu'il n'est dans la vie. Retiré dans sa chambre, il se retire de soi en se représentant ses affects d'une façon telle qu'il s'en détache, se détachant ainsi de son moi biographique. Produite par un sujet linguistique distinct du moi biographique, l'allégorie ne

---

24 Julia Kristeva, *Soleil noir*, Folio/Essais, Paris, Gallimard, 1987, p. 46.
25 *Les Fleurs du mal*, Poèmes apportés par l'édition de 1868, O.C. I, 140, v. 1.
26 Id., p. 141, v. 12-14.

représente pas des sentiments vécus ailleurs et autrement que sur une scène où ils sont joués. Dès lors, on peut se demander si cette figure est bien, conformément à l'opinion reçue, l'expression d'une mélancolie personnelle ou culturelle.

Pour Pierre Dufour, par exemple, *Les Fleurs du mal* sont un «dictionnaire de mélancolie» où, selon lui, «il est certain [...] que les allégories explicites [...] sont liées aux thèmes *les plus mélancoliques* (notamment à la mort)»[27]. Pour Benjamin, l'allégorie est «l'unique et grandiose divertissement qui s'offre au mélancolique»[28], idée reprise et développée par Kristeva dans son *Soleil noir*: «Selon Walter Benjamin, c'est l'*allégorie* [...] qui réalise au mieux la tension mélancolique»[29]. Par «tension mélancolique», Kristeva entend «l'imaginaire» même qui pose un «trait d'union [...] entre la Chose et le Sens, l'innommable et la prolifération des signes, l'affect muet et l'idéalité qui le désigne et le dépasse»[30]. L'allégorie serait ce trait d'union même, entre Spleen et Idéal, par lequel le sujet se constitue en sublimant sa dépression, c'est-à-dire en lui donnant sens:

> «La dynamique de la sublimation, en mobilisant les processus primaires et l'idéalisation, tisse autour du vide dépressif et avec lui un *hyper-signe*. C'est l'*allégorie* comme magnificence de ce qui *n'est plus*, mais qui re-prend pour moi une signification supérieure parce que je suis apte à refaire le néant, en mieux et dans une harmonie inaltérable, ici et maintenant et pour l'éternité, en vue d'un tiers. Signification sublime en lieu et place du non-être sous-jacent et implicite, c'est l'artifice qui remplace l'éphémère. La beauté lui est consubstantielle. Telles les parures féminines voilant des dépressions tenaces, la beauté se manifeste comme le visage admirable de la perte, elle la métamorphose pour la faire vivre.»[31]

---

[27] Pierre Dufour, «'Les Fleurs du mal', Dictionnaire de mélancolie», *Littérature* 72, 1988, p. 50.

[28] Cité par P. Dufour, id., p. 50.

[29] Julia Kristeva, *Soleil noir*, op. cit., p. 113.

[30] Id., p. 112.

[31] Id., p. 111.

Fruit d'une sublimation qui arrache le sujet à sa tristesse (induite par un «signifiant perdu» qui est, selon Kristeva, la Chose, c'est-à-dire la mère), l'allégorie s'accompagne d'une «jubilation résurrectionnelle»[32] par laquelle «cette figure rhétorique découvre ce que l'imaginaire occidental a d'essentiellement tributaire de la perte (du deuil) et de son renversement en un enthousiasme menacé, fragile, abîmé»[33].

Rapportée à Baudelaire, une telle vue éclaire très bien par exemple le comportement du cygne, mais non pas celui du poète. En tant que prototype des nombreuses figures mélancoliques qu'on rencontre chez Baudelaire, le cygne est un mélancolique «supérieur», personnage travaillé en alternance par des phases d'«exaltation et d'abattement», selon la description qu'en donne Aristote[34]. Si le poète est lui aussi «ridicule et sublime», comme son grand cygne, ce n'est pourtant pas pour les mêmes raisons. Ainsi qu'on l'a vu[35], le poète est hystérique par allégorie (opprimé/exalté par des figures de la perte), non par mélancolie (opprimé/exalté par une perte personnelle). Cette distinction cruciale révèle en outre une profonde discontinuité entre l'allégorie et la mélancolie. Loin d'être le produit d'une imagination essentiellement mélancolique, comme le voudrait Kristeva[36], l'allégorie est bien plutôt le fruit d'une imagination désirante radicalement tournée vers le présent et l'avenir.

Dans «A une passante», par exemple, le poète s'avère être en secret le complice de celle qui passe. Il ne regrette pas de l'avoir perdue: il se félicite qu'elle l'ait «fait renaître» (v. 10). Grâce à elle, il est maintenant à sa table, occupé à goûter au présent «la douceur qui fascine et le plaisir qui tue» (v. 8). Ce vers charnière fait basculer le récit du passé vers le présent (v. 13). D'abord rapportée

---

32 Id., p. 114.

33 Id., p. 114.

34 Cf. *Problemata*, XXX, I. Voir la traduction commentée de Jackie Pigeaud, intitulée *L'Homme de génie et la Mélancolie*, Paris, Petite Bibliothèque Rivages, 1988. Voir aussi Jean Starobinski, *La Mélancolie au miroir*, Julliard, pp. 47-48; et Julia Kristeva, *Soleil noir*, Folio/Essais, Gallimard, pp. 16-17.

35 Cf. deuxième partie, chapitre II.

36 « [...] il n'est d'imagination qui ne soit, ouvertement ou secrètement, mélancolique.» (Julia Kristeva, op. cit., p. 15).

au passé simple (v. 3), comme si elle avait eu lieu, la rencontre finit par être vécue dans le présent de l'écriture (v. 13):

> «La rue assourdissante autour de moi hurlait.
> Longue, mince, en grand deuil, douleur majestueuse,
> Une femme passa, d'une main fastueuse
> Soulevant, balançant le feston et l'ourlet;
>
> Agile et noble, avec sa jambe de statue.
> Moi, je buvais, crispé comme un extravagant,
> Dans son œil, ciel livide où germe l'ouragan,
> La douceur qui fascine et le plaisir qui tue.
>
> Un éclair... puis la nuit! -- Fugitive beauté
> Dont le regard m'a fait soudainement renaître,
> Ne te verrai-je plus que dans l'éternité?
>
> Ailleurs, bien loin d'ici! trop tard! *jamais* peut-être!
> Car j'ignore où tu fuis, tu ne sais où je vais,
> Ô toi que j'eusse aimée, ô toi qui le savais!»[37]

Contemporaine du poème, «une passante» y apparaît surtout, pour finir, comme une figure de la «fugitive beauté» dont le poète se donne ici le spectacle, la faisant traverser non Paris mais son poème, nouveau «tableau parisien». S'il se sent soudainement renaître, c'est sous l'effet de cette bizarre créature née de lui, «femme» qu'il ne se donne pas le temps de connaître mais dont il sait pourtant tout. Comment sait-il par exemple qu'elle le savait (qu'il aurait pu l'aimer), sinon parce qu'elle est *sa* figure, dont il contrôle les moindres gestes, la faisant fuir pour n'avoir pas le temps de l'aimer, pour rester libre de passer lui aussi son chemin? Ce qui est à l'œuvre dans le poème, ce n'est pas le travail poétique du deuil (la sublimation de l'objet existentiel perdu en un objet artistique éternel) mais la production poétique d'une beauté fugitive comme l'existence, beauté que le poète escamote afin de désirer son retour. Condamnée à passer comme l'«éclair», cette femme est en deuil d'elle-même, si

---

[37] *Tableaux parisiens*, O.C. I, 92-93.

l'on peut dire, deuil dont elle profite, non sans malin plaisir, pour séduire un poète que la «douleur majestueuse» des veuves, on l'a vu, ne laisse pas indifférent. Lui lançant une œillade meurtrière, elle le fascine par sa douceur et l'incite ainsi à la retrouver, à travers d'autres figures comme elle éphémères. Sous l'intensité du regard qu'elle lui porte, le poète se sent renaître, non pas à une vision sublime qui s'offrirait à compenser ce qu'elle lui fait perdre, mais au désir de la produire à nouveau dans une autre vision fugitive.

A proprement parler, cette femme ne lui fait rien perdre. Fugitive comme l'éclair, elle n'offre aucune prise au «souvenir», mot que Baudelaire efface de la deuxième édition des *Fleurs du mal* là où, dans *L'Artiste* de 1860, il était associé à l'idée de «renaître»[38]. Loin de ressusciter un souvenir dont le poète est incapable, ne l'ayant pas assez connue pour se souvenir d'elle, l'inconnue suscite en lui un désir sans objet, une passion à vide sur laquelle il se fixe, «crispé comme un extravagant». Avide de l'inconnu à venir (v. 11-12), cette passion s'angoisse et renaît d'elle-même à l'idée de ne pouvoir se satisfaire (v. 12), ce qui provoque un retour de la nostalgie, d'abord vers le présent qui passe (v. 13), ensuite vers le passé (v. 14), rétrospectivement rêvé comme attachement à une seule figure. Un drame se joue ainsi, au sein du poète, entre un «moi» qui souhaite s'attarder à chacune de ses figures et un «je» qui préfère aller de l'avant dans l'espoir d'en découvrir d'autres. Tendu, crispé par ce conflit qui l'écartèle, le sujet se clive en deux moitiés très bien articulées, au vers 6, par une simple virgule: «Moi, je buvais [...]». Dans un éclair syntaxique, la virgule fend le sujet, elle l'articule en le désarticulant, opérant une jonction disjonctive qui relie en écartant. Attaché à son autre par une virgule qui l'en détache, le «je» perd le sens de ce (moi) qui le constitue. Mis ainsi hors de lui (hors de son moi), il devient extravagant, perd le sens commun pour ne plus voir que des oxymores: «plaisir qui tue»; «douceur qui fascine»; «ouragan» dévastateur qui n'en «germe» pas moins; «nuit» où s'opère une renaissance.

---

[38] Dans *L'Artiste* de 1860, le dixième vers était le suivant: «Dont le regard m'a fait souvenir et renaître».

L'extravagance de la raison est ici imputable à un regard qui perd le poète tout en l'aidant aussi à se trouver. S'il se laisse fasciner par cette passante qui le tue, c'est qu'il y voit une allégorie du poète. Par son travail poétique, Baudelaire produit une beauté qui rejoint celle qui passe, sans chercher à la dépasser. La retenue que le deuil impose à cette «femme» s'accompagne d'emblée d'une grande retenue rhétorique. Précédée par des attributs (v. 7) qui retardent son entrée en scène, la femme *contient* elle aussi l'expression de sa douleur. Contrairement à la rue personnifiée qu'elle traverse, elle sait «ourler» et non «hurler» sa douleur, lui mettre un point d'arrêt et même la retourner en «feston», ornement de fête. Par le «grand deuil» dont elle est revêtue, elle se montre capable d'apprêter sa douleur, d'y parer en se parant de ses ornements. Et le poète lui prête la main, la drapant dans les plis sinueux d'un vers nombreux, l'habillant en allégorie riche de plusieurs intensités: Douleur, Fugitive beauté et même Temps qui passe. Ainsi, au moment où cette femme passe, «[...] d'une main fastueuse / Soulevant, balançant le feston et l'ourlet», le poète accompagne ce geste en «soulevant» lui aussi, d'une main non moins fastueuse, le bord final de son vers pour l'aller poser au début du vers suivant. Ce rejet permet à la main qui écrit de «balancer» elle aussi, entre deux vers qu'elle équilibre autour d'un pli commun. En reversant le troisième sur le quatrième vers, le poète fait un ourlet poétique, il se livre à un travail de couture qui le fait communiquer avec celle qui lui apparaît penchée sur sa toilette, elle-même fascinée par son feston.

Si cette passante soulève le bord de sa jupe, c'est pour mieux enjamber quelque obstacle, avancer plus librement, mieux passer. Mais c'est aussi pour mieux montrer «sa jambe de statue», jambe statique qui résiste au «mouvement qui déplace les lignes»[39] et voudrait au contraire s'immobiliser dans une pose pétrifiée, celle d'une beauté idéale[40] s'opposant à la «fugitive beauté» qui emporte l'autre jambe, restée «agile». L'allégorie de la beauté est partagée entre deux désirs contradictoires. De sa jambe agile, elle veut passer, enjamber, aller de l'avant sans jamais s'arrêter, fidèle à la beauté

---

[39] Cf. «La Beauté», *Spleen et Idéal*, O.C. I, 21, v. 7.

[40] Telle qu'elle apparaît par exemple dans «La Beauté» (cf. note précédente).

fugitive qu'elle représente. De l'autre côté, sa jambe «noble» voudrait qu'elle s'arrête et se fige en statue allégorique d'une beauté idéale existant hors du temps. L'hésitation de cette femme signale et souligne une ambivalence propre au poète. Lui aussi hésite entre le mouvement et l'immobilité: entre une poésie dynamique, prise dans un temps irréversible menant vers l'inconnu, et une poésie statique, figée dans la contemplation narcissique de ses propres formes.

Pour cette passante, la beauté est certes liée au deuil, conformément à la thèse de Kristeva. A l'aide de «parures féminines» dont elle voile sa dépression, elle donne à sa beauté «le visage admirable de la perte»[41]. Pour le poète, par contre, ce «visage admirable» passe comme un autre, irréversiblement. Ne sublimant pour lui aucune perte personnelle, il s'offre à ses yeux comme le visage même de ce qui passe. Par son simple passage, impliquant d'autres figures *à suivre*, cette figure induit le sens de l'éphémère. Loin d'être un «artifice qui remplace l'éphémère»[42], l'allégorie est un artifice qui articule l'éphémère, nous permettant d'en faire l'expérience, dans une représentation qui ne suspend le temps que pour donner à son passage une plus grande intensité. Dans un article célèbre hors de France, Paul de Man suggère très bien que l'allégorie est la figure clé de notre modernité, dans la mesure où elle conditionne notre sens du temps: «La présence de l'allégorie correspond toujours au dévoilement d'une destinée authentiquement temporelle [...]. Il est nécessaire que le signe allégorique en réfère à un autre signe qui le précède»[43].

En tournant l'allégorie vers le passé plutôt que vers l'avenir, de Man révèle à quel point cette figure apparaît toujours tributaire de la mélancolie. A travers et par delà cette simple figure (qui sert de témoin culturel), toutes les valeurs de l'homme occidental apparaissent redevables d'une tristesse fondamentale. Pour

---

[41] Julia Kristeva, op. cit., p. 111 (déjà cité).

[42] Id., p. 111 (déjà cité).

[43] «The Rhetoric of Temporality», repris dans *Blindness and Insight*, deuxième édition, University of Minnesota Press, 1983, p. 206 (la traduction française est ici celle de Ross Chambers, telle qu'elle figure dans *Mélancolie et opposition*, Paris, José Corti, 1987, p. 174).

Benjamin, par exemple, «la sensibilité est de par sa nature même souffrante»[44]. Cette conception pessimiste de la sensibilité lui fait voir dans *Les Fleurs du mal* un dolorisme qui, on l'a vu, en est pourtant absent: «[la structure des *Fleurs du mal*] tient à l'exclusion impitoyable de tout thème lyrique qui n'était pas marqué chez Baudelaire par l'expérience la plus personnelle de la douleur»[45]. Sans douleur, donc, pas de lyrisme. Allant encore plus loin, Kristeva affirme que «sans une disposition à la mélancolie, il n'y a pas de psychisme, mais du passage à l'acte ou du jeu»[46]. Aucun aspect du psychisme humain, dans cette optique, ne saurait exister hors d'une existence vécue (plus ou moins consciemment) comme manque, séparation d'avec une Chose archaïque qui, selon Kristeva, est la mère. Or cette «Chose» n'est que l'autre nom, sur le versant de la psychanalyse, de la «présence» des philosophes d'Occident. Unité perdue, cette présence se restreint chez Kristeva à l'unité perdue avec la mère. Mais dans les deux cas, que la plénitude non signifiante ait (eu) lieu au sein du monde (présence) ou de la mère (Chose), un «réel non représentable» est posé et supposé par principe à l'origine du monde ou de l'existence. Non verbale, cette expérience première conditionnerait tout rapport ultérieur au texte, forçant l'imagination et le langage à se tourner mélancoliquement vers une origine sans image ni mot[47].

Une telle conception ne profite ni à la poésie, condamnée à boucher sans cesse les trous qui se font jour ici et là dans l'existence, ni à cette existence qui, pour être riche en productions poétiques ou artistiques, se condamne à être pleine de trous. Dans une culture hantée par l'idée de rédemption[48], l'artiste serait prisonnier d'un malheureux calcul qui lui ferait tenir le raisonnement suivant: j'ai

---

44 Walter Benjamin, *Zentralpark*, op. cit., p. 222.

45 Id., p. 212.

46 Julia Kristeva, op. cit., p. 14.

47 «Notre don de parler, de nous situer dans le temps pour un autre ne saurait exister ailleurs qu'au-delà d'un abîme. L'être parlant, depuis sa capacité à durer dans le temps jusqu'à ses constructions enthousiastes, savantes ou simplement amusantes, exige à sa base une rupture, un abandon, un malaise.» (*Soleil noir*, op. cit., p. 54).

48 Comme le montre très bien Leo Bersani dans son dernier livre, *The Culture of Redemption*, Harvard University Press, 1990.

intérêt à perdre sur le plan existentiel pour mieux gagner sur le plan artistique. Or l'exemple de Baudelaire prouve tout le contraire. Loin d'appliquer son langage à racheter son existence, il le fait servir à épouser d'autres vies qui s'ajoutent à la sienne, non pour la racheter mais pour l'intensifier. Au lieu de mettre en jeu des métaphores permettant de traduire (c'est-à-dire reconstituer symboliquement) un objet perdu[49], l'écriture baudelairienne mobilise des allégories induisant des douleurs étrangères au sujet.

Avec l'allégorie, l'écriture cherche à s'accomplir à partir d'un deuil non pas réel mais joué: non par dénégation d'une perte propre au sujet mais par représentation d'une perte propre à autrui. En s'intéressant ainsi à une mélancolie imaginaire qui n'est pas la sienne, le sujet se transporte hors de lui, échappant à tout lyrisme personnel et se délivrant d'une poésie de la perte. Selon Barbara Johnson, seule la prose permettrait au poète d'échapper à un deuil personnel qui, dans *Les Fleurs du mal*, est celui de l'idéal qu'il ne cesse d'enterrer et qui, sans cesse, le fait retomber dans son spleen. A propos de «Bénédicta», elle écrit:

> «Elle est l'image même d'une poésie de l'idéal que Baudelaire ne cesse d'enterrer. Mais si, dans *Les Fleurs du Mal*, l'idéal s'*oppose* au spleen, si le sujet déchu y est condamné à en porter irrémédiablement le deuil, ici, dans les *Petits Poèmes en prose*, c'est le sens même de ce deuil qui est mis en question. *Laquelle est la vraie?* devient l'allégorie de la perte de sens d'une poésie de la perte.»[50]

Tant que Baudelaire s'exprime en vers, selon Barbara Johnson, il n'arrive pas à faire son deuil de l'idéal sublime par lequel il tente en vain de surmonter son spleen. Et pourtant, ce qu'elle affirme ici très bien d'un petit poème en prose, on pourrait aussi le dire de plusieurs poèmes en vers. Point n'est besoin d'attendre la prose pour voir mis en question le sens d'un deuil personnel. Dans les *Tableaux parisiens* surtout, le travail de l'allégorie détourne le sujet de sa

---

[49] Sur la métaphore comme traduction, voir Kristeva, op. cit., p. 53.

[50] Barbara Johnson, *Défigurations du langage poétique*, Paris, Flammarion, 1979, p. 76.

personne pour le tourner vers des figures où il éprouve à la fois son appartenance et sa distance vis-à-vis d'êtres archétypiques (et non archaïques) liés à la représentation.

L'autre vers lequel l'imagination du poète ne cesse de se tourner, ce n'est pas un «autre archaïque» ou Chose originaire au sein de laquelle il voudrait se *re-présenter* à l'aide des mots. Contemporain de l'écriture, cet autre dont vit le poète existe au sein des mots, doté d'un passé imaginaire que lui prête un «Je» qui en fait son présent. De toutes les figures qu'il anime en s'y incarnant, le poète pourrait dire ce qu'il dit des petites vieilles: «je vis vos jours perdus». A l'aide d'une imagination sans mémoire personnelle, c'est-à-dire sans mélancolie, il tend à revivre des jours qu'il n'a jamais encore vécus, à retrouver ce qu'il n'a jamais encore trouvé. Fabriquant son présent à partir du passé imaginaire d'autrui, le sujet lyrique s'enfante en sortant altruistement de soi, travaillant à s'imaginer ce qui se passe dans la mémoire des autres.

INDEX DES NOMS

INDEX DES OEUVRES
de Baudelaire

TABLE DES MATIERES

Achevé d'imprimer en 1996
à Genève – Suisse